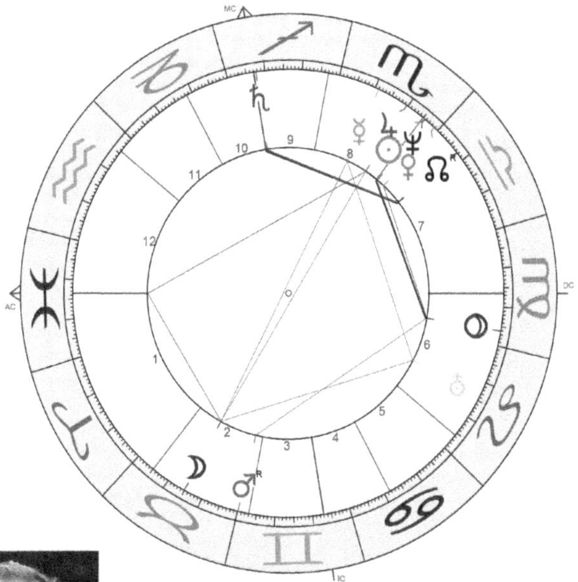

Michael Allgeier gehört zu den renommiertesten Astrologen im deutschsprachigen Raum. Er ist Leiter des ASTRO-KOLLEGS Allgeier, einer Astrologie-Schule, die 1995 gegründet wurde und über ein Fern- und Onlinestudium sowie Wochenendseminare zum Astrologen ausbildet.
Im Weiteren ist er der Herausgeber des astrologischen Monatsmagazins STERNBILD und von „Allgeiers Astrologisches Jahresbuch“, das seit über 25 Jahren über eine große Leserschaft verfügt.
Einem größeren Publikum ist er nicht zuletzt aus verschiedenen Fernsehsendungen, als Chef-Astrologe der AstroWoche und durch seine monatlich erscheinenden YouTube-Videos bekannt, in denen er über die Zeitqualität aus astrologischer Sicht berichtet.
Bevor er den Weg des Berufsastrologen einschlug, studierte er Grafik und Malerei an der Kunstakademie in München.
Im Jahr 2022 wurde Michael Allgeier vom Deutschen Astrologen-Verband (DAV) der „Goldene Jupiter“ verliehen, die höchste Auszeichnung für herausragende Verdienste an der Astrologie.

Die Kunst der astrologischen Beratung

Michael Allgeier

2. Auflage Dezember 2025

Herausgeber:
Allgeier Verlag GbR
Michael und Sigrid Allgeier
Faltlhauserstraße 6
86911 Dießen am Ammersee

Lektorat: Siri Allgeier
Korrektorat: Conny Nagel
Satz & Coverdesign: Viktor Prade
Horoskopgrafiken: Astroplus, © by Astrocontact Software, Linz

Printed in Germany
ISBN 978-3-9821333-3-1

Michael Allgeier

Die Kunst der astrologischen Beratung

Erfahrungen und Tipps aus langjähriger Praxis

Allgeier Verlag GbR
Dießen am Ammersee

Inhalt

VORWORT

Astrologe* ist ein Zukunftsberuf, der im gerade erst anbrechenden Wassermannzeitalter und vor allem unter dem Einfluss von Pluto im Wassermann von 2023 bis Anfang 2044 eine neue Hoch-Zeit erreichen wird. Schließlich ist die Astrologie astrologisch gesehen eine Wassermann-Wissenschaft, die uns in Zukunft mehr denn je völlig neue Blickwinkel eröffnen wird und die uns hilft, das Leben und die Menschen neu zu verstehen. Pluto im Wassermann wird der Astrologie, der ältesten Wissenschaft der Menschheit, wieder zu mehr Bedeutung und Einfluss verhelfen. Es ist allerdings zu befürchten, und das ist die Kehrseite von Pluto, der ja unter anderem mit Macht und Unterdrückung zu tun hat, dass die Gegner der Astrologie wieder verstärkt auf den Plan kommen.

Mit dem Umbruch der Zeit ändert sich nicht zuletzt die Erwartungshaltung an die Astrologie, vor allem an die astrologische Beratung. Es geht nicht länger nur um Glück oder Pech in Liebe und Geld, um eine gute oder schlechte Gesundheit etc. Nein, das ist im Grunde schon länger vorbei. Menschen wird es künftig noch mehr als bisher um Antworten gehen, die sie sonst nirgends finden können. Es geht um den persönlichen Lebenssinn, die Lebensaufgabe, das Karma, die Berufung, um besondere Fähigkeiten und Schwächen sowie um innere Blockaden, die dem Erfolg im Wege stehen. Menschen wollen wissen, warum sie krank geworden sind, warum sie verlassen wurden oder beruflich gescheitert sind.

Menschen wollen heute das Leben begreifen, weil sie sich innerlich und spirituell weiterentwickeln wollen. Sie fangen verstärkt an, ganzheitlich zu denken und kommen so zur Astrologie. Denn Astrologie schafft wie keine andere Wissenschaft oder Kunst eine Brücke zwischen inneren und äußeren, oberen und unteren Vorgängen, die sich alle gegenseitig beeinflussen und durchdringen.

Vom modernen Coaching-Beruf können wir astrologische Berater heute lernen, wie wichtig es ist, unseren Klienten zu helfen, mit inneren Augen zu sehen, durch neue Blickwinkel uns selbst und das zu begreifen, was uns das Leben sagen will.

Allen Menschen, die Astrologie lernen und astrologische Berater werden wollen, will ich vor allem raten, dass sie sich nicht auf irgendwelche Lehrmeinungen, Schulen und Richtungen versteifen sollten, die es heute zahlreich gibt. Astrologie passt in keine Schublade. Wirbt ein Astrologe mit seinem Werdegang, mit Ausbildung in dieser und jener Schule, Kenntnisse in psychologischer, spiritueller, klassischer Astrologie etc., dann frage ich mich immer, wo dieser Mensch selbst steht und was er für sich daraus gemacht hat. Jeder, der Astrologie lernt, muss sich ein eigenes Bild machen, zu seiner eigenen Sprache finden, sich keiner Richtung verpflichtet fühlen und alles, was er an astrologischen Inhalten lernt, selbst in seinem Leben überprüfen, so wie es alle bedeutenden Astrologen vor ihm auch gemacht haben.

Astrologie untersteht, wie gesagt, dem Wassermann und seinem Herrscher Uranus, dem Zeichen und dem Planeten der Freiheit, der Unabhängigkeit, der Eigenwilligkeit. Uranus ist eigenständig, rebellisch, denkt selbst nach und ist kein Freund der totalen Verschulung. Astrologie ist so gesehen bis zu einem gewissen Punkt ein Autodidaktenstudium. Unsere eigenen Beobachtungen sind die wichtigsten Erfahrungen. Astrologie lernt man durch das Leben und nicht abgekoppelt von ihm.

In diesem Sinne wünsche ich Ihnen viel Freude und die eine oder andere Anregung, die ich Ihnen mit meiner langjährigen astrologischen Praxis als Berater und Astrologie-Lehrer mit diesem Buch geben kann.

*Mit den Begriffen „Astrologe“, „Schüler“ „Klient“ etc. ist in diesem gesamten Buch selbstverständlich das weibliche Geschlecht jeweils mit angesprochen. Ohnehin ist heutzutage ein Großteil der Astrologen, Astrologie-Schüler und -Klienten weiblich. Aufgrund der besseren Lesbarkeit haben wir auch auf Wunsch vieler Leserinnen und Leser auf das Gendern verzichtet.

Warum die Astrologie eine Kunst ist und was Astrologie-Einsteiger beachten sollten

Die Astrologie ist auch deshalb eine Kunst, da es keine Anleitung wie etwa bei einem Kochrezeptbuch gibt, um ein Horoskop zu verstehen und richtig zu interpretieren. Nein, Astrologie ist, obgleich sie logisch aufgebaut und in sich absolut stimmig ist, zu vielschichtig, um sie auf eine Ebene festzunageln. Ein Horoskop fängt erst dann an zu sprechen, wenn Wissen und Geist zusammenarbeiten.

Der allererste Schritt, um ein Verständnis für ein Horoskop bekommen zu können, ist das Erlernen der astrologischen Sprache. Es gibt immer wieder Menschen, die freimütig erzählen, sich schon 20 oder mehr Jahre mit Astrologie zu beschäftigen, und doch wissen sie wenig oder sind nicht in der Lage, ein Horoskop auch nur annähernd richtig einzuschätzen. Dies ist zugegebenermaßen auch sehr schwer und bedarf einer langen Erfahrungspraxis. Astrologie im Crashkurs zu erlernen, geht nicht. Wer so etwas anbietet, hat selbst keine Ahnung oder ist ein Scharlatan, von denen es heutzutage zahlreiche gibt, da die Astrologie staatlich nicht anerkannt ist und gleichzeitig das Bedürfnis nach astrologischer Beratung wächst. Immer mehr Menschen, die sich ernsthaft mit geistigen Inhalten auseinandersetzen, haben schließlich erkannt, dass die Astrologie den wohl größten Wissensschatz in sich birgt, den die Menschheit besitzt. Jeder, der ernsthaft Astrologie betreibt, erlebt tagtäglich ihren geradezu unglaublichen und sehr konkreten Wahrheitsgehalt. Die Astrologie macht Menschen zu Sehenden, die ihren Blick hinter die äußere Welt richten und ihre tieferen Zusammenhänge verstehen lernen. Aber, wie gesagt, es gibt nicht allzu viele Menschen, die Astrologie mit Ernsthaftigkeit betreiben. Viele stecken in ihrem Halbwissen fest, erhöhen sich selbst zu einer Art Guru und lassen viele Ratsuchende am Ende enttäuscht zurück, was wiederum Wasser auf die Mühlen der Astrologiegegner ist, die diese wunderbare Wissenschaft als reinen Aberglauben oder gar Betrug abtun.

Um ernsthaft Astrologie zu erlernen, brauchen wir Zeit und Muße. Wer Astrologie lernt, lernt niemals aus. Es ist ein Beruf für das Leben. Authentische Astrologen und Astrologinnen sind und bleiben Schüler des Lebens. Ein hoher Anspruch, dem nur gerecht werden kann, wer bereit ist, mit dem Studium der Astrologie sich selbst geistig und persönlich weiterzuentwickeln. Ohne eigenes inneres Wachstum bleiben wir stehen und kommen in der Astrologie nicht weiter. Der Prozess des Sehenlernens hat immer auch mit Bewusstseinserweiterung zu tun.

Konkret muss der Astrologieanfänger sich im Laufe seines Studiums bemühen, von Vorurteilen zu befreien, die jeder Mensch auf seine Art gegenüber bestimmten Menschentypen hegt. Respekt und größtmögliche Achtung gegenüber denen, die wir astrologisch beraten, sind ein unbedingtes Muss. Und ja, jeder Astrologieanfänger besitzt neben seinen Glaubenssätzen und anerzogenen Vorurteilen zunächst auch die Neigung, aufgrund des jeweiligen Geburtshoroskops Menschen voreilig zu beurteilen und in Schubladen zu stecken, in die sie nicht hineingehören. Der Anfänger sieht einen einzelnen sehr kritischen oder auch besonders schönen Aspekt im Horoskop und leitet davon oft seine Aussagen ab.

Leider können auch wir, die wir schon seit 1995 über ein Fernstudium und freiwillig angegliederte Seminare in unserem ASTRO-KOLLEG zum Astrologen ausbilden, diese Anfängerfehler nicht verhindern, auch wenn wir immer wieder auf dieses Risiko und die Verantwortung eines Astrologen hinweisen.

Wer einschlägige Erfahrungen mit der Astrologie gemacht hat, weiß um die enormen Möglichkeiten dieser Weisheitslehre, für ihn stellt sich nicht mehr die Frage, ob er an Astrologie glaubt oder nicht.

Die Öffentlichkeit wertet die Astrologie meist schnell ab, weil sie einen Astrologen oder eine Astrologin falscher und unseriöser Aussagen bzw. Auftretens überführt hat. Natürlich ist es unseriös, einen Astrologen mit der gesamten Astrologie gleichzusetzen. Stelle ich als Astrologe eine falsche Prognose, hat das allein mit meiner begrenzten Sicht zu tun und absolut nichts mit dieser wunderbaren Wissenschaft, die wir in einem Leben bestimmt nicht in ihrer vollständigen Tragweite erkennen und verstehen können.

Jemand, der ein guter Astrologe werden will, braucht deshalb unbedingt eine große Demut in Bezug auf die Astrologie als das älteste Menschheitswissen.

Ein bekannter Fehler vieler Astrologieanfänger und auch -fortgeschrittener ist es, alle möglichen neuzeitlichen astrologischen Forschungen, die einmal angestellt wurden und werden, zur Deutung hinzuzunehmen, wenn ein Mensch, gewisse Anlagen und Ereignisse im Horoskop nicht erkannt werden. Dies ist ein Ausweichen aufgrund von Nichtwissen und Nichterkennen. Das Problem mit den jungen astrologischen Forschungen ist zudem, dass sie immer einen längeren Zeitabstand brauchen, um überhaupt ernst genommen und auf ihren Wahrheitsgehalt überprüft werden zu können. Denn, und das kann nicht oft genug gesagt werden, die Astrologie ist eine empirische Wissenschaft, das heißt, dass erst durch jahrzehnte-, jahrhunderte-, ja jahrtausendelange Betrachtung des Sternenhimmels astrologische Regeln entstanden sind und letztlich zur Gewissheit, zum Wissen wurden. Wer heute denkt, er kann die Astrologie in wenigen Jahren neu erfinden, macht sich nur lächerlich und hat die Astrologie noch nicht ansatzweise verstanden. Diesen Erfahrungsschatz, der zu einem großen Wissenspuzzle zusammengefügt wird, gilt es nun für den Astrologie-Studierenden nachzuvollziehen und zu verstehen. Dem Lernenden nutzt die persönliche Interpretation seines Lehrers nicht viel, er selbst muss auf seinem Weg versuchen, dieses große Wissen in sein Leben zu bringen und es dort zu entdecken. Eine Astrologie, die im Leben nicht konkret sicht- und anwendbar wird, ist nichts wert und bleibt ein abstraktes Hirngespinst. Insofern tun sich intellektuelle Menschen oftmals schwerer, in die Astrologie hineinzufinden. Ebenso wie solche Menschen, die denken, sie bräuchten nicht viel lernen und könnten alles rein gefühlsmäßig erfassen. Beide enden in einer Sackgasse, was das Erlernen der Astrologie betrifft.

Der Astrologie-Lernende sollte immer versuchen, das Einfache, das Vorhandene, das Horoskop, das vor ihm liegt, zu vertiefen. So wie wir uns in ein gutes und gehaltvolles Gedicht vertiefen, das wir nicht sofort in seiner Tiefe und Tragweite erkennen können, weil sich hinter seinen Worten große Räume auftun, die wir uns seelisch und geistig erst erschließen müssen.

Ein Grund, warum die Astrologie naturwissenschaftlich niemals anerkannt werden kann, ist, dass die Deutung des Horoskops zwar festen Richtlinien unterliegt, letztlich aber immer subjektiv bleibt, da bei jedem noch so aufgeklärten und erfahrenen Astrologen eigene Vorlieben und Überzeugungen, auch Vorurteile und Glaubenssätze miteinfließen. Außerdem leben das Horoskop und seine Deutung von inneren Bildern. Ähnlich wie in der Tiefenpsychologie, die mit dem Denken der Naturwissenschaft ebenfalls nicht erfasst werden kann, fließen diese Bilder mitunter ineinander über und können unterschiedliche Sachverhalte ansprechen, die in sich dennoch verwandt sind.

Die Astrologie wissenschaftlich beweisen zu wollen, ist und bleibt auch deshalb vergebene Liebesmüh, weil hier zwei völlig unterschiedliche Weltbilder aufeinandertreffen, denen eine konträre Denk- und Vorgehensweise zugrunde liegen. „Das senkrechte Denken“ oder „das senkrechte Weltbild“ beschreibt sehr genau die Sprache der Astrologie. In unserem logischen, naturwissenschaftlichen Denken sind wir gewohnt, klare naturgesetzliche Zusammenhänge herzustellen. So haben wir z. B. eine klare biologische Systematik, die diesem naturwissenschaftlichen Denken entspricht. Nehmen wir etwa die Gruppe der Säugetiere, die äußerlich alle sehr ähnliche Bezüge aufweisen. Sie sind Wirbeltiere, säugen ihren Nachwuchs mit Milch, haben ein Fell aus Haaren, besitzen eine gleichwarme Körpertemperatur, die sie unabhängig von der Temperatur der Umgebung macht, sind lebendgebärend etc. Zu den Säugetieren gehören Hunde, Katzen, Schweine, Kühe, Affen usw. Der Mensch gehört als höher entwickeltes Säugetier auch dazu. Alle Säugetiere haben, wie gesagt, sehr reale Gemeinsamkeiten, was reale Lebensvorgänge betrifft. Naturwissenschaftliche Fakten, an denen es keinen Zweifel gibt. Wir nennen dieses Denken das „waagrechte Weltbild“.

Das „senkrechte Denken“ bzw. das „senkrechte Weltbild“ entspricht nun unserer astrologischen Sprache und steht ganz im Gegensatz dazu. Wir denken in Analogien, das heißt in Entsprechungen. Nehmen wir etwa den Planeten Mars, um das Ganze besser zu verstehen. Mars ist der Krieger, der junge Mann, der Trieb, die Durchsetzungskraft, das Schwert, der Kopf, die Galle, die Muskeln, die Körperwärme, die Farbe Rot, das Metall Eisen, die männlichen Sexualorgane usw. Das alles sind Entsprechungen von Mars, die nicht äußerlich, aber innerlich zusammenhängen. Diese Entsprechungen haben in sich eine Kraft, die allen gemeinsam ist, eine Art Wesenheit oder auch Archetyp, die wir eben Mars nennen. Vom Menschen zum Tier, vom Metall zur Pflanze – senkrecht durch die Natur, das ist unser astrologisches senkrechtes Weltbild, unsere astrologische Sprache, die ein Astrologie-Schüler natürlich nicht von einem auf den anderen Tag erlernen kann. Dafür braucht es viel Geduld, Freude am Lernen und vor allem ein großes Interesse für und Neugierde auf das Leben und seine verborgenen inneren Seiten.

Ein angehender Astrologe muss sich also unbedingt die Hauptanalogien und andere Entsprechungen der Planeten verinnerlichen. Erst dann kann er Aspekte selbst deuten, indem er den einen Planeten mit dem anderen kombiniert, und die Aspekte in ihren unterschiedlichen Auslegungen erfassen. Er kann dann auch verstehen, warum Aspekte in Astrologiebüchern scheinbar unterschiedlich beschrieben werden. Werden sie richtig beschrieben, sind sie jedoch höchstens von den Worten verschieden, nicht aber von ihrem wesentlichen Inhalt. Um die Kräfte und Inhalte der Planeten zu beschreiben, können wir unterschiedliche Worte wählen, wenn sie zum gleichen Ziel führen. Nur wer die Analogien der Planeten verinnerlicht, taucht allmählich in die astrologische Sprache ein und kann dann selbst beurteilen, ob die unterschiedlichen Astrologen die Planeten in den Häusern und ihre Aspekte richtig deuten. Wer falsche Zuordnungen für die Planeten wählt, wer Venus Mars-Eigenschaften und Jupiter Saturn-Eigenschaften zuordnet, ist „im Wald“ und fristet ein Dasein als sogenannter „Wald-und-Wiesen-Astrologe“, der Menschen eher verunsichert und ihnen vielleicht sogar Schaden zufügt.

Ich rate deshalb meinen Schülern immer wieder, auch später, als fortgeschrittene Astrologen, zu den Grundlagen der Astrologie zurückzukehren. Je besser diese verankert und verinnerlicht sind, desto größer ist die Chance, dass wir in der Beratung zu richtigen und konkreten Aussagen kommen und unseren Klienten weiterhelfen können. Jemand, der 20 Jahre Astrologie studiert hat und diese noch immer nicht beherrscht, wird auch die kommenden 20 Jahre auf keinen grünen Zweig kommen.

Astrologie auswendig zu lernen, im Kopf zu speichern, was dieser Lehrer oder jenes Buch gesagt hat, bringt rein gar nichts. Sitzen müssen, wie gesagt, vor allem die richtigen Entsprechungen der Planeten und Häuser. Und natürlich gibt es noch einige konkrete astrologische Regeln, die es zu speichern gilt. Aber auch bei astrologischen Regeln, Geboten und Gesetzmäßigkeiten müssen wir verstehen lernen, warum sie zustande gekommen sind. Ansonsten bleibt dieses Wissen bei den Büchern oder in den Studienunterlagen. Ein gutes Beispiel dafür ist die klassische Lehre von den Würden, die von modernen Astrologen oft als altertümlich abgetan wird, weil sie diese schlichtweg nicht verstehen. In dieser Lehre haben die einzelnen Planeten entsprechend ihrer Tierkreiszeichenstellung eben spezielle Stärken oder Schwächen. So steht etwa der Mond, um ein Beispiel zu geben, im Krebs in seinem Domizil, in seinem Zuhause, in dem er herrscht. Im Gegenzeichen des Krebs, dem Steinbock, steht der Mond dann im sogenannten Exil, in dem er nicht so Mond-typisch wie im Krebs zur Geltung kommen kann. Ein moderner Astrologe, der diese Bezeichnungen nicht nachvollziehen kann, würde nun sagen: „Nein, der Mond im Steinbock hat auch seine Qualitäten. Man darf ihn nicht abwerten, das ist eine alte und längst überholte Lehre.“ Die meisten Astrologie-Schüler, die ich frage, warum der Mond im Steinbock im Exil steht, antworten mir: „Weil der Steinbock in Opposition zum Krebs steht.“ Sowohl der moderne Astrologe wie der Astrologie-Anfänger haben auf ihre Art recht, verstanden haben sie dennoch beide nichts. Der Astrologie-Schüler begreift es rein technisch. Jeder Planet, der sich in dem Tierkreiszeichen befindet, das dem Zeichen seines Domizils gegenübersteht, ist im Exil. Klar. So ist etwa auch Venus im Stier im Domizil und im Skorpion im Exil, Mars im Widder im Domizil in der Waage im Exil etc. Doch was sagt uns das? Eigentlich nichts. Damit diese Sachverhalte im Kopf hängen bleiben, müssen wir sie nicht auswendig lernen, sondern verstehen. Und das gilt auch für die modernen Astrologen, die die Würden als altes und überholtes Wissen abtun. Nun zur Erklärung: Natürlicherweise steht der Mond im Krebs, seinem eigenen Zeichen, besonders stark, das heißt, die seelischen Kräfte des Mondes kommen hier voll und ganz zur Geltung, sofern kein harter Saturn-Aspekt oder Ähnliches sie ausbremst. Diese Menschen sind sehr empfindsam und sensibel, mitunter aber auch sehr empfindlich und launisch. Im Krebs macht der Mond ungemein fürsorglich, speziell im Horoskop einer Frau sehr mütterlich. Im Steinbock herrscht Saturn, das heißt, der Mond befindet sich hier im Zuhause des Saturns. Der moderne Astrologe liegt sicher richtig, wenn er sagt, auch dieser Mond hat große Qualitäten und wir dürfen ihn hier keineswegs abwerten oder gar negativ sehen. So ist der Mond im Steinbock oft sehr pflichtbewusst, besitzt viel Verantwortung und eine hohe Moral. Vor allem Frauen mit diesem Mond erziehen ihre Kinder meist zu lebenstüchtigen Menschen, weil sie ihnen durch ihre Strenge Struktur verleihen und Pflichtbewusstsein einimpfen. Aber warum ist der Mond hier im Exil, was hat das für eine inhaltliche Bedeutung? Um diese zu begreifen, sollten wir unsere Vorstellungskraft in Bewegung bringen. Wie könnte der Steinbock, das Zuhause des Saturn, denn aussehen, würden wir ihn mit einem Zuhause in Form eines Gebäudes vergleichen? Nun ein Bild: Das Domizil des Saturns wäre die einfache Berghütte ohne Strom, ohne warmes Wasser und karg eingerichtet. Saturn liebt die Berge und die Klarheit. Er kann auf Unnützes verzichten und kommt gut allein zurecht. Taucht nun der gefühlsbetonte Mond im Steinbock auf, so kann man sich gut vorstellen, dass es den Mond hier etwas fröstelt und dass er, der so viel Nestwärme braucht, in der einsamen, kargen und manchmal trostlosen Saturn-Szenerie leidet, ja gehemmt ist und sich nicht so recht entfalten kann. Viele Menschen mit dem Mond im Steinbock haben auch etwas Trauriges und Gehemmtes. Astromedizinisch gesehen kann dieser Steinbock-Mond krank machen, da seine Eigner Ärger und andere unbewältigte Gefühle herunterschlucken und verdrängen. Man darf hier seine Gefühle nicht immer zeigen und seine Kindheit nicht leben, da Menschen mit Steinbock-Mond von ihren Müttern früh dazu aufgefordert werden, Leistung zu bringen und Verantwortung zu übernehmen. Die Pflicht steht hier über dem Gefühl, und deshalb ist der Mond hier im Exil und muss bei einer Horoskopanalyse besonders genau beachtet und analysiert werden.

Die Astrologie ist letztlich eine Form von angewandter Kunst, die sich mit den Beziehungen zwischen dem Makrokosmos des Universums und dem Mikrokosmos der Erde beschäftigt. Kunst deshalb, da die Deutungsmöglichkeiten eines Horoskops vielfältig sind und es, wie gesagt, keine „fertigen Rezepte" für dessen Entschlüsselung gibt. Das Denken in Analogien eröffnet erst innere Welten, die es zu verstehen und zusammenzufassen gilt. Die eigentliche Kunst der Horoskopdeutung ist, eine Synthese aus all den vielen Horoskop-Faktoren unter Miteinbeziehung unterschiedlicher Auslösungsmöglichkeiten herzustellen. Erst diese Fähigkeit erhebt den Astrologen über die Horoskopdeutung des Computers, der allenfalls einzelne Textbausteine kombinieren und deuten kann. Ihm fehlt jedoch die Seele, das Gespür, der Instinkt und der Geist. Der Esprit, der Uranus, der unter anderem für den Draht nach oben in Form der Intuition steht, die in wichtigen Momenten der Beratung den entscheidenden Impuls in Form einer blitzartigen Erkenntnis bringen kann. Die nichts mit Bauchgefühl zu tun hat und immer auf der Basis gesammelter Erfahrung und Wissen basiert.

Der Computer kann auch in Zukunft, in der die künstliche Intelligenz die Intelligenz des Menschen bei Weitem übertreffen wird, nicht spüren und sehen, was ein Klient ausstrahlt, was ihn ängstigt. Er wird nicht begreifen können, wo der Klient steht, was er im Laufe seines Lebens aus seinem Horoskop gemacht hat. Es ist deshalb sehr wichtig für den Astrologen, sich auf seinen Klienten voll und ganz einzulassen, den Ist-Zustand seines Klienten zu erfahren, was nur durch gutes Zuhören geschehen kann. Stimmungen, eigene Erfahrungen, der persönliche Wissensstand, das Aufeinandertreffen unterschiedlicher Persönlichkeiten – all das beeinflusst jede Beratung, macht sie zu einem ganz besonderen Moment und erhebt sie, wie gesagt, zu einer lebendigen Kunstform. Die Deutung eines Horoskops wie auch eine Beratung sind immer ein kreativer und schöpferischer Akt. Und die Tatsache, dass eine gute Beratung auch stets subjektive Züge trägt, muss kein Manko sein. Sie hat dadurch die Chance, auf einer menschlichen Ebene zu wirken und den Klienten im tiefsten Inneren anzusprechen.

Welche Fähigkeiten ein guter Astrologe braucht

Astrologie als Beruf zu betreiben, kann zutiefst erfüllen. Denn in die Sterne zu blicken und sie in Beziehung zu Menschen zu setzen, bedeutet, die Hintergründe des Lebens verstehen zu lernen. Jeder, der ernsthaft Astrologie betreibt und ein gewisses Niveau erreicht hat, steht mitten im Leben, weil er sich durch die Astrologie mit den geistigen und kosmischen Gesetzen und der Schöpfung auseinandersetzt.

Den Beruf des Astrologen auszuüben, ist auch in unserer Zeit noch eine sehr spezielle Herausforderung. Auch wenn viele Menschen inzwischen von der Astrologie überzeugt sind und diese Zahl sicherlich in Zukunft noch zunehmen wird, wird die Astrologie weiterhin auf nicht absehbare Zeit ein gesellschaftliches Außenseiterdasein fristen, da sie weder naturwissenschaftlich noch staatlich anerkannt ist. Das heißt, dass das Berufsbild Astrologe nicht geschützt ist. Weder die unterschiedlichen Astrologieverbände noch einzelne Astrologie-Institute in der westlichen Welt, die zum Astrologen ausbilden, haben bislang eine staatliche Anerkennung erhalten. Staatlich anerkannt werden allenfalls der Aufbau und die Form einer Ausbildung, aber niemals der astrologische Inhalt.

Berufsrechtlich gesehen ist die Astrologie eine reine Privatsache, die lediglich in Form einer Selbstständigkeit ausgeführt werden kann. Letztlich fristet die Astrologie eine Art Schattendasein, wird von staatlicher Seite wohl eher misstrauisch beäugt und gerade noch geduldet. Viel Vertrauen in eine seriöse Ausübung der Astrologie gibt es in unserer Gesellschaft nicht, sicher auch aufgrund der vielen Scharlatane, die, wenn überhaupt, ein Buch über die Astrologie lesen und sich fortan als Astrologe bezeichnen. Dieses Misstrauen gegenüber der Astrologie und die fehlende Anerkennung von staatlicher Seite überträgt sich natürlich auf viele Bürger, die etwa in Deutschland oder Österreich besonders großen Wert auf Titel legen. Dennoch gewinnt die Astrologie, wie gesagt, derzeit immer mehr an Ansehen und ist aus unserer Sicht ein absoluter Zukunftsberuf.

Im Moment ist der Astrologe gesellschaftlich meist noch ein Einzelkämpfer, der auf keinerlei Unterstützung hoffen darf, und der Astrologie-Anfänger muss selbst schauen, wo er eine gute und seriöse Ausbildung erhält. Wer Astrologie erlernen und als Beruf ausüben will, braucht zuallererst sehr viel Mut. Es darf ihm nichts ausmachen, Außenseiter zu sein. Viele Menschen bewundern Astrologen irgendwie, und sobald bekannt ist, dass jemand Astrologie studiert, weckt er automatisch Interesse. Ist er ein Spinner oder steckt doch mehr dahinter? Als Mensch angesehen zu werden, der allein schon mit seinem Beruf polarisiert, damit muss der angehende Astrologe leben lernen.

Als ich in den 1980er-Jahren Astrologie bei einem unbekannten, aber menschlich wie fachlich großartigen Astrologen von der Pike auf lernte, fragten viele Leute zweimal nach, kam mein Berufsziel zur Sprache. Und wenn sie dann noch hörten, dass ich mich vegetarisch ernährte, entgleiste so manchem Gegenüber das Gesicht vor Staunen. Ich fühlte mich, als würde ich einer Sekte angehören, obwohl ich mich selbst immer als bodenständigen und durchaus realistischen Menschen eingeschätzt habe.

Die Bodenständigkeit und der Naturbezug sind es, die ein guter Astrologe unbedingt braucht. Denn die Astrologie ist nicht nur eine empirische Wissenschaft, sie ist auch eine Naturwissenschaft im ursprünglichen Sinne. Wer mit der Astrologie lebt und sie ausübt, wird die Jahreszeiten und die damit verbundenen Tierkreiszeichen bewusster erleben und erfahren. Er wird auch den Einfluss des Mondes und anderer Planeten auf das Wetter, die Stimmung der Menschen, unseren Alltag und unser Leben erkennen und spüren können. Voraussetzung ist, dass man sich bemüht, naturbezogen zu leben, ein Gebot, das gerade in unserer Zeit, in der wir uns so stark von der Natur entfernt haben, noch an Bedeutung gewonnen hat.

Wir brauchen, und das ist unser Lehransatz, eine Astrologie, die lebensnah ist, eine Mischung aus Kopf, Gefühl, Geist und Seele. Eine rein intellektuell betriebene Astrologie, die die Verbindung zum Leben und zur Realität verloren hat, lässt Menschen abheben, sich in Trugschlüssen verlieren und schlimmstenfalls paranoid werden.

Ein guter Astrologe braucht überhaupt Vertrauen in die Schöpfung und in das Leben. Und er sollte Mut haben. Allzu ängstliche Menschen werden häufig von der sogenannten „Transitis" befallen: Sie fangen an, in spannungsgeladenen Transiten nur noch Hinterhalt und große Gefahren zu sehen, die sie blockieren und am Leben hindern. Nein, als Astrologe braucht man viel Mut, positive Gedanken und die innere Bereitschaft, sich allen Herausforderungen des Lebens mit Freude zu stellen, um an ihnen persönlich wachsen zu können. Wer ängstlich in seiner Lebenssituation verharrt und in Panik den nächsten schwierigen Transit erwartet, sollte die Finger von der Astrologie lassen.

Sicher hat es viele Nachteile, dass die Astrologie staatlich nicht geschützt ist. Der größte ist wohl, dass sich viele sogenannte Astrologen in der Öffentlichkeit tummeln, die genauso gut in eine Glaskugel wie auf ein Horoskop schauen könnten, ohne dass sich dabei ein wesentlicher Unterschied ergäbe. Das ist leider Fakt.

Auf der anderen Seite hat die Astrologie durch ihre Freiheit die Chance, ihre Offenheit zu bewahren und durch eine allgemeine Verschulung nicht zu stark reglementiert, in ihrem Gehalt und Ausdruck beschnitten zu werden. Astrologie ist aus unserer Sicht eine Kunst, eine Art geistiges Schach, und das kann nur dann gut ausgeübt werden, wenn man in seiner Kreativität nicht eingeschränkt wird. Jeder angehende Astrologe muss seinen Selbstausdruck finden, und er muss die Regeln und das Wissen der Astrologie selbst in seinem Leben erfahren und überprüfen. Da kann ihm kein Lehrer und keine Schule helfen, diesen Weg des Lernens muss er völlig allein gehen. Ein guter Astrologe sollte letztlich auch in der Lage sein, eigenständig Astrologie zu lernen, aus seinen Einsichten heraus Entscheidungen zu treffen und – ganz wichtig – er muss bereit sein, Verantwortung für das, was er sagt und rät, zu tragen.

Das ideale Berufsbild des Astrologen ist das einer eigenständigen und auch eigenwilligen Persönlichkeit. Als Astrologe hat man die Pflicht, hinter die Dinge zu blicken und überhaupt das Leben auch einmal von anderen, unterschiedlichen und völlig neuen Perspektiven aus zu betrachten.

Grundsätzlich kann natürlich jeder Astrologie erlernen, er wird aber beim Lernen stagnieren, wenn er nicht offenbleibt für eigene innere Entwicklungen. Diese sind nur dann möglich, wenn man bereit ist, sich selbst zu reflektieren, was zu den größten Herausforderungen zählt.

Menschlich ist, dass der Astrologe größte Probleme hat, sein eigenes Horoskop zu erkennen. Er neigt oft dazu, Schwachstellen seines Klienten überzubetonen und seine eigenen, die sich manchmal sogar in den gleichen schwierigen Aspekten finden, nicht wahrzunehmen. Wie heißt es so schön in der Bergpredigt: „Warum siehst du den Splitter im Auge deines Bruders, aber den Balken in deinem Auge bemerkst du nicht?“ Das alles ist, wie gesagt, menschlich. Wer ein guter Astrologe werden will, sollte jedoch aufhören, eigene Schwächen schönzureden. Er muss sie bei sich selbst zumindest ansatzweise erkennen, weil er sie sonst bei seinen Klienten nicht richtig einordnen kann. Für Menschen, die in einer eigenen Realität leben, ist Astrologie rein gar nichts.

Ein Astrologe bleibt immer Schüler des Lebens. Er sollte idealerweise ein Menschenfreund sein, den natürlichen Antrieb besitzen, seinen Klienten weiterzuhelfen. Ein guter Astrologe braucht darüber hinaus viel Fachwissen, Intuition, Einfühlungsvermögen und Menschenkenntnis. Es heißt, der Menschenkenner ist immer der bessere Astrologe. Zum Menschenkenner gehört selbstverständlich auch die Menschenliebe. Wer sich gerne mit Menschen austauscht, wer ein Interesse am Leben hat, wer neugierig ist und einen natürlichen Forschungsdrang besitzt, der wird sich als Astrologe permanent weiterentwickeln und fortwährend neue Erfahrungen sammeln können. Das ist der richtige Weg zum Berufsastrologen.

Da die Astrologie dem Wassermann zugeordnet ist, haben Astrologen eine besondere Verbindung zu Uranus, der höheren Oktave des Merkur. Uranus entrückt den Geist, lässt den Verstand fliegen, was im besonderen Maße durch die Astrologie möglich ist, in der Symbole in Bilder übersetzt werden müssen. Uranus ist der Planet der Intuition und der Freiheit. Er steht im besonderen Zusammenhang mit Freigeistern, wie es die meisten Astrologen sind, die möglichst frei von Vorurteilen astrologisch forschen und deuten sollten. Und natürlich ist es nicht verkehrt, wenn ein Astrologe einen stark gestellten Uranus im Horoskop hat. Das können etwa Aspekte der beiden Lichter Sonne und Mond mit Uranus sein, wobei hier auch die spannungsgeladenen zählen, die zwar meist ruhe- und rastlos, aber auch unglaublich intuitiv machen. Schnell und übergreifend im Denken machen daneben alle Merkur-Uranus-Aspekte sowie Uranus in Haus 3, dem Bereich der Kommunikation. Uranus wäre ferner stark gestellt, was die Intuition betrifft, am Aszendenten, im 1. Haus (Persönlichkeit), im 4. Haus (Mondhaus), im 5. Haus (Sonnenhaus), um nur einige Beispiele zu nennen. Auch hinter einem prominent besetzten 11. Haus, dem irdischen Spiegel des Wassermanns oder Uranus in Haus 10 (Berufshaus), verbirgt sich häufig die Nähe zur Astrologie. Letztlich sind Astrologen, ihre Horoskope und Begabungen jedoch sehr unterschiedlich, worauf ich in folgenden Beiträgen noch genauer zu sprechen kommen werde.

Die Intuition ist deshalb für einen Astrologen so wichtig, weil er auf der Basis von solidem Wissen eine Analyse und gleichzeitige Synthese des Horoskops erstellen muss. Beides gehört zusammen. Nur so kommt der Astrologe zu einem richtigen Ergebnis. Er muss die einzelnen Horoskopfaktoren, die Planetenstellungen und Aspekte deuten und gleichzeitig zusammenfassen können. Und dabei kann ein starker Uranus-Einfluss im eigenen Horoskop helfen, der die Brücke zwischen den vielen einzelnen Energien und Kräften, die in einem Horoskop auftauchen, zum gesamten Menschen finden lässt.

Die anspruchsvolle Arbeit des Astrologen besteht letztlich darin, seinem Klienten zuzuhören, sein Horoskop nüchtern zu analysieren, um dabei gleichzeitig lebendige innere Bilder seines Lebens zu sehen und vor sich ablaufen zu lassen.

Viele Astrologie-Anfänger haben bei der ersten Betrachtung von Horoskopen das Problem, dass sich einzelne Aspekte oder Horoskopfaktoren widersprechen. So kann etwa in einem Horoskop, um ein einfaches Beispiel zu geben, ein Waage-Aszendent auftauchen, der für einen eher friedfertigen und ausgleichenden Menschen steht. Gleichzeitig deutet Mars in Konjunktion mit dem Aszendenten und im Quadrat mit Merkur aber auf einen eher streitbaren Charakter hin. Was soll man nun wie bewerten, fragt sich der Anfänger. Die richtige Antwort ist vermeintlich einfach: Wir müssen beides berücksichtigen, den Waage-Aszendent wie den Streitaspekt. Klar ist, dass Mars am Aszendenten, dem Zeichen der Persönlichkeit, immer stark zu werten ist. Aus dem Waage-Aszendenten wird durch Mars, den Herrscher des Widders, fast schon ein verkappter-Widder-Aszendent, der in aller Regel eher fordernd und kampfbereit auftreten kann. Und so ist es nun auch mit diesem speziellen Waage-Aszendenten. Er ist dominant wie der Widder, aber, und das ist jetzt entscheidend, er verpackt diese Dominanz vermutlich mit dem Waage-typischen Charme. Jeder Waage-Aszendent wird von sich behaupten, friedfertig zu sein, weil er sich tatsächlich nach Harmonie sehnt, auch der Waage-Aszendent unseres Beispiels. Aber dieser Waage-Aszendent wird trotzdem immer wieder in Streitereien und Konflikte verwickelt, weil er zu kritisch denkt und vermutlich auch einen Wettkampf daraus macht, wer in verbalen Auseinandersetzungen Recht behält. Der Widerspruch zwischen friedliebend sein wollen und doch streitbar auftreten, liegt im Horoskop-Eigner selbst.

Ähnlich und oft noch viel gegensätzlicher tauchen viele Horoskope auf, die sich in sich zu widersprechen scheinen. Aber: Menschen sind nicht nur schwarz oder weiß, gut oder böse, sondern meist ziemlich bunt. Menschen sind einerseits so, vielfach aber auch so. Wo liegt das Problem? So vielschichtig und manchmal in sich gespalten ist eben der Mensch. Und dies sollte der Astrologe verstehen und seinem Klienten verständlich machen können. Über die Analyse der einzelnen Aspekte und Anlagen hinaus, die auch ein Astrologie-Computer anstellen kann, gilt es nun die Synthese dieser vielen Horoskopfaktoren, hinter denen sich der Mensch verbirgt, zu erstellen. Erst wenn dies gelingt, haben wir einen professionellen Astrologen vor uns.

Das Wunderbare an einem Horoskop ist, dass es sehr konkret und sehr logisch aufgebaut ist. Und trotzdem fallen die Analysen der verschiedenen Astrologen mitunter erschreckend unterschiedlich aus. Und das hat leider nicht nur mit andersartigen Ausdrücken, Sprachen und Schwerpunkten zu tun. Der tiefere Grund ist, um es noch einmal deutlich zu sagen, der mangelnde Wissensstand vieler Menschen, die sich Astrologen nennen. Ein Astrologe braucht viel Wissen und noch mehr Erfahrung damit. Wer ernsthaft astrologisch tätig ist, wird deshalb mit den Jahren immer besser, da er zunehmend mehr sieht und begreift. Das Erkennen eines Horoskops kann nicht in einem oder zwei Jahren erlernt werden.

Zuletzt noch eine weitere wichtige Fähigkeit, die sich ein guter Astrologe zumindest aneignen sollte, sofern er sie nicht von Natur aus besitzt: das Sprechen unterschiedlicher Sprachen. Damit sind nicht Fremdsprachen gemeint, sondern die passende Kommunikation mit Menschen unterschiedlichen Milieus, die aufgrund ihrer Herkunft und Schulbildung oft völlig verschiedene Denk- und Ausdrucksweise haben. Zu einem Astrologen kommen einfach alle Menschen. Bei mir tauchten Lehrer, Richter, berühmte Schauspieler und Sportler, Comedians, einfache Landarbeiter, Banker, Politiker, Studenten, Rentner, Hundezüchter, Therapeuten, Heilpraktiker, Psychologen auf. Und einmal war sogar ein lieber Mensch bei mir, der „unter der Brücke“ lebte und mich besonders faszinierte.

Ein Astrologe berät alle Menschen quer durch die gesamte Gesellschaft. Ganz wichtig: Wir dürfen uns als Astrologen, die möglichst vorurteilsfrei an jede Beratung hingehen sollten, nicht von dem blenden lassen, was ein Mensch gesellschaftlich darstellt. Ich denke, auch dem Kosmos ist das egal, es geht im Leben in erster Linie um den Menschen, sein Leben und Schicksal und um seine innerliche Entwicklung.

Wir als Astrologen sollten, wie gesagt, nicht urteilen, wir müssen stattdessen versuchen, auf diese unterschiedlichen Menschen einzugehen. Stellen Sie sich nur einen hochintellektuellen Astrologen vor, der einen eher bodenständigen Typen mit abstrakten Erklärungen überschüttet. Klar ist, dass dieser bodenständige Mensch, der vom Lande kommt, tagtäglich hart arbeitet und eine einfache, direkte und pragmatische Ausdrucksweise besitzt, mit hochtrabenden Fremdwörtern, astrologischem Fachvokabular und sonstigen intellektuellen Ergüssen kaum etwas anfangen kann. Ein guter Astrologe hat meiner Meinung nach die Aufgabe, stets klare und verständliche Worte zu wählen. Natürlich dürfen astrologische Fachausdrücke verwendet werden, welche aber stets in gewöhnliche Worte übersetzt werden sollten.

Dies gilt übrigens auch umgekehrt: Wenn einem ein sehr kopfgesteuerter Mensch gegenübersitzt, der vor lauter Reden und unendlichen Ausführungen nicht zur Frage, zum eigentlichen Thema kommt. Hier gilt es, sich die Gesprächsführung nicht entreißen zu lassen, um in deutlichen präzisen Worten selbst Fragen zu stellen, damit ein reales Gespräch mit lebensnahen Antworten des Astrologen überhaupt zustande kommen kann.

Warum Zuhören nicht gleich Zuhören ist

Wir könnten als astrologische Berater unseren Klienten erzählen und erzählen lassen, ohne dass wir irgendetwas verstehen. Also müssen wir gelegentlich eingreifen, indem wir nachfragen, um überhaupt zu begreifen, was unser Klient uns mitteilen will und welche Fragen er genau hat. Je besser wir unseren Klienten verstehen, desto besser können wir ihn beraten.

Als Astrologen müssen wir unbedingt lernen, gut zu kommunizieren, wozu zu allererst das richtige Zuhören gehört. Wer das beherrscht, übernimmt die Gesprächsführung und kann gemeinsam mit seinem Klienten in der Beratung wichtige Themen herausarbeiten. Bei allen unseren Klienten haben wir zunächst die Aufgabe, zu verstehen, was sie eigentlich wollen, worum es ihnen in der Beratung geht. Meistens sind die Fragen ja sehr klar, mitunter sind Menschen, die zum Astrologen kommen, jedoch nicht in der Lage, klar und deutlich zu kommunizieren, was ihnen am Herzen liegt.

In der Psychologie, von der die moderne Astrologie durchaus die eine oder andere Anleihe nimmt, ist das aktive Zuhören deshalb ein wichtiges Stilmittel, um zu einem fruchtbaren Gespräch zu kommen, bei dem sich beide Gesprächspartner besser wahrnehmen und verstehen lernen. Denn es ist auch umgekehrt wichtig, dass der Klient versteht, was ihm der Berater sagen will.

Der amerikanische Psychologe Carl Rogers hat das aktive Zuhören erstmals bewusst in der Psychotherapie eingesetzt. Er war ein großer Idealist und Humanist, der sich von echten Begegnungen mit seinem Klienten eine erfolgreichere Therapie erhoffte. Aktives Zuhören, ob in der Therapie, in der Astrologie oder in den unterschiedlichsten menschlichen Beziehungen, führt die betroffenen Personen letztlich näher zusammen, weil es das Verständnis füreinander erhöht.

Wie sieht nun aktives Zuhören in der Praxis aus? Zunächst ist es das Gegenteil vom passiven Zuhören, bei dem Sie unter Umständen Ihren Klienten reden und reden lassen, bis nichts mehr kommt. Manchmal artet das Ganze in ein mehr oder weniger monotones Gerede aus, das den Zuhörer langweilt und den Redner unsicher macht, weil er kein Feedback bekommt.

Beim aktiven Zuhören geschieht nun wesentlich mehr als beim rein passiven Zuhören, bei dem man sich hinterher oft energetisch ausgesaugt fühlt. Es beginnt damit, dass wir uns zunächst ganz auf das konzentrieren, was uns unser Gegenüber erzählt. Es gilt, alles genau zu verstehen und sofort einzuhaken und nachzufragen, wenn dies nicht der Fall ist. Es geht nicht darum, eigenen Gedanken nachzujagen, sondern, wie gesagt, darum, sich in den anderen hineinzuversetzen. Wir sollten unserem Klienten beim Zuhören stets positive Beachtung entgegenbringen, was uns nur gelingt, wenn wir aktiv zuhören. Ein Beispiel: Eine Frau kommt zu Ihnen in die Praxis, ist mächtig aufgeregt und emotional, bauscht ihre schwierige Lebenssituation extrem auf und verwendet dabei immer wieder heftige Worte, um sich selbst Luft zu machen und alles möglichst drastisch darzustellen: „Mein Partner, dieser Mistkerl, betrügt mich schon lange. Er ist ein Lügner, weil er behauptet, mit dieser Schlampe nur einmal im Bett gewesen zu sein. Dabei haben sie es mehrmals getrieben ...“. Wir können diese Frau nun durch besonnenes und einfühlsames Nachfragen einerseits etwas beruhigen und anderseits zum Nachdenken anregen. Der Astrologe sollte deshalb in etwa nachfragen: „Also verstehe ich das richtig, Ihr Partner ist fremdgegangen, hat Sie sehr verletzt und sagt jetzt nicht die ganze Wahrheit?“

Der Astrologe sollte bei seinen Nachfragen möglichst paraphrasieren, das heißt, dass er das, was der Klient sagt, noch einmal wiederholt, aber nicht in diesem emotionalen Wortlaut, sondern in eigenen, möglichst moderaten und sachlichen Worten. Er gibt seinem Klienten damit das Gefühl, zuzuhören, wodurch sich dieser angenommen und aufgehoben fühlt und sich automatisch weiter öffnet. Ziel der Paraphrasierung ist es außerdem, die überaus starke Emotion des Klienten einzudämmen, damit er überhaupt erst die Bereitschaft entwickelt, sein Problem von unterschiedlichen Seiten etwas nüchterner zu betrachten. Denn eines ist auch klar: Schuld in einer Beziehungskrise hat selten nur einer.

Es gibt meistens eine Vorgeschichte, die dafür verantwortlich ist, warum sich Menschen auseinandergelebt haben. Und so ähnlich ist es mit anderen menschlichen Problemen auch. Es gibt in aller

Regel mehrere Wahrheiten. Auch wenn wir uns in der Beratung als Anwalt unseres Klienten sehen, sollten wir eine gewisse Neutralität gegenüber der beteiligten Person wahren, über die gesprochen wird, um die Lage zu deeskalieren und eine neue Sichtweise zu ermöglichen. Wir sind schließlich nicht die beste Freundin, die sich auf eine Seite ziehen lässt, um gemeinsam gegen den Ex zu wettern, sondern professionelle, lösungsorientierte Berater mit einer großen Verantwortung für jeden Menschen, dessen Horoskop wir analysieren.

Wer sich als Astrologe in aktivem Zuhören üben will, sollte sich für das wichtige Nachhaken in Gesprächen vor allem diesen magischen Satzanfang merken: „Wenn ich Sie richtig verstanden habe ...“. Indem Sie dann paraphrasieren, also in verständnisvollen eigenen Worten zusammenfassen, was Sie gehört haben, beweisen Sie Empathie und können gleichzeitig für sich selbst sicherstellen, ob Sie Ihren Gesprächspartner wirklich verstanden haben. Auch das ist ein wichtiger Punkt des aktiven Zuhörens. Gespräche werden so vertieft. Der Klient erhält zusätzlich die Gelegenheit, die Situation in andere Worte zu fassen, sollten Sie ihn seiner Meinung nach nicht richtig verstanden haben.

Kommt das Gespräch in Fluss, sollten Sie durchaus weitere Fragen stellen, um mehr von Ihrem Klienten zu erfahren. Je mehr Vertrauen aufgebaut wird, desto offener und direkter können diese Fragen dann sein.

Ein weiterer wichtiger Punkt des aktiven Zuhörens ist das bewusste Beiseiteschieben von vorgefassten Meinungen und Vorurteilen. Jeder Mensch, jedes Schicksal ist einzigartig, auch wenn sich vieles zu wiederholen scheint. Wir nehmen unseren Klienten dadurch ernst, dass wir ihn und sein Problem nicht in eine Schublade stecken.

Unterstützend zum aktiven Zuhören sollte die richtige Körpersprache eingesetzt werden. So macht z. B. der Augenkontakt einen großen Teil der nonverbalen Kommunikation aus. Den Blickkontakt meiden würde Desinteresse signalisieren, weshalb wir unbedingt den Augenkontakt halten sollten, ohne jemanden künstlich anzustarren. Auch ein Lächeln kann gelegentlich nicht schaden sowie ein kräftiger Händedruck beim Begrüßen und Verabschieden, der für Verbindlichkeit und sich auf den anderen Einlassen steht.

Aktives Zuhören funktioniert allerdings nur, wenn wir authentisch sind, wenn wir also mit innerer Überzeugung nachfragen und versuchen, den anderen zu verstehen. Niemals kann aktives Zuhören eine freundliche Masche sein, die nur eingesetzt wird, um ein erfolgreiches Gespräch zu führen. Das würde der Klient spüren und sich innerlich vom Berater abwenden. Aktives Zuhören kann speziell für den astrologischen Berater auch nicht heißen, nur die freundliche Maske aufzusetzen und zu allem Ja und Amen zu sagen. Nein, wir sollen und wir dürfen auch anderer Meinung als unser Klient sein. Wir können z. B. sagen: „Ja, ich verstehe Ihre Haltung, aber es gibt auch folgende Argumente, die gegen diese sprechen ...". Damit signalisieren wir, dass wir gut zuhören, wir geben aber auch zu erkennen, dass wir es nicht um jeden Preis akzeptieren, würde der Klient auf seiner Überzeugung beharren.

Erst wenn wir die Sachlage geklärt haben, alles von unserem Klienten erfahren und ein Verständnis zu ihm aufgebaut haben, kommt die Astrologie zum Einsatz, mit deren Hilfe wir dahinter blicken und Probleme lösen können. Erst jetzt macht es Sinn, die beiden Horoskope, ihre aktuellen Transite und ihre Synastrie zu bemühen.

Als Astrologen sollte uns stets bewusst sein, dass wir durch die Kenntnisse von einem Horoskop, dem Seelen- und Charakterbild unseres Gegenübers, eine große Autorität darstellen. Jedes Wort von uns hat Gewicht und kann etwas Größeres in unserem Klienten auslösen. Deshalb ist es so wichtig, dass wir zunächst ein Vertrauensverhältnis durch aktives Zuhören aufbauen. Wir sollten versuchen, unserem Klienten das Gefühl zu geben, dass wir seine Situation nicht ausnutzen und ihn in allem ernst nehmen. Und alles, was wir ihm astrologisch erklären, sollte so aufbereitet sein, dass er es verstehen kann. Das heißt, wenn wir von einem speziellen Aspekt in seinem Horoskop sprechen, müssen wir ihn umgehend übersetzen und erklären. Wir sollten bei schwierigen Konjunktionen, Quadraten und Oppositionen auch die Kraft dieser Aspekte beschreiben, mit der viel bewegt und erreicht werden kann, bevor wir auf die Risiken und Gefahren von ihnen eingehen. Begreift der Klient, dass ein spannungsgeladener Aspekt auch eine gewisse Potenz und Stärke darstellt und gleichzeitig zu den größten Herausforderungen in unserem Leben gehört, fühlt er sich ebenfalls besser angenommen und verstanden und ist eher bereit, sich diesen Triggerpunkten im Horoskop und in seinem Leben zu stellen. Die Empathie, die mit dem aktiven Zuhören beginnt, sollte also auch in der Horoskopbeschreibung ihren Fortgang finden, womit ich hier ausdrücklich nicht das Schönreden oder das übertriebene Psychologisieren von Spannungen im Horoskop meine.

Schwierig zeigen sich gelegentlich Beratungen, bei denen wir auf Klienten mit einem unglaublich großen Mitteilungsbedürfnis treffen. Wenn diese spüren, dass wir bereit sind, zuzuhören und aufzunehmen, kann es uns passieren, dass diese ohne Punkt und Komma erzählen, erzählen und erzählen, bis die Zeit vorbei ist. Fragen wir interessiert nach im Sinne des aktiven Zuhörens und gelebter Empathie, beschleunigen wir die rastlose Rede unseres Gegenübers noch zusätzlich. Endlich hört ihnen jemand zu, endlich können sie alles rauslassen, was sich in ihrer Seele angestaut hat. Sie kommen vom Hundertsten ins Tausendste, und in uns regt sich bald der Gedanke: „Hoffentlich hört er bald auf zu reden". Unsere Empathie kehrt sich in nervöses Scharren mit den Hufen um. Man könnte es sich einfach machen, innerlich abschalten und den Klienten reden lassen, bis die Zeit rum ist. Dann wurde man zumindest für das Zuhören bezahlt, was durchaus legitim ist, denn das Zuhören kann furchtbar anstrengend sein, wenn wir einen sogenannten Energie-Vampir vor uns haben. Andererseits hat ein Astrologe, der etwas auf seine Arbeit gibt, den Anspruch, seinem Klienten eine Erkenntnis zu vermitteln, die ihn irgendwie weiterbringen kann.

Es ist immer ein Problem, wird dem Astrologen oder auch dem Therapeuten die Gesprächsführung völlig entrissen. Was also tun? In diesem Fall unterbreche ich nach einiger Zeit den Klienten und bitte ihn, wenn nötig mehrmals, mir eine konkrete Frage zu stellen. Und wenn ich rede, bitte ich den Klienten, mich nicht zu unterbrechen. Ich kann mich an einen Fall erinnern, bei dem all meine Bemühungen, den Klienten zu stoppen oder durch Nachfragen zu dem Punkt zu bringen, an dem er hätte Farbe bekennen müssen, gescheitert sind. Am Ende der Beratungszeit, nachdem ich ihm klar machte, dass wir nun zu einem Ende kommen müssten, erklärte er mir nur, dass er noch keine Antwort bekommen hätte. Worauf, wusste er allerdings auch nicht.

Ich will mit diesem Fallbeispiel nur sagen, dass Beratungen manchmal auch bei besten Absichten schiefgehen können. Manchmal ist es im ersten Moment nicht klar zu erkennen, ob der Klient besser einen Psychologen aufsuchen sollte. Eine astrologische Beratung ist schließlich keine Gesprächstherapie. Zweimal ist mir so etwas Ähnliches noch passiert in meiner jahrzehntelangen Tätigkeit als Astrologe, jedes Mal brach ich dann die Beratung ab, weil ich keinen Sinn darin sehen konnte.

Gelegentlich kann es uns aber auch passieren, dass wir umgekehrt mit einem Klienten konfrontiert werden, der einfach den Mund nicht aufbekommt. Ist zwar sehr selten, kommt aber vor. So hatte ich einmal eine Beratung von einer Frau, die immer nur mit ja, nein, stimmt oder stimmt nicht antwortete. Ich versuchte, ihr klar zu machen, dass es in der Beratung nicht darum geht, den Astrologen auf den Prüfstand zu stellen und ihn zu beurteilen, sondern allein um sie, ihr Geburtsbild, ihre Fragen. Ich erklärte ihr, dass ich kein Wahrsager oder Hellseher bin und dass ich schon wissen müssten, ob sie verheiratet ist, Kinder hat, in welchem Job sie arbeitet etc., um sie besser zu verstehen und dann konkret auf persönliche Fragen von ihr mithilfe der Astrologie beantworten zu können. Die Frau war aber in einer dermaßen festgefahrenen Habachtstellung, dass ich trotz all meiner zur Verfügung stehenden Empathie und dem Versuch, aktiv zuzuhören, um sie etwas aus sich herauszulocken, keinen Erfolg hatte.

Astrologie ist nicht für jeden Menschen geeignet, und manche Klienten, die zu uns kommen, müssen wir erst darüber aufklären, was die Astrologie vermag und worin ihre große Chance liegt. Im Laufe der vielen Jahre, in denen ich berate, durfte ich jedoch die Erfahrung machen, dass sich das Bild von Astrologie und der Erwartungshaltung, die Menschen von ihr haben, doch ziemlich stark gewandelt hat. So kommen heutzutage immer mehr Menschen zu mir, die den Astrologen nicht als Wahrsager begreifen, sondern als einen Menschen, der hinter die Welt des Sichtbaren blicken kann und ihnen dadurch wertvolle Entscheidungshilfen in wichtigen Fragen ihres Lebens geben kann. Bei diesen Menschen macht das aktive Zuhören Sinn, ja es ist ein Gebot der Zeit, dass angehende Astrologen es beherrschen lernen. Eine Frage zu verstehen, ist eine halbe Antwort, sagte einst der berühmte griechische Philosoph Sokrates (469 bis 399 v. Chr.). Wie recht er hatte. Zuhören und Nachfragen ist letztlich die Basis oder auch der Einstieg in eine gute Beratung.

Sprachliche Feinheiten und ihre große Bedeutung in der Beratung

Jede astrologische Beratung ist eine große Kunst, auch deshalb, weil es nicht immer genügt, nur die Wahrheit zu sagen, sondern diese auch so rüberzubringen, dass sie vom jeweiligen Klienten verstanden werden kann. Oft genügen nur kleine sprachliche Umschreibungen, Korrekturen und Feinheiten, die dem Klienten eine Brücke bauen, damit er unseren Inhalt, das, was wir ihm an schwierigen Aspekten und Konstellationen im Horoskop erklären wollen, besser verstehen kann.

Im Laufe der vielen Jahre, in denen ich wöchentlich mehrere astrologische Beratungen abhielt, durfte und musste ich einige Erfahrungen machen, die mir mit der Zeit die Sicherheit gaben, wie ich meine Klienten innerlich erreichen und ihnen Wissen vermitteln kann, ohne sie vor den Kopf zu stoßen, speziell, wenn es um die Beschreibung spannungsgeladener Inhalte im Horoskop ging. Manchmal entscheiden lediglich sprachliche Feinheiten darüber, ob ein Klient dem Astrologen vehement widerspricht oder sich in seinen Aussagen wiederfindet. Im Grunde genommen könnte man jeden schwierigen Aspekt anführen, den man entweder klassisch direkt und völlig ungeschönt von sich gibt oder ihn so verpackt, dass er dem Klienten seine Würde lässt und er ihn trotzdem versteht.

Um ein etwas ausführliches Beispiel zu geben: Gelegentlich bekomme ich es mit Klienten zu tun, die offensichtlich mit angegriffenen Nerven zu kämpfen haben und die im Leben ziemlich unter Strom stehen, was unter anderem in Form von Sonne-, Mond-, Merkur-Uranus-Spannungen auftauchen kann. Einmal hatte ich einen Klienten mit einem T-Quadrat zwischen Sonne, Mond und Uranus in seinem Horoskop. Ich sprach diese Konstellation spontan an: „Sie sind ein bisweilen sehr nervöser, oft getriebener Mensch …“. Die Antwort war ebenso spontan und direkt: „Nein, so hat mich noch niemand gesehen, Sie sind der erste Mensch, der so etwas zu mir sagt.“ In diesem Moment wurde mir klar, dass ich zu offensiv und zu wenig einfühlsam vorgegangen war. Ich versuchte, das Gespräch zu retten, indem ich fortfuhr: „Natürlich hat diese Konstellation auch ihre Stärken … Sie haben eine hervorragende Intuition und einen großen Freiheitsdrang …“, was dieser Klient umgehend bestätigte. Klar, diese Aussagen waren ebenfalls astrologisch korrekt in Bezug auf diese Konstellation. Jetzt wurde ich langsam aber noch etwas in die andere Richtung präziser: „Ihr Freiheitsdrang und Ihr Bedürfnis, sich von nichts und niemandem bevormunden und einschränken zu lassen, scheint jedoch manchmal übertrieben …“, er gab mir wieder recht, und jetzt konnte ich den Bogen zu meiner ersten Aussage so spannen, dass er sie im Nachhinein akzeptieren konnte: „Haben Sie schon einmal darüber nachgedacht, wo dieser übertriebene Drang nach Freiheit herkommt? Er könnte dazu führen, dass Sie Situationen, die Sie einengen, oft ausweichen, ja entfliehen.“ Er konnte nun verstehen, was ich mit „getrieben sein“ gemeint hatte, und nun brach es aus ihm heraus: „Ich kann nicht einmal in meiner Freizeit Ruhe geben, brauche immer irgendeine Beschäftigung … ich kann keine Menschen ertragen, die klammern oder dauernd etwas von mir wollen, weshalb ich auch allein lebe und Beziehungen oft beende, bevor sie richtig beginnen … ich liege oft nachts wach, weil ich keine Ruhe finde.“ Jetzt erst nahm die Beratung Fahrt auf.

Es sollte immer ein Ziel des Astrologen sein, eine Vertrauensbasis mit dem Klienten zu schaffen, auf der er bereit ist, sich selbst gerne zu öffnen. Allein deshalb sind sprachliche Feinheiten bzw.

Umschreibungen von schwierigen Inhalten wie in diesem Falle wichtig, ohne diese zu verwässern. Sprachliche Feinheiten anzuwenden, bedeutet letztlich, astrologische Inhalte noch genauer, besser und umfangreicher zu erklären.

Einige Tipps für sprachliche Feinheiten in Bezug auf einige schwierige Aspekte:

Haben Sie einen Mann vor sich, der eine Sonne-Mars-Spannung im Radix hat, sollten Sie nicht sofort mit der Türe ins Haus fallen und von einem hohen Aggressions- und Gewaltpotenzial sprechen. Man kann ihm auch sagen, dass er über eine große Willenskraft verfügt, aber oft ein Hitzkopf ist und sich schnell in Konflikte hineinsteigert und den Kampf oder die Konkurrenz übertreibt …

Einer Frau mit einer Mond-Mars-Spannung sagt man nicht unbedingt, dass sie zickig ist, zu Affekthandlungen neigt und sich mit vielen Menschen überwirft, sondern erklärt ihr zunächst, dass sie seelisch schnell erregt ist, mächtige Emotionen hat und schnell hochkocht …

Einer Frau mit Mond im Skorpion sollten Sie nicht erklären, dass bei diesem Mond alle negativen Eigenschaften des Skorpions zum Tragen kommen können, wie Rachsucht, Eifersucht, Neid, Kontrollsucht. Sie sollten vielmehr sagen, dass sie eine tiefe Seele besitzt, die jedoch mit starken inneren Konflikten zu kämpfen hat, sich schnell übergangen und übervorteilt fühlt und einen ausgesprochenen Instinkt für Gefahren besitzt. Dass sie deshalb zur Übervorsicht und Kontrolle neigt, sich schnell angegriffen fühlt, weil sie jede subtile Spitze von anderen wahrnimmt …

Einem Krebs-Aszendent dürfen Sie niemals sagen, er wäre launisch, besser sprechen Sie von großer Empfindsamkeit und Empfindlichkeit, da gibt Ihnen fast jeder Krebs-AC recht …

Einen Menschen mit Merkur-Mars-Spannung sollten wir nicht als Streithansel und Rechthaber bezeichnen, sondern als einen manchmal überkritischen Menschen, der gerne mit dem Wort kämpft …

Taucht eine Merkur-Pluto-Spannung im Horoskop auf, sollten wir weniger von Fanatismus sprechen, sondern zunächst von gedanklichem Tiefgang und einem starken Überzeugungstrieb, der allerdings zuweilen zwanghaft werden kann …

Mars-Saturn-Spannungen sollten wir nicht mit rücksichtslosem Handeln, Hass und Gewalt umschreiben, sondern von Aggressionen (Mars) sprechen, die durch Saturn gebunden werden, was dazu führt, dass man Frust, Wut, Ärger und Sorgen leicht in sich anstaut und versucht, sich mit der Brechstange durchzusetzen …

Auch der Begriff „materiell“ ist häufig negativ belegt, insbesondere in spirituellen Kreisen. Sollten Sie also in einem Geburtshoroskop eine Überbetonung des 2. Hauses entdecken, sprechen Sie lieber von einem großen Sicherheitsbedürfnis als von einer materiellen Haltung, Raffgier oder Geiz …

So in etwa könnten wir nahezu alle schwierigen Aspekte durchexerzieren. Dies waren meine Worte, jeder Astrologie-Schüler kann und soll auch eigene dafür finden, natürlich immer auf der Basis der richtigen Entsprechungen, was Planeten und Aspekte betrifft.

Die astrologische Beratung, ihre Chancen und Grenzen

Was kann die Astrologie, wo liegen ihre Chancen, wo ihre Grenzen? Eine Frage, die eigentlich so alt ist wie die Astrologie selbst, die immerhin die älteste Wissenschaft der Menschheit ist. Schon immer waren die Menschen verblüfft über den reichen und sehr präzisen Inhalt der Astrologie, der weit über jede Wahrsagerei hinausgeht. Die Realität, das Innere der Menschen und ihre Lebensthemen spiegeln sich tatsächlich im Sternenhimmel und dem Lauf der Planeten wider. Das ist letztlich auch der tiefere Grund dafür, warum die Astrologie alle ihre Krisen überwinden konnte. Selbst die Epoche der Aufklärung, die kausales naturwissenschaftliches Denken zur Maxime erhob, konnte sie nicht völlig zerstören. Ebenso wenig die vielen schlechten Astrologen der Geschichte. Insgeheim spüren auch die Menschen, die stark an ihr zweifeln, dass sie ein wunderbares geheimes Wissen in sich birgt, ein Wissen, das auch die besten Astrologen der Welt noch nicht völlig entschlüsselt haben. Es scheint so unendlich wie der Sternenhimmel selbst.

Astrologie kann auf jeden Fall mehr, als viele Menschen noch nicht einmal zu träumen wagen. Aber manchmal haben wir Menschen auch den Wunsch, Dinge zu erfahren, die im göttlichen Plan nicht vorgesehen sind: wie unser Schicksal verlaufen wird, wann der Zeitpunkt unseres Todes gekommen ist. Denn eine persönliche Entwicklung, nicht nur durch dieses, sondern durch mehrere Leben hindurch, bedarf einer gewissen Freiheit und Selbstverantwortung. Mit dieser Freiheit, mit dem Einsatz unseres Willens, schaffen wir wiederum unser Karma. Mit der Bewältigung unseres Karmas wandelt sich möglicherweise auch unser Horoskop eher sehr langsam, von Leben zu Leben. Unser Geburtshoroskop ist stets das Zeugnis des letzten Lebens und gleichzeitig die Basis, die Startvorgabe für das neue. In ihm finden sich tief eingegrabene Anlagen, Charakterzüge und Prägungen, deren zeitliche Auswirkungen das Schicksal prägen. Auf dieser Basis arbeitet der klassische Astrologe. Er versucht, den Menschen durch das Horoskop zu begreifen und setzt dieses unter anderem in Bezug zum vergangenen, aktuellen oder künftigen Sternenhimmel.

In der Geschichte der ernsthaft betriebenen Astrologie ist man nahezu immer von der Willens- und Schicksalsfreiheit des Menschen ausgegangen. Der Mensch geht seinen Weg, dessen Ausgang er selbst bestimmt, allerdings im Rahmen seiner Anlagen und Möglichkeiten. Die Frage, die uns auch heute noch beschäftigt, ist deshalb: Wie groß ist die persönliche Willensfreiheit, die lediglich eingeschränkt ist durch spezielle Charakterzüge, den persönlichen Entwicklungsstand und durch äußere Lebensumstände?

Im Großen und Ganzen hat der Mensch durch seine Bewusstheit, die beim einen stärker, beim anderen schwächer ist, aber die Chance, sich etwa gegen eigene destruktive Neigungen zu entscheiden. Sein Wille kann manchmal Berge versetzen und erlaubt ihm sogar, über den eigenen Schatten zu springen.

Wir gestalten unser Leben also in jedem Moment selbst, stehen aber gleichzeitig unter dem permanenten Einfluss der Sterne, die aber immer nur das auslösen und ansprechen können, was bereits in uns angelegt ist.

Da wir dem Menschen die Willensfreiheit zugestehen, kann eine astrologische Prognose immer nur im Konjunktiv stattfinden. Wir sehen bei einem Klienten z. B., dass er einen Mars-Transit durch sein 7. Haus, den Bereich des Du, der Partnerschaft und der Öffentlichkeit, bekommt. Vereinfacht gesagt könnte es jetzt vermehrt zu Streitereien und Auseinandersetzungen in der Partnerschaft kommen, sofern er überhaupt in einer Beziehung lebt. Dann ist die Wahrscheinlichkeit sehr groß. Bei einem Menschen, der sich gerade in einer schwierigen Situation in seiner Beziehung befindet, kann dieser Mars vielleicht sogar das Ende der Beziehung bedeuten, weil die Auseinandersetzungen unter diesem Vorzeichen möglicherweise eskalieren. Bei einem anderen wird die Beziehung jetzt vielleicht endlich lebendiger und ehrlicher, weil ihm der Partner nun sagt, was ihn stört und was er sich wünscht. Ein Streit kann fruchtbar sein. Die realen Auslösungen dieses Transits können jedoch sehr unterschiedlich sein, je nach persönlicher Anlage bzw. der des Partners und in welcher Lebenssituation man sich befindet. Da das 7. Haus in seinen Entsprechungen auch mit der Öffentlichkeit zu tun hat, könnte es ebenfalls zu Prozessen kommen.

Wirklich wissen werden wir Astrologen, dass durch diesen Mars Anfeindungen von außen kommen können und dass die Wahrscheinlichkeit, dass es in der Partnerschaft jetzt gewaltig kracht, erhöht ist. Denn es dürfte kaum Paare auf dieser Welt geben, bei denen alles in Ordnung ist und bei denen es keine in irgendeiner Form ungelösten Konflikte gibt. So weit dürfen wir uns mit unserer Prognose auf jeden Fall herauswagen.

Die vielen Möglichkeiten von Auslösungen der Transite bedingen dennoch, dass wir stets im Konjunktiv reden, nach dem Motto: „Es kann passieren“ … „wahrscheinlich …“

Astrologie ist demnach auch eine Lehre der Wahrscheinlichkeit. Jeder seriöse und ernst zu nehmende Astrologe geht, um das noch einmal deutlich zu sagen, von der Willensfreiheit aus. Der große Kirchenmann Thomas von Aquin (1225 bis 1274) kreierte einst das heute noch geltende Gebot: „Die Sterne machen geneigt, sie zwingen nicht.“ Thomas von Aquin weiter: „Der weise Mensch ist Herr über die Sterne, insofern er es nämlich über seine Leidenschaften ist.“ Der berühmte Paracelsus (geboren vermutlich 10.11.1493 in Egg bei Einsiedeln; gestorben am 24.9.1541 in Salzburg), der mit seinem umfassenden zeitlosen Wissen in der Heilkunst und der Astrologie heute noch große Bedeutung besitzt, meinte: „Ein weiser Mann regiert jedoch das Gestirn, einen viehischen Menschen aber regierte, zwinget, meistert, nötiget das Gestirn, also dass er dem Gestirn muss nachgeben zu gleicher Weis‘, wie der Dieb dem Galgen, der Mörder dem Rad, der Fischer den Fischen, der Vogler den Vögeln, der Waldmann dem Gewild.“ Thomas von Aquin und Paracelsus decken sich also völlig in der Annahme, dass der Mensch über einen freien Willen verfügt und sich etwa gegen destruktive Neigungen entscheiden kann, so sehr es ihn auch dazu drängen mag.

Die Astrologie kann niemals vorhersagen, wie ein Mensch handelt. Alles hängt letztlich von seinem Willen, seinem Gewissen, seiner geistigen Reife und Einsichtsfähigkeit ab. Wenn Ihnen ein Astrologe weismachen will, dass dieses oder jenes Schicksal mit hundertprozentiger Sicherheit eintrifft, wenn er sogar den Tod vorhersagen will, dann wissen Sie: Vor Ihnen sitzt ein „Wald-und-Wiesen-Astrologe“, der vermutlich wenig bis gar nichts weiß und vor dem Sie schnell die Flucht ergreifen sollten, bevor er mit schicksalsschwangeren Aussagen Ängste in Ihnen festsetzt. Gerade Todesvorhersagen sind ein großes Tabuthema in der ernsthaft betriebenen Astrologie und galten schon immer als unseriös. Todesvorhersagen sind Schwarze Magie und Machtmissbrauch. Solche Astrologen wollen sich irgendwie selbst erhöhen und schaden dabei nur sich selbst und anderen. Todesvorhersagen sind bisher selten bis gar nicht eingetroffen. Es ist, wie gesagt, ein Machtthema, ein Machtmissbrauch, nicht mehr und nicht weniger.

Nun zu behaupten, es gäbe kein fest gefügtes Schicksal und alles wäre Willensfreiheit, ist jedoch auch nicht ganz richtig. So relativierte der große Thomas von Aquin die Willens- und Schicksalsfreiheit. Er war durchaus der Ansicht, dass Dinge voraussagbar sind. So sagte er: „Die Mehrzahl der Menschen folgt den Leidenschaften, den Regungen des sinnlichen Strebevermögens, bei denen die Himmelskörper mitwirken können. Es gibt aber wenige Weise, die derartigen Leidenschaften widerstehen. Und darum können die Astrologen in den meisten Fällen Wahres vorhersagen, vor allem im Allgemeinen, nicht jedoch im Einzelnen. Denn nichts hindert einen Menschen, durch freie Selbstbestimmung den Leidenschaften zu widerstehen. Darum sagen auch die Astrologen selbst: „Der weise Mensch steht über den Sternen, sofern er nämlich über seinen Leidenschaften steht."

Das Thema Willens- und Schicksalsfreiheit bzw. Schicksalsbestimmung war zu allen Zeiten ein heftig diskutiertes Thema und wird das wohl auch bleiben. Nicht jeder Mensch kann über seinen eigenen Schatten springen, was uns Astrologen Prognosen natürlich erleichtert. Rein von der ethischen Warte aus gesehen wäre es jedoch jedem Astrologen anzuraten, den Ausgang einer Sache immer offenzulassen, da die Astrologie nur von Wahrscheinlichkeiten sprechen kann. Und wenn nur ein Prozent gegen eine Wahrscheinlichkeit spricht, so muss der Astrologe ehrlich sein und sagen, dass die Sache auch anders ausgehen kann, als er meint. Und das muss keineswegs schwammig und unkonkret sein!

Sicher lassen sich hier einige Parallelen zu berühmten Prophezeiungen finden. Die Propheten hatten immer eine Vision von einem möglichen Ausgang. Sie wollten die Menschen mit Voraussagen, die nicht zu ändern wären, nicht quälen oder gar deren Sensationsgier befriedigen (was leider zweifellos oft der Fall ist). Nein, sie hatten vielmehr die Absicht, vor einem drohenden Unheil zu warnen, ganz nach dem Motto: „Wenn Ihr weiter auf dem falschen Weg geht, dann werdet Ihr mit großer Sicherheit in den Abgrund am Ende dieses Weges stürzen." Eine Prophezeiung sollte zu allen Zeiten eine göttliche Hilfestellung sein und kein unabwendbares Schicksal darstellen.

Ein erfahrener Astrologe wird die Astrologie also nicht nur als Erfahrungswissenschaft sehen, sondern auch als die Lehre der Wahrscheinlichkeiten. Ein Beispiel aus meiner Praxis: Vor vielen Jahren wurde ich zu einem öffentlichen Astrologie-Test im TV eingeladen. Ich bekam einen Tag zuvor die Daten einer Frau mitgeteilt mit der Frage, was zu einem angegebenen Zeitpunkt im Leben dieser Person passiert war. Sonst wusste ich gar nichts über die Frau. Ich stellte also ihr Geburtshoroskop auf und schaute es mir näher an. Dabei fiel mir unter anderem auf, dass diese Frau „Unruhestifter“ Uranus in Haus 7 (Partnerschaft) hatte, was normalerweise schon einige Aufregungen bezüglich Partnerschaften im Leben bringt. Dieser Uranus stand zu allem Überfluss im Spannungswinkel zu Sonne und Mars, was schon fast eine Beziehungsunfähigkeit andeutete. Es musste sich hier meiner Ansicht nach zumindest um eine Frau handeln, die in Beziehung schnell Engegefühle bekommt, die überhaupt ein Problem mit zu großer Nähe hatte. Zu dem angegebenen Zeitpunkt, an dem sich etwas Besonderes ereignet haben sollte, lief gerade der Saturn-Transit durch ihr 7. Haus, überquerte dort ihren Geburts-Uranus und stand damit gleichzeitig in Spannung zu ihrer Geburts-Sonne und ihrem Mars. Es war also nicht schwer zu erraten, was bei dieser Frau los war. Folgendes konnte ich also seriös sagen: „Vorausgesetzt, die Frau hatte eine Beziehung, musste sie in diesem Zeitraum eine größere Partnerschaftskrise erlebt haben. Die Themen Nähe-Distanz, Gebundensein und Unabhängigkeit waren unter extremer Anspannung und bedurften in ihrem Leben einer Klärung.“

Bei ihrer speziellen Anlage hätte ich sicher spekulieren können, dass eine Trennung stattgefunden hat, schließlich hatte man mir mitgeteilt, dass sich in diesem angegebenen Zeitraum etwas Besonderes ereignet hatte. Es hätte nach den astrologischen Gesetzmäßigkeiten aber auch sein können, dass ihr Mann einen schlimmen Unfall hatte. Wie auch immer, es handelte sich tatsächlich um eine Trennung, die astrologisch sehr wahrscheinlich war, aber eben nicht hundertprozentig gewiss. Diese Wahrscheinlichkeit sprach ich aus, worauf ein bekannter Esoterikkritiker, der im Publikum saß, immerhin zugab, dass an der Astrologie etwas dran sein müsse, da sie doch eine Wissenschaft ist, die eine große Geschichte hat und die Menschheit seit Jahrtausenden begleitet. Und dass sich ja nicht alle Gelehrten, die sich mit ihr in der Vergangenheit eingehend und ernsthaft auseinandersetzen, täuschen und ins Blaue hineindichten konnten.

In seriösen Astrologie-Büchern wird immer nur von der Gefahr und dem Risiko von Trennungen gesprochen, wenn etwa Mars und noch mehr die Langsamläufer Saturn, Uranus, Neptun oder Pluto das 7. Haus, den Partnerschaftsbereich, durchqueren oder wenn Saturn, Uranus, Neptun oder Pluto in Konjunktion, Quadrat oder Opposition zur Geburts-Venus stehen. Mit diesen Transiten sind, wenn wir etwas tiefer blicken, immer bestimmte Herausforderungen und Aufgaben in der Beziehung gegeben, von deren Bewältigung letztlich abhängt, ob die Beziehung weiter oder in die Brüche geht. Allein darauf sollten wir uns in der Beratung konzentrieren. Natürlich können wir immer sagen: „Es besteht die Gefahr, dass …“ Der Klient, der um das Risiko eines Transits weiß, kann bewusst darauf reagieren. Wenn ihn der Astrologe vor unnötigen Geldverlusten warnt, kann er sein Geld zusammenhalten, wenn er ihn vor Unfällen warnt, kann er seiner inneren Unruhe zumindest im Straßenverkehr versuchen, Einhalt zu gebieten. Und wenn er gerade Transite hat, die seine Beziehung gefährden, kann er ebenfalls bewusst darauf reagieren, indem er versucht, mehr auf die Bedürfnisse seines Partners einzugehen. Oder, indem er mehr den Kompromiss als das Trennende sucht und auch einmal bereit ist, zurückzustecken, wenn es um Interessen und Wünsche geht, die sich entgegenstehen. Das wird ihm unter Umständen schwerfallen, es lohnt sich aber auf jeden Fall, sich selbst zu reflektieren und von sich aus die Vorleistungen zu erbringen, die die Beziehung retten könnten. Wer einen solch schwierigen Transit auf diese Weise bewältigen kann, der vollzieht letztlich einen großen Schritt in seiner Persönlichkeitsentwicklung und in seiner Partnerschaft.

Ein Astrologe, der ein Horoskop vor sich hat, kann darin nicht sehen, ob es sich um ein weibliches oder männliches handelt. Er kann auch nicht erkennen, welchen Entwicklungsstand die Person hat, die sich dahinter verbirgt. Also braucht ein Astrologe stets Informationen von seinem Klienten, insbesondere über dessen aktuelle Lebenssituationen. Andernfalls kann er nur allgemein über Themen sprechen, mit denen sein Klient jetzt und künftig konfrontiert wird. Er kann Warnungen, Möglichkeiten und Chancen aussprechen. Mehr aber nicht.

Ein guter und erfahrener Astrologe wird im persönlichen Gespräch, das kann ich nicht oft genug wiederholen, erst einmal versuchen, seinem Klienten näherzukommen. Er muss erforschen, wo er steht, was ihn bewegt, welche Wünsche und Probleme er aktuell hat. Dadurch bekommt er wichtige Anhaltspunkte, auf die er sich bei seiner Horoskopbetrachtung aber keinesfalls versteifen darf. So passiert es immer wieder, dass Astrologen den Fehler begehen, dass sie das, was ihnen vom Klienten erzählt wird, „auf Teufel komm raus" im Horoskop wiederfinden wollen. Sie vergessen dabei, dass auch der Klient seine eigene Wahrheit und Sicht hat und dass das, was er von sich und seinem Leben erzählt, natürlich gefärbt, geschönt, verdreht erscheint. Das ist menschlich.

Jede Erzählung von Geschehnissen ist bereits persönlich interpretiert. Deshalb ist es für den Astrologen wichtig, dass er sich in erster Linie auf das Horoskop konzentriert und sich nicht zu sehr von den Aussagen seines Klienten abhängig macht, die seine Horoskopbetrachtung möglicherweise in eine falsche Richtung lenken. Klienten haben immer Probleme und Fragen, hinter denen sich oftmals eine ganz andere Wahrheit bzw. ein ganz anderes Problem verbirgt.

Bekommt der Astrologe in so einem Vorgespräch den Eindruck, dass sein Klient unter psychischen Problemen wie z. B. einer Depression oder Schizophrenie leidet, muss er das umgehend ansprechen und im Zweifelsfall seinen Klienten an einen Therapeuten, Arzt oder Psychologen weiterverweisen, auch dann, wenn es einen abrupten Abbruch der Beratung erfordern würde. Denn eines muss jedem angehenden Astrologen klar sein: Die Analyse eines Horoskops ist zwar durchaus mit der eines Tiefenpsychologen verwandt, er ist aber in den meisten Fällen kein Psychologe und kann und darf in diesem Fall nicht therapieren.

Die astrologische Beratung soll das Licht der Erkenntnis bringen. Sie soll helfen, die Wirklichkeit hinter der sichtbaren Welt zu sehen, sie soll aufdecken, erklären, bestärken. Ein erfahrener Astrologe wird seinem Klienten von seinen Schwächen und Stärken berichten, er wird ihn auf Risiken hinweisen und Perspektiven aufzeigen. Er wird seinem Klienten nicht immer Neues über seinen Charakter und sein Leben berichten können. Allein die Tatsache aber, dass er seinen Klienten durch das Horoskop erkennt, gibt diesem die Möglichkeit, künftig noch bewusster seine Stärken zu fördern und mit seinen Schwächen umzugehen. Wenn ein Astrologe derart konkrete Dinge im Horoskop aufdeckt, dann kann sein Klient das in aller Regel annehmen, dann vertieft das seine Kenntnis über sich selbst und hebt sie auf eine höhere Ebene, was ihr Kraft verleiht und künftige Entwicklungen beschleunigen kann.

Ein Astrologe, der diese Berufsbezeichnung verdient, erkennt die Energien und Kräfte, die einen Menschen ausmachen und auf ihn einwirken. Er kann sehen, wie Menschen denken, fühlen und meist handeln, er kann besondere Talente entdecken und weiß oft, warum der eine oder andere Wunsch bzw. eine bestimmte Hoffnung im Leben bislang noch nicht in Erfüllung gegangen ist. Sobald er ein Horoskop betrachtet, eröffnen sich ihm innere Welten.

Aber, in einer astrologischen Beratung muss er für all das auch die richtigen Worte finden. Ein Astrologe, der nur Phrasen drischt, wird bei seinem Klienten nichts bewirken. Bereits beim Verlassen des Raumes hat er vielleicht schon alles vergessen. Worte können wie leere Luftblasen sein, die einfach so zerplatzen und keine Spuren hinterlassen. Das richtige Wort im passenden Moment kann jedoch wie die richtige homöopathische Gabe geradezu Berge versetzen und den Klienten dazu anstoßen, wichtige Dinge in seinem Leben zu ändern oder neu anzugehen.

Das ist die große Chance der astrologischen Beratung, die aber, um es noch einmal zu sagen, niemals den Anspruch einer Therapie haben kann. Klienten, die so krank sind, dass sie dringend medizinische oder psychologische Betreuung brauchen, müssen umgehend weiterverwiesen werden. Menschen psychisch zu heilen, ist gewiss nicht der Job des Astrologen.

Die Angst und der Erfüllungszwang

„Was mich erschreckte, das kam über mich. Wovor mir bangte, das traf mich auch.“ Das sprach Hiob, nachdem er über Nacht seinen Reichtum eingebüßt hatte und krank und elend dahinsiechte. Seine Ängste hatten sich verwirklicht.

Das größte Problem einer astrologischen Beratung ist tatsächlich die Angst der Menschen. Je besser ein Staat aufgestellt scheint und je mehr die Menschen gewisse Sicherheiten wie medizinische Versorgung, Mindestlohn, Rente usw. genießen, desto größer werden die Ängste vor dem Tod, vor Krankheiten und vor Verarmung. Wer mehr will, kann sich gegen jede Form eines Schicksalsschlags zusätzlich versichern. Doch hinter jeder Versicherung steckt eine große Befürchtung, steckt Angst. Und genau das hat Jahwe versucht, seinem Volk, wie wir im Alten Testament nachlesen können, auszutreiben. In Israel ist immer und umgehend bestraft worden, wer versucht hatte, Versorgungen und Sicherungen für den Notfall in seinem Leben einzubauen, weil diese Maßnahmen Ausdruck mangelnden Gottvertrauens waren.

In jedem von uns steckt das Bedürfnis nach Sicherheit. Die Wohlstandsgesellschaft hat uns zu diesem Denken erzogen. Ohne aktiv Vorsorge zu betreiben, wären wir verantwortungslos, leichtfertig. Gerade wir Deutschen, Österreicher und Schweizer neigen dazu, immer und überall Unheil zu wittern und uns Sorgen über unsere Zukunft, unser Geld und unsere Gesundheit zu machen. Seien wir ehrlich: Wie oft hat jeder von uns im Nachhinein erfahren dürfen, dass die Sorgen, die er sich gemacht hat, völlig unnötig waren. Aber wir lernen nicht daraus. Immer wieder berichten Hilfesuchende, die bei mir in der Beratung erscheinen, dass sie nicht schlafen können, weil in dem Moment, wo sie sich abends schlafen legen, die Sorgen im Kopf zu kreisen beginnen, was der morgige Tag, was die nähere Zukunft an furchtbaren Dingen bringt. Doch können wir mit diesen sorgenvollen Gedanken irgendetwas verändern, verbessern, Unheil von uns fernhalten? Wenn dem so wäre, würden sich die vielen schlaflosen Nächte ja lohnen. Aber das Gegenteil ist leider der Fall. Jeder Gedanke hat eine auf seine

Verwirklichung gerichtete Kraft. Wer viel an Unheil denkt, wird es erfahren. Wem es dagegen gelingt, heiter, gelassen und mit einem Gefühl der Dankbarkeit für den zurückliegenden Tag einzuschlafen, schafft die besten Voraussetzungen dafür, dass alles gut wird.

Menschen, die bewusst leben, wissen, dass wir unser Leben und unser Schicksal bis zu einem gewissen Punkt selbst gestalten können. Das geistige hermetische Gesetz besagt: „Wie innen, so außen". Das heißt, so wie wir uns innerlich polen, so offenbart sich für uns auch das Leben. Gute Gedanken und Zuversicht ziehen Glück an, Liebe zieht Liebe an, negative Gedanken und Neid ziehen Unglück an, Dunkles zieht Dunkles an, Hass zieht Hass an, Angst zieht Angst an und Aggressivität zieht Gewalt an. Es gibt eine Spirale in den Himmel und eine in die Hölle. Und nur wir selbst können entscheiden, welchen Weg wir gehen. Begeben wir uns zu sehr in die negative Spirale, führt diese unweigerlich in Angst, Depression, Unglück und Krankheit und ist nur noch schwer zu stoppen. Deshalb ist es so wichtig einzuhalten und umzukehren, wenn wir merken, dass diese destruktive Spirale beginnt, Besitz von uns zu ergreifen.

Wir dürfen nicht die Gründe für unsere Not im Außen oder gar bei anderen Menschen suchen, sondern müssen in erster Linie immer auf uns selbst schauen.

Verantwortung für sich und sein Leben zu übernehmen, das sollte für Menschen, die Astrologie betreiben, selbstverständlich sein. Und gerade in der Beratung ist es wichtig, seinen Klienten immer wieder klar vor Augen zu führen, dass sie selbst ihr Schicksal gestalten, dass sie selbst verantwortlich für ihre gute oder missliche Lage sind. Wenn ein Klient, wie es so oft vorkommt, über den Stress und die vielen Verpflichtungen in seinem Leben klagt, entgegne ich häufig relativ nüchtern: „Wäre ich der liebe Gott und könnte Ihnen jetzt allen Stress nehmen, dann würde es vielleicht ein, zwei oder drei Monate dauern, und Sie hätten erneut das Gefühl, von zu vielen Anforderungen erdrückt zu werden." Warum das so ist, liegt auf der Hand: Dieselbe innere Energie oder Anlage, die diese Probleme verursacht haben, würde sich mit der Zeit wieder neue Baustellen schaffen."

Das geistige Gesetz „Wie innen, so außen“ und, wenn wir noch die Sterne hinzunehmen, „Wie unten, so oben“, ist jahrtausendealt, und wir haben es immer noch nicht verstanden. Es fehlt uns letztlich das (Selbst)vertrauen, der Glaube an unser höheres Selbst, das Vertrauen in eine geistige Führung, die uns sagt, dass wir Verantwortung für unser Leben übernehmen und unseren Einsichten folgen sollen. Es ist wichtig, dass uns selbst und möglichst auch unseren Klienten bewusst wird, dass wir unser Leben allein aus unserem Inneren heraus steuern können. Vor allem die langsam laufenden Transite von Jupiter, Saturn, Uranus, Neptun und Pluto verraten die Themen und Herausforderungen, die auf uns zukommen und von deren Bewältigung letztlich unser Lebenserfolg abhängt.

Viele glauben heute nur noch an die Naturwissenschaft, den „Gott“ unserer Zeit. Und unsere Eltern haben uns mit ihrer Erziehung ihre schlechten Erfahrungen aus der Vergangenheit mitgegeben. In dem Maße, wie wir ihre Gefühle von Angst und Resignation verinnerlicht haben, werden wir auch Enttäuschungen erleben, die uns bei der Suche nach Glück und Erfüllung im Wege stehen. Je stärker wir diese negativen Gedanken zulassen, desto stärker lasten sie auf uns und werden irgendwann zum Fluch, den wir gegen uns selbst richten. Und irgendwann verflucht man sich selbst und hat damit keine Chance, noch einmal auf die Sonnenseite des Lebens zu gelangen. In diese Abwärtsspirale geraten immer mehr Menschen in unserer Zeit, was die steigende Zahl von Depressionen bestätigt, die dabei sind, zur zweithäufigsten Krankheit weltweit aufzusteigen.

Moderne Autosuggestion lehrt, dass jeder Gedanke, der von starken Emotionen begleitet wird, die Tendenz hat, sich zu verwirklichen. Das heißt, wir müssen unser Selbstvertrauen und unsere Entfaltungskraft, symbolisiert in unserem Horoskop durch die Sonne, auf unsere emotionalen Bedürfnisse (Mond) abstimmen und dann die Chancen, die sich uns im Leben bieten, erkennen (Merkur) und mit zielgerichtetem und diszipliniertem Energieeinsatz (Mars-Saturn) verwirklichen. Wenn uns das gelingt, haben wir keine Angst mehr vor möglichem Unheil in der Zukunft, denn Krisen sind nur so stark, wie sie den Lebensweg eines Menschen korrigieren müssen, um ihn wieder zu sich selbst zu bringen, ihn authentisch zu machen. So erwerben wir eine innere Sicherheit und brauchen keine übertriebenen Sicherheiten mehr in Form von Versicherungen oder staatlicher Hilfe für die Zukunft. Wer das, was ihm widerfährt, als Information über die Befindlichkeit seiner Seele begreift, lebt bewusst und geht achtsam und eigenverantwortlich mit seinem Leben um und nimmt alles, was ihm widerfährt, dankbar an.

Die Wirklichkeit lehrt uns aber, dass dies ein langer Weg ist. Selbst kluge und erfahrene Menschen werden immer wieder von unnötigen Ängsten geplagt und verführt. Das ist nur allzu menschlich. Zwischen dem, was wir anstreben und dem, wo wir wirklich stehen, besteht oft eine Kluft. Kann uns die Astrologie von unseren Ängsten befreien, ist eine Frage, die eigentlich in die falsche Richtung zielt. Denn manche Menschen werden erst richtig paranoid und ängstlich, wenn sie sich zu sehr mit der Astrologie auseinandersetzen. Sie sehen dann hinter jedem schwierigen Transit eine Falle, eine Riesengefahr, die ihr Leben bedroht und fangen an, furchtbar negativ zu denken und in die Zukunft zu schauen. Auch die Astrologie kann bei falschem Umgang also schnell in die Negativspirale abdriften lassen. Bei richtigem Umgang mit ihr kann sie allerdings tatsächlich sicherer machen, Halt geben und unnötige Ängste verscheuchen helfen. Richtig bedeutet, die Astrologie als konkrete Lebenshilfe und Wegweiser zu nutzen. Wenn es einem Astrologen gelingt, seinem Klienten die Hintergründe und eigentlichen Ursachen von seinen Problemen verständlich zu machen und ihm seine Aufgabe und, ganz wichtig, Perspektiven der Entwicklung aufzeigt, dann ist die Beratung kraftvoll und fruchtbar und hilft dem Klienten, Angst vor dem Leben zu verlieren. Denn eines ist auch klar: Angst haben wir vor allem vor dem Ungewissen, und eine Stärke der Astrologie ist es, eine gewisse Planungssicherheit, Klarheit und Gewissheit zu bringen.

Jeder Schreck, jede Angst verliert an Dramatik, wenn wir ihren Hintergrund kennen. Wenn etwa ein Mensch von seinem Partner verlassen wurde und einfach nicht begreifen kann, warum, dann kann ihm der Astrologe anhand seines Horoskops und dem seines Ex-Partners erklären, wo die Schwierigkeiten lagen und weshalb es zur Trennung gekommen ist, die in der Regel eine längere Vorgeschichte hatte. Nur selten kommen Trennungen aus heiterem Himmel. Etwas zu verstehen, beruhigt, gibt uns die Möglichkeit, Frieden mit der Vergangenheit zu schaffen, um es in Zukunft besser machen zu können. Man kann Menschen anhand der Astrologie sehr vieles erklären. Wir können sogar im ganzheitlichen Sinne den Hintergrund von Krankheiten und Unfällen erkennen. Das Horoskop gibt auch Auskunft darüber, ob jemand im falschen Beruf ist, wo innere Bremsen und Blockaden liegen, wo sich Chancen und Perspektiven im Leben und Beruf auftun können. Astrologen nehmen sich jedem Fall an. Sie können letztlich durch das Horoskop in sämtliche Lebensbereiche ihrer Klienten hineinblicken. Sie müssen nur das, was sie sehen, richtig interpretieren. Astrologen sind geistige Forscher und Schachspieler und arbeiten wie Detektive, die versuchen, die Wahrheit ans Licht zu bringen.

Astrologisches Wissen ist dennoch nicht alles. Der bekannte Astrologe Michael Roscher (geboren am 7.7.1960, um 5:20 MEZ in Heidelberg, gestorben am 6.8.2005 in Köln), der einst für das ASTRO-KOLLEG als Referent Seminare abhielt, sagte einmal: „Der bessere Astrologe ist immer der Menschenkenner." Wie recht er damit hatte. Ein einigermaßen geschulter Astrologe kann seinen Klienten zwar unter Umständen in alle charakterlichen Bestandteile zerlegen, er wird ihn aber innerlich nicht erreichen, wenn er nicht auf seine Fragen, Hoffnungen, Wünsche und Ängste eingeht. Dafür braucht er ein gewisses Maß an Menschenkenntnis, weshalb die Astrologie auch selten etwas für sehr junge Menschen ist. Auf der anderen Seite erwerben wir uns durch das Betrachten und Analysieren von Horoskopen und durch die Beratung gewiss wesentlich mehr Menschenkenntnis, als wir das zu Beginn unserer astrologischen Tätigkeit erwartet hätten.

Ein Astrologe, der ein guter Menschenkenner ist, weiß natürlich um die größte Gefahr astrologischer Beratung, den sogenannten Erfüllungszwang, wie er in der Psychologie genannt wird. Erinnern wir uns an Hiob: „Was mich erschreckte, das kam über mich. Wovor mir bangte, das traf mich auch." Warnt ein Astrologe einen ängstlichen Klienten etwa vor Unfallgefahren, hat dieser unter Umständen so sehr den Unfall vor Augen, bis dieser endlich eintritt. Er hat ihn geradezu zwanghaft angezogen, weil er ständig an diese Gefahr dachte, ja den Unfall in manchen Bildern schon vor Augen hatte. Unbeabsichtigt hat er ihn manifestiert.

Ängstliche Menschen denken häufig an die größtmöglichen Gefahren, die überall lauern und eintreten können. Wir schenken den Dingen Energie und ziehen das an, worauf wir unseren Blick richten.

Der Astrologe sollte sich immer bewusst sein, dass seine Worte schwer wiegen und dass er Menschen Glaubenssätze einpflanzen kann, die sich schließlich verwirklichen können. Wie gesagt, wir steuern bewusst oder unbewusst alles aus unserem Inneren. Ein Arzt, der seinem Patienten sagt, er würde bald an seinem Krebs sterben, nimmt ihm nicht nur jede Hoffnung, sondern oft jede Chance, solange nur eine winzige Möglichkeit der Heilung noch besteht. Die Hoffnung stirbt zuletzt. Ist sie weg, ist es vorbei.

Ein kluger Astrologe kann den Erfüllungszwang aber auch in positiver Hinsicht nutzen, indem er seinen Klienten ganz einfach positive Aspekte und Perspektiven seines Lebens aufzeigt. Manchmal genügt ein gutes Wort, das sich fest im Gedächtnis eines Menschen verankern kann: „Sie schaffen das … Ihr Talent wird sich durchsetzen … Sie können bei dem Horoskop gar nicht verarmen … Es wird alles gut …“ Sicher lehnt sich ein Astrologe mit solchen Aussagen manchmal weit aus dem Fenster. Aber, das muss er vielleicht auch manchmal tun, für seinen Klienten, der manchmal nur die eine Hoffnung und Gewissheit braucht.

Natürlich muss er ehrlich bleiben und die schwierigen Punkte und Blockaden im Leben ansprechen, sofern er sie im Horoskop erkennt. Nur durch ihre Bewältigung kann sich etwas ändern. Ein Horoskop schön zu reden, endet schnell im Blabla, was dem Klienten rein gar nichts hilft. Wir dürfen sogar Unfallgefahren und andere Risiken im Leben ansprechen, nur müssen wir dann auch die Hintergründe erklären. Jeder Unfall ist mit inneren Spannungen verknüpft, die sich im Augenblick des Unfalls sozusagen materialisieren und die durch Transite angezeigt sein können. Wir als Astrologen müssen auf diese Spannungen hinweisen und anhand des Horoskops deren Hintergründe versuchen, aufzudecken. Wenn der Klient weiß, dass seine starken inneren Spannungen und Konflikte zu Unfällen führen können, wird er in Zukunft etwas vorsichtiger Autofahren und bei aufkommenden Aggressionen sich selbst zügeln. Der Weise regiert seine Sterne und sein Leben, das gilt es zu vermitteln.

Angstaspekte im Horoskop erkennen

Für Astrologen, die Menschen beraten, ist es ein Muss, Zeichen der Angst im Horoskop zu erkennen. Denn Menschen, die schnell Angst bekommen oder gar in Panik geraten, neigen dazu, alles Mögliche in die Aussagen des Astrologen hineinzuinterpretieren, was die Beratung am Ende zu einem regelrechten Fiasko werden lassen kann.

Klar ist, dass jeder Mensch immer wieder mal Angst hat, das ist gut und ganz normal. Schließlich ist die Angst seit jeher ein überlebensnotwendiges Gefühl, das uns vor Gefahren warnt. Kritisch wird es erst, wenn die Angst übermächtig wird und unser Leben in Form von größeren Angststörungen und echten Depressionen einschränkt. Solchen Menschen muss der Astrologe raten, sich an speziell ausgebildete Therapeuten zu wenden. Astrologisch beraten kann er allerdings Menschen, die zwar psychisch gesund, aber von Natur aus sehr ängstlich sind, sich schnell in irgendwelche Ängste hineinsteigern, weil sie eine Anlage dafür in ihrem Horoskop haben. Diese zu erkennen, hilft dem Astrologen, seine Beratung gezielt darauf einzustellen und entsprechend behutsam vorzugehen. Die Chance der Beratung besteht vor allem darin, die Ängste, die Anlage astrologisch zu erklären, auch in ganzheitlicher Hinsicht. Der Klient erkennt, dass seine großen Ängste vor allem seiner Anlage geschuldet sind, was ihn künftig vielleicht gelassener macht und ihm hilft, sich nicht mehr so leicht in irgendwelche Ängste hineinzusteigern. Er weiß jetzt: Die Ängste sind meist übertrieben.

Eine Erkenntnis, die ihm auf jeden Fall helfen kann, besser mit seiner Angst umzugehen.

Im Horoskop spiegeln sich übertriebene Ängste oft in einem starken Pluto-Thema. Betroffene Menschen verfügen häufig über eine ungeheuer starke Vorstellungskraft, wittern jede Menge Gefahren und Hinterhalte, fürchten den Verlust, die Niederlage und sind deshalb wahre Kontrollfreaks, die nichts dem Zufall, der einen kalt erwischen und nicht berechnet werden kann, überlassen wollen.

Der klassische Planet für die Angst ist jedoch Saturn, der ebenfalls mit unserer Vorstellungskraft verknüpft ist und uns permanent die harte, unerbittliche Realität vor Augen führt, die manchmal so kalt und grausam erscheint, dass wir darüber verzweifeln und in Angst versinken.

Eine gewisse Rolle, was die unnatürliche Steigerung von Ängsten angeht, kann letztlich auch Neptun spielen, der durch entsprechende Aspekte und Stellungen im Horoskop unsere Fantasie Blüten treiben lassen kann.

Die größten Zeichen von Angst sind sicherlich Saturn in Haus 8 sowie kritische Saturn-Pluto-Aspekte (Konjunktion, Quadrat, Opposition). Diese Menschen haben häufig enorme Ängste vor existenziellen Zusammenbrüchen, Gewalt und Verlusten wie auch vor Krankheiten und Tod. Diese Vorzeichen der Angst haben häufig einen größeren und bedeutenden karmischen Hintergrund.

Angst ist wichtig, wie gesagt, wird aber immer dann negativ, wenn sie uns in irgendeiner Form blockiert oder gar in Depressionen hineinführt, wie das z. B. bei Sonne- oder Mond-Saturn-Spannungen der Fall sein kann. Wer diese Aspekte ganzheitlich verstehen will, muss seine Kindheit durchleuchten und seine Mutterverbindung betrachten (Mond-Saturn) und das Verhältnis zu seinem Vater (Sonne-Saturn) klären. Immer wurde diesen Menschen vonseiten ihrer Eltern ein ungeheures Leistungs- und Pflichtbewusstsein eingeimpft, das zu Perfektionismus und zu hohen Erwartungen an sich selbst führt, was wiederum zu großen Ängsten, Schuldgefühlen und Depressionen führen kann.

Von Angst, Befürchtungen und negativem Denken durchsetzt sind Merkur-Saturn-Spannungen, die, ähnlich wie Saturn in Haus 3, ein sehr realitätsnahes Denken anzeigen, das aber häufig in das Dunkle, Düstere, oft auch Überrealistische gerichtet ist. Häufig führt dieses Denken ebenfalls zu Depressionen, sofern kein Licht mehr im Leben gesehen werden kann. In Beratungen müssen wir aufpassen, dass uns vor allem Menschen mit einer Merkur-Saturn-Spannung nicht die Worte im Mund umdrehen oder nur vermeintlich kritische Äußerungen aus der Beratung mitnehmen und diese zur zentralen Aussage aufbauen und verfälschen.

Auf Angst in Bezug auf die Liebe deuten Spannungen zwischen Venus und Saturn hin, die daneben dem Selbstwert arg zu schaffen machen. Diese Menschen haben unglaubliche Angst, einen Korb zu bekommen, was sie nicht selten zu Beziehungsvermeidern macht. Oft haben sie in der Kindheit zu wenig Nähe und Liebe von den Eltern bekommen bzw. nur Liebe und Anerkennung, wenn sie ihre Pflichten erfüllt haben (Saturn). Vertrauen in die Liebe gewinnen, sich selbst lieben lernen und Selbstwert entwickeln ist wichtig, um die Angst vor der Liebe zu verlieren.

Ähnlich wie Venus-Saturn-Spannungen zeigt sich Saturn in Haus 2, der neben großen Zweifeln an sich selbst und dem eigenen Wert auf extreme Ängste in Bezug auf finanzielle Verluste und Armut hinweist.

Menschen mit Mars-Saturn-Spannungen haben große Angst vor eigenem Versagen und entwickeln deshalb meist eine enorme Leistungsbereitschaft, die oft weit über jedes normale Maß hinausgeht. Im Weiteren kann hier die Angst vor Aggressionen, die nicht mehr unter Kontrolle gehalten werden können, beobachtet werden. Oft richtet sich die durch Saturn gebundene und blockierte Mars-Energie nach innen und führt zu ohnmächtiger Wut und im Extremfall zu autoaggressiven Erkrankungen.

Prominente Aspekte der Angst sind schließlich auch noch Saturn-Neptun-Spannungen sowie Saturn in Haus 12. Oft gehen diese Aspekte und Saturn-Stellung mit tieferen Verunsicherungen und Phobien einher, die ihre Ursache in psychischen Störungen haben können. Saturn-Neptun kann Menschen in manchen Lebensphasen haltlos machen und ihnen das Gefühl geben, als wäre ihnen der Boden unter den Füßen entzogen worden.

Natürlich müssen wir, wenn wir ein Horoskop auf Ängste und die psychische Verfassung eines Menschen hin untersuchen, vor allem die Häuser 4, 8 und 12 ins Visier nehmen.

Große seelische Not, die mit der Kindheit und dem Elternhaus zu tun hat, stammt häufig aus einem schwierig besetzten 4. Haus, dem Bereich der Seele. Verdrängte Konflikte und traumatische Erlebnisse, die unter Umständen sogar aus vorigen Leben herrühren und im Jetzt mit panischer Angst vor Gewalt, Zerstörung und Niedergang auftreten können, finden sich vorwiegend in einer schwierigen Besetzung des 8. Hauses, dem plutonischen Bereich.

Die Psyche, dessen Planet Neptun ist, ist dem Bereich des 12. Hauses zugeordnet. Menschen, die hier eine starke bzw. prägnante Planetenbesetzung haben, sind häufig sehr feinsinnig, manchmal sogar übersensibel und deshalb leicht zu verunsichern. Letzteres ist einer der Gründe, warum sie sich regelmäßig zurückziehen müssen oder (und) sich gar auf einer permanenten Lebensflucht befinden.

Es ist ganz klar, dass der Astrologe sich besonders stark bemühen muss und viel Empathie aufbringen sollte, um das Vertrauen eines Klienten zu erlangen, in dessen Horoskop er erkennt, dass es sich um einen eher ängstlichen und leicht zu verunsichernden Menschen handelt. Von außen können wir das nicht immer wahrnehmen. Das Horoskop öffnet erst den Blick nach innen.

Wann Astrologen verführbar sind, ihre Grenzen zu überschreiten

Für manche ist der Astrologe ein Spinner, für andere ein Halbgott, ein Weiser, der auf alles eine Antwort hat. Wer den Beruf des Astrologen erlernt, wird die unterschiedlichsten Reaktionen in seinem Leben erfahren. Viele Astrologen sind deshalb zunächst verführt, sich selbst als top seriös zu verkaufen und sich eine Art Schutzschild aufzubauen, das alle möglichen Angriffe abwehren soll. Denn eines ist klar: Die Skeptiker sagen dem Astrologen: „Nun beweis mir doch, ob an der Astrologie etwas Wahres dran ist." Und diejenigen, die ihm zu Füßen liegen, erwarten ebenfalls, dass er auf alle Geschehnisse und Probleme im Leben eine Antwort findet. Beide Erwartungen kann der Astrologe nicht erfüllen. Er kann weder die Skeptiker von der Astrologie hundertprozentig überzeugen, noch kann er den „Gläubigen" in all ihren übersteigerten Erwartungen gerecht werden. Warum auch? Ein Astrologe muss die Beweislast nicht auf sich nehmen. Er ist niemandem eine Rechenschaft schuldig. Auch ein Arzt kann nicht alle Krankheiten kennen und heilen. Wir sind alles Menschen, die ihre Grenzen haben und sich irren können, und dies gilt natürlich auch für den vermeintlich besten Astrologen der Welt. Auch er hat Grenzen, kann nur mit gutem Gewissen das raten, was er selbst sieht und versteht. Es ist verkehrt, die Astrologie als solches am Wissen eines einzelnen Astrologen zu messen. Die Astrologie ist ein großes Menschheitswissen, möglicherweise das größte und revolutionärste überhaupt. Der Astrologe aber ist immer nur so gut, wie sein Wissensstand, seine Einfühlung und seine Erfahrungen sind.

Das kritische Beäugen der Astrologie – hat er nun recht oder nicht – auf der einen und die Idealisierung des Astrologen auf der anderen Seite verführt so manchen Astrologen nun, seine eigenen Grenzen zu überschreiten und sich häufig zu völlig haltlosen, ja gefährlichen Aussagen verleiten lassen. Das ist auch der Grund, warum es so viele „beste Astrologen" gibt, die vorgeben, schon immer alles richtig vorausgesagt zu haben. Damit wollen sie sich wichtig und unangreifbar machen, nach dem Motto: Besser auf einen Sockel gehoben als abgelehnt zu werden.

Dieser Typus von Astrologe taucht häufig auf öffentlichen Plattformen und in Telefonhotlines auf, wo wir auch viele Kartenleger und Hellseher finden, die von ihren Klienten mit Sternen oder sonstigen Zeichen bewertet werden. Im Grunde genommen ein Unding, denn ein ernsthafter Astrologe darf sich niemals in seinen Aussagen von seinem Klienten abhängig machen! Sonst kann es passieren, dass Klienten ihren Beratern ein schlechtes Zeugnis aussprechen, sprich sie als mangelhaft bewerten, weil sie sich andere Aussagen erhofft hatten. Gute Bewertungen erhalten im Umkehrschluss diejenigen Berater, die ihren Klienten nach dem Mund reden. Das ist keine seriöse Beratung! Die Macher dieser Plattformen, die im Hintergrund stehen, sind reine Geschäftsleute, die meist selbst nicht an Astrologie, Hellseherei und Kartenlegen glauben. Sie zwingen ihre Berater durch das Bewertungssystem indirekt, ihren Klienten möglichst geschönte Aussagen zu geben. Man will ja, dass die Leute zufrieden sind und wieder anrufen. Letztlich werden die Kunden damit zu einer Art Suchtverhalten erzogen, da es ihnen vielfach nur darum geht, wieder aufbauende Worte zu hören und gute Versprechen zu bekommen, auch wenn diese niemals eintreten werden. Man könnte schon sagen, dass diese Klientel, die oft von Plattform zu Plattform wandert und alle unterschiedlichen Berater durchmacht, um sich überall nur das vermeintlich Beste herauszuholen, belogen werden will. Die Euphorie, die bei diesen Menschen entsteht, dass das Leben nun immer noch besser wird und alle Probleme sich von selbst lösen, wirkt wie eine Pfeife Opium, unglaublich beruhigend und entspannend, aber nur für den Moment. Auf Dauer aber kann niemand von Illusionen leben, weicht er doch allen Problemen in seinem Leben weiter aus und gerät letztlich immer mehr in Bedrängnis.

Vielen dieser Astrologen und Hellseher scheint das egal, meist denken sie nicht an das Wohl ihrer Klienten, denn sie wollen einfach nur Geld machen und sammeln bewusst die guten Bewertungen, um damit zu glänzen. Der Druck, alles wissen zu müssen, kann Astrologen, wie gesagt, dazu verleiten, Aussagen zu treffen, die rein spekulativ sind und keinen wirklichen astrologischen Hintergrund mehr haben. Auch im Fernsehen treten Astrologen oft wie Wahrsager auf, weil sie gerade dort, vor einem größeren Publikum, extrem unter Druck stehen und dann um jeden Preis versuchen, der allgemeinen Erwartungshaltung gerecht zu werden.

Astrologen, die es ernst meinen mit ihrem Beruf und die vor allem viel Verantwortungsgefühl besitzen, werden auf Dauer nicht glücklich auf solchen Plattformen, da sie nicht wirklich frei arbeiten können. Dass „ehrlich doch am längsten währt", habe ich selbst bei einer großen deutschen Plattform für Horoskope, Telefon- und Fernsehberatung beobachten können, die, als sie in den 1990er-Jahren gestartet sind, einen unglaublichen Zulauf hatten und sich zu einer großen, umsatzstarken Firma entwickelten, um dann Jahr für Jahr abzusinken und immer mehr in der Bedeutungslosigkeit zu versinken. Natürlich gab und gibt es auch dort tolle Berater, keine Frage. Wenn Klienten aber zu oft mit falschen Versprechen aufgebaut und vertröstet werden, merken sie am Ende doch, dass vieles nur Lug und Humbug war und sich in ihrem Leben nichts zum Positiven gewendet hat.

Ich habe ein paarmal mit Verantwortlichen in der Geschäftsführung darüber gesprochen, auf Qualität ihrer Berater zu setzen und die Bewertungen fallen zu lassen. Doch allein es fehlte der Glaube dieser Menschen. Schade, denn natürlich bieten solche Plattformen angehenden Astrologen die Möglichkeit, durch Beratung Geld zu verdienen und wichtige Erfahrungen zu sammeln. Wenn es ausschließlich um das Geld geht und wenn die Macher im Hintergrund nichts von Astrologie halten, dann sind solche Unternehmen auf Dauer jedoch dem Tode geweiht. Und das ist gut so, denn sie bringen damit nur die Astrologie und die Menschen, die ernsthaft mit ihr arbeiten wollen, in Misskredit.

Eine große Falle für Astrologen ist die Eitelkeit. Astrologen können oft schon bei relativ geringem Wissensstand wahre Aussagen treffen, die viele Menschen enorm verblüffen. Das hebt natürlich den Selbstwert von Astrologen, vor allem, wenn sie dann auch noch von ihren Klienten und sonstigen Fans als überirdisch gefeiert werden. Träger eines Geheimwissens zu sein, verleiht Macht und Einfluss. Und gerade die Macht, die vielleicht süßeste Verführung überhaupt, ist die Droge vieler Astrologen. Mehr zu wissen als andere, was tatsächlich vielfach so ist, lässt einen schnell über allen Dingen schweben. Fast jeder Astrologe macht diese Phase in seiner Laufbahn einmal durch, der eine mehr, der andere weniger, je nach Charakter und persönlicher Anlage. Das Leben holt aber auch den wissenden Astrologen letztlich immer wieder auf den Boden zurück, und das ist auch gut so. Sonst bestünde die große Gefahr, dass er den Bezug zum Leben verliert.

So manche Astrologen sind kleinere oder gar größere Narzissten. Ich wurde einmal in jüngeren Jahren von einer Astrologin eingeladen, die mir etwas über mein Horoskop, das ja immer schon öffentlich war, erzählen wollte. Sie wollte damit ihr Wissen unter Beweis stellen, um sich für eine Arbeit in unserem Astrologie-Verlag zu qualifizieren. Ich war von Anfang an etwas skeptisch, aber auch immer schon ein neugieriger Mensch, weshalb ich die Einladung annahm. Als ich nun ihre Praxis betrat, sah ich einen größeren Tisch, an dem zwei Stühle angeordnet waren. Der eine war ein ganz normaler Holzstuhl, er hatte weder ein Sitzkissen noch war er sonst gemütlich. Der andere Stuhl war mehr eine Art Sessel, üppig ausgepolstert und vor allem deutlich höher. Ich assoziierte ihn mit einem kleinen Thron, an dem die Astrologin umgehend Platz nahm und mir gleichzeitig den kleineren, eher ungemütlichen Stuhl zuwies. So waren die Verhältnisse dann auch geklärt, dachte ich mir, und mein Staunen wurde immer größer. Schließlich war ich damals schon ein erfolgreicher und bekannter Astrologe, dessen Name viele, die sich mit Astrologie beschäftigten, kannten. Die Dame thronte also weit über mir, und so erging es auch ihren Klienten, die bei ihr Rat suchten. Was ich nun über mein Horoskop zu hören bekam, ist bis heute noch nicht in mir angekommen, weil ich ihre Ausführungen trotz mehrfachem Nachfragen nicht verstanden habe. Diese Astrologin gehörte zu den Astrologen, die sich dadurch wichtig und unantastbar zu machen versuchen, dass sie eine besonders gestelzte, intellektuelle Sprache wählen. Klare Aussagen sind bei diesen Astrologen nicht gewollt, weil sie erstens nichts Falsches sagen und nicht angreifbar sein wollen und weil ihnen zweitens oft ganz einfach das Wissen für klare Aussagen fehlt.

Solche Astrologen, die sich selbst als besonders klug und wissend darstellen, bei vielen Menschen aber verständlicherweise trotzdem nicht ankommen und deshalb in aller Regel auch keine größeren Erfolge haben, sehen sich selbst häufig als verkannte Astrologen. Natürlich habe ich diese Dame nicht in unser Team aufgenommen. Bei uns zählen Authentizität und eine lebensnahe Astrologie, die dem Ratsuchenden konkret weiterhelfen kann und ihn auch in seiner inneren Entwicklung unterstützt.

Ein weiteres Risiko, seine Grenzen zu überschreiten, taucht bei den Beratern auf, die vom sogenannten Helfersyndrom geplagt werden, dass heißt, die zu übertriebener und übermäßiger Hilfe neigen, die dem Klienten meist nichts nutzt, wenn nicht gar schadet. Diese Astrologen haben meist ein größeres Abgrenzungsproblem, was häufig durch ein größeres Neptun-Thema, etwa durch Sonne oder Mond in Haus 12, einem Fische-Aszendenten, Neptun am Aszendenten, Sonne- oder Mond in Konjunktion, Quadrat oder Opposition mit Neptun, auftauchen kann, um nur einige Beispiele zu nennen. Das kann nun dazu führen, dass diese Berater von ihren Klienten regelrecht „ausgesaugt" werden und auf Dauer weder Lust noch Freude an Beratungen haben.

Es gibt aber auch den Typ mit Helfersyndrom, der anderen seine Hilfe und seine gut gemeinten Ratschläge unbedingt mitgeben will. So werden teilweise Menschen ungefragt astrologisch beraten, weil diese Berater davon überzeugt sind, ihnen helfen zu müssen. Natürlich ziehen sich viele dieser Menschen, die in den Genuss einer ungewollten Beratung kommen, genervt zurück.

Ein weiteres Beispiel dafür, wann Astrologen verführt sind, ihre Grenzen zu überschreiten, lieferte mir meine Frau Siri Allgeier, die unter anderem die schriftlichen Hausaufgaben unserer ASTRO-KOLLEG-Schüler korrigiert und dadurch mit diesen in einem engen schriftlichen Austausch steht. Eine schon ältere Schülerin wollte ihren beiden erwachsenen Nichten eine schriftliche Horoskopanalyse als Geschenk machen, war sich aber nicht ganz sicher, ob die beiden dies als Einmischung in ihr Leben empfinden würden. Meine Frau antwortete: „Als Einmischung würde ich es dann sehen, wenn Sie spüren, dass Ihre Nichten das gar nicht möchten. Dann würde ich es bleiben lassen, denn nicht jeder ist zu jeder Zeit bereit für solche Dinge, dann wird Ihre Arbeit auch nicht so wertgeschätzt, wie sie es verdient hat. Der Grundsatz „Was nichts kostet, ist nichts wert" gilt meiner Erfahrung nach leider häufig bei astrologischen Beratungen."

Gerade unter Astrologie-Anfängern können wir häufig beobachten, dass sie ihr erlerntes Wissen um jeden Preis anbringen wollen und astrologische Kommentare wie Beratungsangebote ihrer Umwelt regelrecht aufzwingen. Das geht mitunter auch, aber nicht nur in Richtung Helfersyndrom. Hier steht vielfach das Bedürfnis dahinter, nun etwas über die anderen zu wissen und sagen zu können, das man ihnen unbedingt mitteilen will.

Hinter dem reinen Helfersyndrom von bereits langjährigen Astrologen in Beratung steckt natürlich auch die Motivation, durch das Helfen ein besserer Mensch zu sein und von anderen geliebt zu werden. Natürlich kann sich das mit narzisstischen Elementen paaren, die nur die Wenigsten erkennen, da diese Berater ja so gut sind und nur helfen wollen. Klar ist auch, dass diese Berater damit oftmals ihre Klienten an sich binden und auf Dauer so eine beträchtliche Anzahl von Menschen gewinnen, die sich immer wieder von ihnen beraten lassen wollen. Deshalb Vorsicht mit den narzisstisch angehauchten „Gutmenschen!". Sie machen abhängig und führen oft dazu, eigenen Willen und Einsicht abzugeben.

Immer nur helfen zu wollen und positive Aussagen zu tätigen, die den Klienten möglichst aufbauen, ist ohnehin eine Einbahnstraße, die am Ende zu unsinnigen Beratungen führt, die sogar negative Auswirkungen haben können. Denn manchmal ist es schlichtweg falsch, Menschen zu helfen und zu bestärken, anstatt zu widersprechen und seine Hilfe zu verweigern. Denn die Hilfe muss immer angebracht sein. Konkret müssen wir erkennen, wann Hilfe Sinn macht und wann nicht. Man kann etwa einem Freund mit gutem Gewissen kein Geld leihen, wenn man von ihm weiß, dass er schon bald alles wieder verprasst, so wie das in seinem bisherigen Leben immer der Fall war. Man sollte ihn vielmehr auf dieses Problem hinweisen, das er mit Geld hat und darüber deutlich mit ihm sprechen. Klare Worte kommen in solchen und ähnlichen Fällen im Augenblick sicher nicht immer gut an. Auf Dauer gesehen sind diese Menschen jedoch dankbar, wenn man ausspricht, was sie selbst nicht wahrhaben wollen und verdrängen. Wir Astrologen müssen ehrlich sein und realistisch bleiben. Ich kann einem Klienten, der unbedingt ein Buch schreiben und damit viel Geld verdienen will, auch nicht raten, das zu tun, wenn er weder Talent zu schreiben noch irgendeine Möglichkeit hat, das Buch an einen Verlag unterzubringen. Ganz wichtig: Wenn ich als Astrologe etwas nicht einschätzen und sehen kann, muss ich das mir und dem Klienten eingestehen. Ansonsten verlassen wir den Pfad der Seriosität. Ein Astrologe kann nicht alles wissen, und er wird sich nichts vergeben, wenn er seine Grenzen eingesteht. Er kann im Gegenteil dadurch sogar glaubwürdiger werden.

Besonders riskant ist allerdings das Thema Kinderhoroskope, bei den wir immer sehr einfühlsam und positiv vorgehen sollten. Wir sollten sie wesentlich vorsichtiger als Horoskope von Erwachsenen beschreiben, wir sollten immer im Konjunktiv formulieren und abschwächende Adjektive wie wahrscheinlich, manchmal, eventuell etc. einbauen, weil sonst schnell Vorurteile oder Ängste aufgebaut werden, für die gerade die Eltern besonders anfällig sind. Je kleiner das Kind ist, umso mehr.

Wir sollten gerade bei einem Kinderhoroskop die positiven Talente und Fähigkeiten herausstreichen, die es zu fördern gilt und die Eltern im gleichen Maße zu Geduld mahnen, wenn ein Kind etwa Schulprobleme oder sonstige Schwierigkeiten im Leben hat. Konstruktive Ratschläge sind hier besonders wichtig. Eltern mit einem Kind, das in der staatlichen Schule mit dem nicht besonders menschlichen System, das sich vor allem an Noten orientiert, was wiederum zu einer indirekten Bewertung des Menschen führt, nicht zurechtkommt, kann man etwa raten, eine alternative Schule wie z. B. eine Waldorf- oder Montessori-Schule zu besuchen, in der das Lernen aus Freude und natürlicher Neugierde wieder zum Tragen kommen kann.

Eltern, die ein aggressives Kind haben, kann geraten werden, ihr Kind sportlich oder tänzerisch zu fördern, bei anderen empfiehlt es sich unbedingt, sie zu künstlerischem Wirken anzuhalten. Viele Probleme der Kinder könnten bewältigt werden, sofern ihre Spannungen, die zu dem Problem geführt haben, durch entsprechende Tätigkeiten in Stärken umgewandelt würden. Oftmals sind aber gar nicht die Kinder das Problem, was allerdings nicht immer leicht zu erkennen ist und einiger Erfahrung bedarf. Einmal kamen Eltern zu mir, die sich beklagten, dass ihr Kind im Sandkasten immer andere Kinder schubste und auch seelisch oft düster und in sich gekehrt erschien. Nun, das Horoskop des Kindes sprach eigentlich von keinem besonders streitlustigen Kind. Das konnte ich also keineswegs bestätigen. Was mir aber sofort auffiel, war ein mehr als schwieriges 4. Haus (das Zuhause des Kindes), in dem sich unter anderem Saturn und Pluto befanden. Sie sprachen von einer engen, schwierigen Welt, in der das Kind aufwuchs, sowie von tiefen seelischen Erschütterungen, ja Grausamkeiten, die es erlebte. Hier lag das Problem des Kindes, auf dessen Seele schwere Steine lasteten. Wie kann ein Kind glücklich und ausgeglichen sein, wenn ihm das Zuhause keinen Rückhalt bietet oder wenn ihm das Zuhause sogar Angst macht? Darauf angesprochen begannen die Eltern bereitwillig von ihren nicht ganz einfachen Familienverhältnissen zu erzählen. Bei ihnen lebte die Großmutter des Kindes, die sehr autoritär, ja hart und verbittert war und für die es noch selbstverständlich war, dass Kinder geschlagen werden, wenn sie nicht folgten oder nur widersprachen. Die Eltern des Kindes waren beide berufstätig, sodass das Kind größtenteils mit der Großmutter aufwuchs. Aus dem Gespräch mit den Eltern kam nun heraus, dass, obwohl die Eltern das verboten, das Kind immer wieder geschlagen und auch sonst seelisch stark von der Großmutter unter Druck gesetzt wurde, die selbst ein schwieriges Leben mit vielen unverarbeiteten Todesfällen und Existenzzusammenbrüchen hinter sich hatte. Natürlich versuchte ich den Eltern klar zu machen, was hier mit ihrem Kind geschah und dass sie, wie auch immer, ihr Kind unbedingt aus dieser Situation herausholen müssen. Ferner riet ich ihnen, ihr Kind zu einem Therapeuten zu schicken, der sich seiner seelischen Not annahm.

Der Astrologe kann helfen in Form von Aufdecken und Erkenntnissen. Er muss sich nur hüten, wie gesagt, vor falschem Helfen und gut gemeinten Ratschlägen, die den Klienten auf seinem falschen Weg unterstützen. Das richtige Helfen offenbart sich in der positiven Unterstützung von Klienten, die sich auf einem guten Wege befinden, weil sie ihre Probleme gemeinsam mit dem Astrologen erkannt haben und diese bereit sind, zu lösen. Der gute Gedanke, der positive Ansatz und die Bestärkung, Probleme selbst bewältigen zu können, können unserem Klienten regelrecht Flügel verleihen. Das verantwortungsvolle Helfen durch die innere Unterstützung gehört zum Beruf des Astrologen und kann für ihn zu einem ganz großen und erfüllenden Lebenssinn werden. Der Astrologe, der sich weder „aussaugen" lässt, noch seinem Klienten falsche Versprechen macht und der mit seinem Klienten gemeinsam Problemlösungen erarbeitet, kann tiefe Erfüllung in diesem wundervollen, ja magischen Beruf finden.

Ein unbedingtes Muss ist für jeden Astrologen natürlich auch entsprechende Diskretion. Daten von Menschen dürfen ebenso wenig weitergegeben werden wie Inhalte aus einem Gespräch. Dieses Verbot muss für uns Astrologen einen vergleichbaren Stellenwert wie die Schweigepflicht eines Arztes erhalten, die sogar über den Tod hinaus gilt. Schweigepflicht und Diskretion sind ein Ausdruck von Respekt und Achtung vor dem Klienten. Der Klient muss im Idealfall eine vertrauensvolle, sichere und geschützte Atmosphäre beim Astrologen vorfinden, in der er alles erzählen kann und darf, was ihm auf der Seele brennt. Es muss selbstverständlich sein, dass dieses Gespräch in diesem Raum bleibt und nicht für dritte Ohren bestimmt ist.

Ein heikles Thema, was die Diskretion betrifft, sind ferner Horoskope von dritten Personen, die der Klient mitbringt. Ein Astrologe darf diese Horoskope nur dann miteinbeziehen, wenn sie für die Beratung des Klienten Sinn machen und wenn die dritte, nicht anwesende Person damit einverstanden ist, was wiederum der Klienten zusichern muss.

Gar nicht einmal so selten bringen Klienten Daten von Ex-Partnern oder sonstigen Menschen mit, mit denen sie irgendwie im Clinch liegen. Hier muss der Astrologe besonders wachsam sein, da diese Klienten oft nur in ihren negativen Überzeugungen und

Vorverurteilungen von anderen bekräftigt werden wollen. Ein absolutes No-Go! Wenn der Astrologe schon diese Horoskope Dritter anschaut, dann nur, um Konflikte zu erhellen und deren Hintergründe aufzudecken und verständlich zu machen. Manchmal muss er dabei sogar die Position des Dritten einnehmen, wenn es die Einsicht erfordert, die immer nur auf der Basis der Horoskope basieren kann.

Entfernt sich der Astrologe von der reinen Analyse des Horoskops, indem er persönliche Erfahrungen und Überzeugungen in die Beratung einbringt, muss er das unbedingt dem Klienten sagen. Er muss strikt zwischen astrologischen und persönlichen Ratschlägen unterscheiden und darf diese nicht vermischen, auch wenn das niemals hundertprozentig gelingen wird, denn jede Horoskopinterpretation hat einen persönlichen Anstrich. Dennoch sollte sich der Astrologe bemühen, Persönliches außen vor zu lassen. Ansonsten überschreitet er auch hier seine Grenzen. Er kann sagen, dies oder jenes ist meine persönliche Überzeugung, wenn ihn der Klient etwa eine Frage zu einem moralisch unterschiedlich diskutierten Thema befragt, das er astrologisch nicht beantworten kann. Er darf dem Klienten aber keinesfalls den Eindruck vermitteln, dass er alles wisse, weil er Astrologe ist.

Was nicht vorhandene Diskretion und die Manipulation von Menschen betrifft, konnte ich selbst einige unschöne Erfahrungen und Beobachtungen in meinem direkten Umfeld machen. So stellten wir einst eine Frau mit einer Astrologie-Ausbildung in unseren Verlag für diverse Büroarbeiten ein. Wir dachten, es könnte kein Schaden sein, wenn diese Frau wenigstens über einige Kenntnisse in der Astrologie verfügt. Das Problem war allerdings, dass diese Angestellte unseren Astrologie-Schülern und Klienten, für die sie lediglich Termine festlegen und die Korrespondenz wegen der schulischen Abwicklung halten sollte, ungefragt und, obwohl wir es ihr ausdrücklich untersagt hatten, astrologische Auskunft und persönliche Ratschläge gab, die sich noch dazu ziemlich vermischten. Das Ganze ging auch noch in unserem Verlag intern weiter, indem sie Kolleginnen, deren Horoskope sie erfragte, ungefragt mit ihrem Wissen bearbeitete und sogar manipulierte. Letzteres insofern, dass sie eine Kollegin, mit der sie massive Probleme hatte, fragte: „Sag mal, was ist denn so Furchtbares in deinem Leben passiert? Es finden sich ja so viele harte Spannungen in deinem Horoskop und in dir, das muss ja einen Grund haben …“. Die Astrologie wurde von dieser Angestellten missbraucht, um sich gegenüber Kolleginnen zu erheben. Neben den unerwünschten und ungefragten Beratungen von Schülern war dies der unrühmliche Höhepunkt. Diese Anstellung fand glücklicherweise ein jähes und schnelles Ende, bevor der Verlag und das ASTRO-KOLLEG intern und extern Schaden nehmen konnte.

Abgesehen von diesem Fall haben es sich manche Astrologen tatsächlich zur Gewohnheit gemacht, ihre Klienten gleich zu Beginn der Beratung zu manipulieren, indem sie sagen: „Es muss ja wirklich viel Schlimmes in ihrer Vergangenheit geschehen sein …“. Bei vielen Klienten brechen da gleich die Dämme und sie beginnen bereitwillig zu erzählen. Wir finden so eine Art der Manipulation vielfach bei Astrologen, die damit vor allem ihr nicht vorhandenes Wissen bzw. ihre Unsicherheit zu beraten vertuschen wollen. Sie spekulieren mit den Verletzungen ihrer Klienten, was eigentlich schon ziemlich diabolisch ist.

In meiner über 30-jährigen Erfahrung als Seminarleiter konnte ich ferner häufig beobachten, dass sich Schüler in Pausen oder am Abend in privater Runde gegenseitig berieten, wobei sie meist nur einzelne Aspekte aus dem Horoskop herausgriffen, um diese besonders dramatisch darzustellen. Trafen private Gruppen dieser Schüler außerhalb der Seminare zusammen, etwa, um einen astrologischen Stammtisch zu gründen, wurden die Horoskope häufig gegenseitig erklärt und bewertet, was bei Anfängern unwillkürlich zu Konflikten führt, weil sich zu diesen Horoskoperklärungen und Beratungen immer auch persönliche Abneigung und Vorurteile mischten. Ein Einzelner, der den Ton angab und als besonders wissend auftrat, sprengte dann meist die gesamte Gruppe.

Die astrologische Beratung und die Erwartungshaltung des Klienten

Die Erwartungshaltung des Astrologen und die seines Klienten können, wie bereits dargestellt, weit auseinanderdriften. Als Astrologen muss uns bewusst sein, dass viele Menschen, die zu uns kommen, die Astrologie als eine Art Wahrsagekunst verstehen, auch wenn viele unter ihnen annehmen, dass die Astrologie doch seriöser als Wahrsagerei und Kartenlegen ist. Dennoch haben viele Klienten eine Erwartungshaltung, die im Gegensatz zu dem steht, was ein ernsthafter Astrologe vermitteln kann und will. Deshalb ist es zu Beginn einer Beratung wichtig, dem Klienten zu erklären, was die Astrologie kann und was nicht. Das wird spätestens dann nötig, wenn der Klient beginnt, Fragen zu stellen, die für sich betrachtet schon etwas absurd anmuten können, wie etwa: „Ziehe ich demnächst um?“ oder „Werde ich meinen Freund verlassen?“ etc. Schließlich gehen wir von der Willensfreiheit des Menschen aus, weshalb niemand den Astrologen fragen kann, wie er sich entscheiden wird. Es gibt unter Umständen Neigungen umzuziehen oder Tendenzen, den Partner zu verlassen, weil eine Krise diesbezüglich im Horoskop erkannt werden kann oder weil es durch den Horoskopvergleich beider Partner eine Wahrscheinlichkeit gibt, dass beide nicht ewig zusammenbleiben. Aber ein Astrologe kann und sollte seinem Klienten niemals Entscheidungen abnehmen. Nein, das wäre gegen sein Ansinnen, dem Klienten zu Einsichten zu verhelfen, die ihn in seinem Leben und seiner persönlichen Entwicklung weiterbringen können. Entscheidungen abzugeben ist eine der größten Gefahren für den Klienten überhaupt, weil er damit gleichsam die Verantwortung für sein Leben abgibt.

Der Astrologe hat die Verantwortung, seinem Klienten klarzumachen, dass er kein Glaskugelleser ist und dass sein Horoskop eine Art Charakterbild ist, in dem seine Zukunft verborgen liegt gemäß dem klassischen Grundsatz:

CHARAKTER IST GLEICH SCHICKSAL
UND SCHICKSAL IST NICHTS ANDERES
ALS DER CHARAKTER IN SEINEM
ZEITLICHEN ABLAUF.

Jeder Mensch ist in letzter Konsequenz für sein Schicksal selbst verantwortlich und darf dafür weder äußere Umstände noch die Sterne verantwortlich machen. Der Astrologe darf und kann seinem Klienten nicht die Verantwortung über sein Schicksal abnehmen. Jeder Mensch hat im Rahmen seiner persönlichen Möglichkeiten eine Entscheidungsfreiheit, die er wahrnehmen sollte. Sonst kann es keine Entwicklung geben. Der Astrologe kann hierbei, wie schon öfter erwähnt, mit dem Licht der Erkenntnis viel bewegen und Positives anstoßen. Viele Klienten wollen davon jedoch nichts wissen und sind oft nicht bereit, an sich zu arbeiten. Sie wollen nur wissen, wann es besser wird, ohne selbst etwas dazu beizutragen. Es ist zwar richtig, und das kann durchaus erwähnt werden, um seinen Klienten aufzubauen, die Zeit anzugeben, wann etwa ein schwieriger Transit des Saturn zur Geburts-Sonne nachlässt. Gleichzeitig ist es aber wichtig, dem Klienten zu sagen, dass sich hinter jedem schwierigen Transit eine Aufgabe verbirgt, die gelöst werden muss. Wird sie nicht gelöst, wird sie immer noch drängender und schwieriger. Daran ändert letztlich auch die Auflösung des schwierigen Transits wenig. Alle Probleme, die wir nicht lösen, schaukeln sich zusammen mit anderen Schwierigkeiten früher oder später zu noch größeren Krisen auf.

Es ist deshalb wichtig, dass der Astrologe schnell die Erwartungshaltung seines Klienten erkennt, um darauf entsprechend reagieren zu können. Manchmal sieht er sich gezwungen, eine regelrechte Verhandlung mit dem Klienten über das – was geht, was nicht – zu führen. Diese Klärung im Vorfeld ist für eine erfolgreiche Beratung beinahe unerlässlich.

Niemals gerecht werden kann der Astrologe in aller Regel den Erwartungshaltungen eines psychisch kranken Menschen. Hier nutzt auch das Verhandeln nichts. Ihm können Sie nicht helfen, er braucht psychologische Betreuung und es obliegt Ihrer Verantwortung, ihm dies einfühlsam nahe zu bringen.

Auch Astrologen sind nur Menschen. Sie knicken gelegentlich unter der Erwartungshaltung ihrer Klienten ein und vergessen dabei, die eigentlichen Ursachen ihrer Probleme anzusprechen. Natürlich ist es nicht schön, seinen Klienten zu enttäuschen, was bisweilen allein schon dadurch geschehen kann, dass man ihm seine Wünsche und Hoffnungen nicht bestätigt. Nehmen wir an, wir haben einen Menschen vor uns, der etwa aufgrund seines Zwillinge-Aszendenten und eines größeren Neptun-Themas im Horoskop von einer Idee und Faszination zur nächsten steuert und der eine Fortbildung nach der anderen macht, ohne zu Potte zu kommen. Er will nun wissen, ob die neue Fortbildung, von der er wieder einmal restlos überzeugt und maßlos begeistert ist, nun endlich die richtige für ihn ist und ob er damit beruflichen Erfolg haben wird. Sollte die Fortbildung zu seinem Horoskop und seinen Anlagen passen, können wir diesen Klienten in seinem Vorhaben bestätigen und durchaus seine Begeisterung dafür teilen. Gleichzeitig, und das ist das eigentliche Problem des Klienten, müssen wir ihm deutlich vor Augen führen, dass auch die neue Fortbildung nichts bewirken und verändern wird, wenn er nicht versucht, das Wissen in beruflicher Praxis umzusetzen. Er muss in die Tat kommen. An dieser Aufgabe kommt er einfach nicht vorbei. Ganz wichtig ist es ferner anzusprechen, dass der Sprung in eine Selbstständigkeit immer ein harter Weg ist, der Zeit und Mühe braucht und dass er niemals seine Ziele erreichen wird, wenn er bei den ersten auftretenden Problemen einknickt und aufgibt bzw. zur nächsten Faszination steuert. Wir holen diesen Menschen damit in die Realität zurück und geben ihm damit die Chance, sich selbst zu reflektieren. Es ist unangenehm, auf seine eigenen Schwächen schauen zu müssen, aber es ist der Schlüssel zum Erfolg.

Der Astrologe hat immer die Aufgabe, zwischen den Zeilen zu lesen, um das eigentliche Problem des Klienten zu erkennen, das durch die Fragen, die er stellt, nicht immer offensichtlich wird. Oftmals ist sich der Klient selbst nicht bewusst, wo seine Blockaden liegen, die letztlich zu seinen Problemen geführt haben. Der Astrologe soll jetzt natürlich nicht anfangen zu spekulieren, was alles hinter den Fragen des Klienten verborgen sein könnte. Manche Berater meinen, sie könnten da alleine ihrer Intuition vertrauen. Intuition und das, was vom Klienten gefühlt rüberkommt, sind natürlich wichtig. Aber bitte immer nur auf der Basis des Wissens, sprich des Horoskops.

Ein erfahrener Astrologe weiß eigentlich immer schon im Vorfeld, wenn er das Horoskop zum ersten Mal aufstellt und zu Gesicht bekommt, welches Hauptproblem seinen Klienten drückt. Und dennoch kommt der Klient manchmal mit ganz anderen Fragen. Um es deutlich zu sagen: Es lohnt sich, dem Horoskop zu vertrauen und die Blockaden seines Klienten genau anzuschauen und zu erklären. Allein die Tatsache, dass ein guter Astrologe diese Blockaden sieht und ausspricht, ist ein unglaubliches Aha-Erlebnis für den Klienten, auch wenn er selbst schon lange von seinen Blockaden weiß. Dieses Auftauchen und Erkennen im Horoskop gibt dem Ganzen jedoch noch einmal mehr Gewicht und Kontur.

In Beratungen gehen tausend tolle Tipps oft knapp, aber deutlich am Ziel vorbei, wenn die eigentlichen Probleme nicht angesprochen werden. Um ein konkretes Beispiel zu geben: Eine gute Schülerin fragte mich in einem Seminar, wann es endlich klappen könnte, dass ihr Mann und sie ein Haus zum Kauf finden. Ein Eigenheim war schon immer ihr Traum. Ich betrachtete ihr Horoskop und die Transite der langsam laufenden Planeten, die immer die aktuellen Themen seines Eigners anzeigen. In ihrem Horoskop fand sich nun überhaupt kein Hinweis auf einen Umzug bzw. Hauskauf. Es fand sich aber ein Beziehungsthema. Der Uranus-Transit durchquerte gerade ihr 7. Haus, den Bereich der Partnerschaft. Das heißt, dass ihr Partner mehr Abstand und Freiheit in der Beziehung suchte – einerseits. Anderseits zeigt Uranus hier an, dass eine Veränderung in der Beziehung nötig ist, dass man sozusagen völlig neu zusammenfinden muss. Beruflich war er viel im Ausland unterwegs, was ebenfalls zu diesem Uranus-Transit durch Haus 7 passt. Ihre Kinder, die allmählich erwachsen wurden, suchten zudem immer mehr Abstand von zu Hause, um ihr eigenes Leben zu finden. Psychologisch gesehen ist das sehr häufig eine Krisenzeit für Paare, die bisher alle ihre Aufmerksamkeit auf ihre Kinder verlegt und dabei ihre eigenen Probleme, die sie miteinander haben, unterdrückt hatten. Man kann aber auf Dauer nichts unterdrücken und überspielen. Irgendwann einmal müssen die Probleme angesprochen und geklärt werden, weil es unter solchen Transiten wie diesen Uranus durch Haus 7 ansonsten unweigerlich zu einer Trennung kommt, auch wenn diese sich viele Jahre hinzieht, was es am Ende umso dramatischer macht. Ich habe dieser Schülerin daher geraten, sich umgehend um ihre Beziehung zu kümmern und gemeinsam aufzuarbeiten, was in den vergangenen Jahren weggeschoben und an gemeinsamen Problemen unterdrückt wurde. An manchen Punkten im Leben angekommen hilft nur noch absolute Ehrlichkeit. Ich versuchte zu erklären, dass so eine große Sache wie ein gemeinsamer Hauskauf nur dann funktionieren kann, wenn das Paar innerlich einen Schulterschluss macht und gemeinsam an einem Strang zieht. Möchte einer mehr Freiheit, ist die Zeit nicht gerade ideal, um die Beziehung mit einem Hauskauf noch enger zu schnüren. Da gehen die innerlichen Wünsche doch auseinander, auch wenn nach außen hin etwas ganz anderes vorgegeben wird, um weitere Konflikte zu vermeiden.

Das alles versuchte ich unserer Schülerin klarzumachen. Am Ende unseres Gesprächs fragte sie mich dennoch erneut, wann denn jetzt die beste Zeit für einen Hauskauf wäre. Ich hatte sie also nicht wirklich erreicht. Ich verweigerte daher die Suche nach einer idealen Zeit für einen Hauskauf und versuchte die ganze Problematik noch einmal zu erklären. Ohne das Problem der Beziehung zu lösen, hätte auch die beste Zeit für Hauskauf einfach nichts genutzt. Es wäre niemals so weit gekommen. Meine Hoffnung war, dass ich ihr zumindest einen Impuls geben konnte, über ihr Problem nachzudenken, auch wenn das im Moment noch nicht gewollt war.

Zu diesem Fall möchte ich aber noch anfügen, dass es sich hierbei um eine unserer besten und fähigsten Schülerinnen handelt, von der ich überzeugt bin, dass sie eine sehr gute Astrologin wird. Jeder von uns hat jedoch dunkle Flecken, wenn es um die eigene Situation geht, die wir oft lange nicht sehen können oder wollen.

Eine weitere Beratung endete nicht sehr angenehm für mich, was glücklicherweise in meiner 35-jährigen Tätigkeit als Profiastrologe sehr selten vorkam. In diesem Fall klaffte die Erwartungshaltung der Klientin mit meinem Beratungsansatz weit auseinander, und am Ende musste ich mir über eine E-Mail an unseren Verlag wüste Beschimpfungen anhören, die deutlich unter die Gürtellinie gingen. Ich möchte hier nicht über die gesamte Beratung sprechen, sondern lediglich über zwei Punkte: Die Dame wollte von mir unter anderem wissen, ob sie es noch einmal schaffen würde, eine glückliche Partnerschaft zu leben. Zudem stellte sie mir die Frage, wann ein guter Zeitpunkt für einen Umzug wäre. Seit sie ihre Heimat und Herkunftsfamilie, in der sie sehr unglücklich war, verlassen hatte, konnte sie sich noch nirgends festsetzen und zog immer wieder um.

Zu Frage 1: Ich versuchte ihr zunächst verständlich zu machen, dass allein gute Venus- oder Jupiter-Einflüsse oder die Deutung eines Solars zwar erhöhte Chancen in der Liebe anzeigen könnten, einen potenziellen Partner kennenzulernen. Sie sind jedoch keinesfalls eine Garantie für eine glückliche Beziehung. Ein Mensch kann seine Traumfrau bzw. seinen Traummann kennenlernen, doch die Beziehung wird nicht glücklicher, wenn man nicht beziehungsfähig ist. Das ist nun leider einmal die Realität. Der Grund, warum ich diese Einführung machte, war die Beziehungsfähigkeit dieser Frau, die sich gerade in einer Trennung befand.

Sie hatte konkret zwei Konstellationen, die den näheren Umgang mit ihr nicht einfach machten und die ein Hinweis darauf waren, dass sie selbst immer wieder ihre Beziehungen aufgrund ihrer großen Streitbarkeit sprengte. Mars stand bei ihr im Widder, am Zenit, dem höchsten Himmelspunkt im Augenblick der Geburt. Dadurch hatte dieser durchschlagsstarke Widder-Mars eine überragende Bedeutung in ihrem Horoskop und Leben. Weil dieser Mars am Zenit stand, bildete er automatisch ein Quadrat zum Aszendenten, dem Ich, und zum Deszendenten, dem Du. Damit neigte er bereits zum Spalten, was für Beziehungen, in denen mehr das Gemeinsame als das Trennende betont werden sollte, nicht einfach ist.

Dieser Mars bildete nun zusätzlich ein Quadrat zu Sonne und Merkur im Krebs, die in einer engen Konjunktion standen. Sonne Quadrat Mars ist ein klassischer Aspekt der Aggression und des ewigen Kampfes, und die Spannung zwischen Merkur und Mars haben Menschen im Horoskop, die gerne widersprechen, sich häufig zanken und dabei immer recht behalten wollen. Die Krebs-Betonung macht zudem sehr emotional und bisweilen sicher auch unbeherrscht unter dem spannungsvollen Einfluss von Mars.

Gerade in einer engen Partnerschaft können solche Anlagen Probleme bereiten, wenn man nicht bewusst damit umgeht und den Aggressor und Besserwisser immer im anderen vermutet, anstatt in sich selbst zu suchen. Diese Frau befand sich gerade in einer Scheidung und hätte sich wohl überlegen müssen, was ihr Anteil an der Trennung war. Denn wenn wir nicht aus Trennungen lernen und die Verantwortung dafür immer dem Ex-Partner zuschieben, nehmen wir unsere Probleme nur in die nächste Partnerschaft mit hinein. Dann passiert es, dass wir immer wieder dieselben Muster – wie die Partnerschaft anfängt und endet – erleben. Es ist also sehr wichtig, dass der Astrologe so etwas anspricht, auch wenn es, wie in diesem Falle, nicht dem entspricht, was die Klientin sich gewünscht hätte. Sie hätte sich gewünscht, dass ich ihr sage, wann sie nun endlich das Glück habe, einen passenden Mann zu finden, mit dem sie eine erfüllte Partnerschaft führen könne. Sie wird niemals eine solche Partnerschaft führen können, wenn sie nicht bereit ist, an sich zu arbeiten. Das war letztlich meine Aussage.

Zu Punkt 2: Die Klientin hatte eine Uranus-Pluto-Konjunktion in der Jungfrau in ihrem 4. Haus, die ein Quadrat vom Mond in den Zwillingen erhielt. Das 4. Haus hat mit der Herkunft, aber auch mit der Gegenwartsfamilie und allgemein dem Zuhause zu tun. Der Mond wiederum wird auch als der natürliche Herrscher über Kindheit und Herkunft bezeichnet. Uranus Konjunktion Pluto in Haus 4 deutet eine unruhige, zerrissene Kindheit mit tieferen seelischen Erschütterungen an, was durch den Mond noch gesteigert wird. Eine schwierige Rolle spielte darin vor allem die Mutter, die für Frauen insofern wichtig ist, dass sie das Weiblichkeitsvorbild ist, während die Sonne, der Vater, die Sichtweise einer Frau von Männern prägt. Beide Lichter sind angespannt – Sonne Quadrat Mars, Mond Quadrat Uranus-Pluto. Um es kurz zu machen: Man kann schon verstehen, dass es diese Klientin von zu Hause wegtrieb. Die Kindheit stand einfach unter keinem guten Stern.

Das Problem ist nur: Allein Uranus in Haus 4 im Quadrat zum Mond zeigt eine Art Wurzellosigkeit an. Solche Menschen haben oft das Gefühl, nicht in der richtigen Familie geboren zu sein und flüchten regelrecht von zu Hause. Das Problem ist nun, dass diese Flucht oft ein Leben lang anhält. Die starke innere Ruhelosigkeit, angezeigt durch Mond Quadrat Uranus (hat astromedizinisch unter anderem mit den Nerven zu tun), kann dazu führen, dass Wohnung und Ort permanent gewechselt werden. Das Problem, das letztlich ein Identitäts-, ein Zugehörigkeitsproblem ist, kann durch permanente Umzüge nicht gelöst werden. Allein das versuchte ich meiner Klienten zu erklären. Ich kann wohl einen guten Ort aussuchen, sie würde ihn aber wieder verlassen, wenn sie nicht ihre eigene Ruhelosigkeit in den Griff bekommt, was beispielsweise durch Aufstellungen oder Therapien geschehen kann.

Ich will ihre Schimpfworte nicht wiederholen, die nach der Beratung per Mail in unserem Verlag ankamen. Sie schrieb extrem aufgeladen und emotional. In den Tagen der Beratungen und ihrer anschließenden Mail wanderte übrigens gerade der Mars-Transit in Konjunktion über ihren Geburts-Merkur und ihre Geburts-Sonne und bildete zudem ein Quadrat zu ihrem Geburts-Mars. Also, es war genau das angesprochen, wovor ich sie versuchte zu warnen. Mehr muss dazu nicht gesagt werden.

Gelegentlich gibt es auch Anfragen von Beratungen, die wir besser nicht machen sollten, weil der Klient von Anfang an nur eine Antwort hören will bzw. eigentlich nur eine Bestätigung einer Entscheidung, die er bereits vor dem Besuch beim Astrologen getroffen hat. Nehmen wir an, eine Frau hat sich in einen Mann verliebt und kommt nun mit seinen Daten zum Astrologen, damit der eine Synastrie von ihrem Horoskop mit dem der neuen Liebe erstellt. Fakt ist, dass ein Astrologe in so einem Falle einfach nicht von der Beziehung abraten kann, auch wenn die Synastrie noch so schwierig und hoffnungslos auftauchen sollte. Die verliebte Frau würde sich trotzdem nicht von diesem Mann verabschieden, sie wäre durch den Astrologenbesuch nur zutiefst verunsichert, was der Astrologe immer vermeiden muss. Ein wichtiges Gebot! Wir können in diesem Falle allenfalls über die Beziehungsfähigkeit des

Einzelnen berichten, an welchen Punkten jeder für sich arbeiten muss, damit in Zukunft die Chance besteht, eine dauerhafte und glückliche Beziehung zu führen. Wir können dann auch durchaus eine Synastrie der beiden aufstellen, in der wir über eventuelle gegenseitige Anziehungen und Harmonien berichten und vielleicht auch vorsichtig schwierige Punkte ansprechen, die es zu beachten gilt. Das genügt völlig.

Ohnehin sollte sich ein Astrologe niemals zum Richter aufschwingen, der darüber entscheidet, ob es passt oder nicht, auch nicht bei Paaren, die schon länger zusammen sind. Jedes Paar und jede Synastrie hat seine/ihre speziellen Herausforderungen, an der das Paar wachsen oder scheitern kann. Trotzdem können wir die Erwartung eines Paares, das schon länger zusammen ist, besser erfüllen, indem wir sehr viel konkretere Aussagen über gemeinsame Schwierigkeiten und Stärken geben können als bei einem Paar, das gerade frisch verliebt ist.

Wichtig ist, um es noch einmal deutlich zu sagen, vor jeder Beratung abzuklären, was sich der Klient durch die Astrologie erhofft und was wir ihm als Astrologen geben können.

Wie uns die Astrologie lehrt, mit dem inneren Auge zu sehen

Mit dem inneren Auge sehen zu lernen, bedeutet, zunächst Vorstellungskraft und Empathie zu entwickeln, was andere Menschen, deren Leben und Horoskop betrifft. Mit dem inneren Auge sehen heißt, zwischen den Zeilen zu lesen und innere Bilder wahrzunehmen, die uns die Planeten und ihre Symbolkraft im Horoskop liefern. Noch eine Stufe weiter geht das Sehen mit dem sogenannten dritten Auge.

Manche Menschen, die Astrologie lernen wollen, kommen einfach auf keinen grünen Zweig, selbst wenn sie ein gutes Abitur und ein erfolgreiches Studium hinter sich haben. Der Grund dafür ist, dass wir in der Astrologie mit einem Denken, das sich allein an Worte und Daten klammert, nicht wirklich weiterkommen. In der Schule und im Studium genügt es meist, Wissen aufzunehmen und wiederzugeben, ohne sich tiefer darauf einzulassen, da dieses Wissen später in der beruflichen Praxis keine größere Rolle mehr spielt. Viele Menschen haben sich an dieses rein rationale, rechnerische Denken gewöhnt, da sie so aufgewachsen sind und erzogen wurden. Für eine gute astrologische Beratung ist der Intellekt sicher wichtig, alleine aber bringt er nicht weiter.

Immer wieder wurde ich mit Schülern konfrontiert, die am Anfang ihres Studiums darauf hinwiesen, dass etwa die Planeten in den Tierkreiszeichen in unserem Fernkurs gelegentlich anders beschrieben werden als in diesem oder jenen Buch bzw. in einer anderen Ausbildung. Ich versuche dann immer zu erklären, dass jeder Planet eine spezielle Energie, eine Art Wesenheit ist, die immer von dem Tierkreiszeichen gefärbt und beeinflusst wird, in dem sie steht. Wir versuchen, für diese Energien und ihre Färbung Worte zu finden bzw. wir versuchen, sie mit Worten zu beschreiben. Sofern wir nun Merkur keine Eigenschaften zuordnen, die etwa Mars oder irgendein anderer Planet besitzt und sofern wir zwischen einem Denken unterscheiden können, das vom Skorpion oder den Zwillingen beeinflusst ist, können wir völlig eigene Worte für diese Beschreibungen finden. Es müssen, wie gesagt, nur die Analogien, das heißt die Entsprechungen der jeweiligen Planeten und ihrer Häuserstellung stimmen. Der eine kann etwa Merkur in der Jungfrau als „analytisches Denken“, ein anderer als „detailfreudiges Denken“, wiederum ein anderer als „praktisches Denken“ umschreiben. Alle drei Attribute sind richtig, was diesen Merkur in der Jungfrau betrifft, wobei sich hier natürlich noch viele weitere und zumindest teilweise eben auch unterschiedliche Ausführungen anschließen können.

Vieles hängt hier vom jeweiligen Astrologen und seiner Fantasie bzw. Vorstellungskraft ab. Ich rate häufig unseren Schülern: „Ihr könnt gerne bei der Beschreibung von Horoskopen meine Worte aufnehmen und wiedergeben, Euer Ziel muss es allerdings sein, eigene Worte zu finden.“ Sobald ein Schüler verstanden hat, dass es nichts bringt, irgendeine Beschreibung auswendig zu lernen, sondern sie vielmehr zu verstehen, und sobald er bereit ist, selbst nachzudenken, wird er seine astrologische Sprachlosigkeit überwinden.

Unsere Vorstellungskraft ist eine Art Motor, der uns antreibt, astrologische Inhalte zu verstehen und mit dem inneren Auge sehen zu lernen. Die Planeten und ihre Symbole fangen dann an zu sprechen, wenn wir uns immer wieder mit ihrer Grundbedeutung beschäftigen und über sie nachdenken. Ihre Häuserstellung und Aspekte, die sie in einem Horoskop bilden, führen uns dann direkt zu der Person, die wir beraten. Hier finden wir an besonderen Stellen des Horoskops, wo sich besondere Aspekte, Konstellationen und Planetenballungen bilden, möglicherweise den ersten Einstieg in das Beratungsgespräch.

Natürlich spielt in einer persönlichen Beratung auch der Klient eine große Rolle, nicht nur sein Horoskop, das wir vor uns liegen haben. Seine Erscheinung, seine Stimme, ja sogar sein Geruch und überhaupt seine gesamten Energien, die wir bewusst oder unbewusst wahrnehmen, wirken unmittelbar auf uns ein, sie beeinflussen uns und aktivieren auf ihre Art unser innerliches Auge. Doch Vorsicht! Obwohl der erste Eindruck von einem Menschen oft richtig ist, so kann er doch auch unglaublich täuschen. Ratsuchende haben oft Angst, verstellen sich, sind gerade schlecht drauf, wollen ein gutes Bild abgeben, wünschen sich manchmal eine ganz bestimmte Deutung vom Astrologen – alles sehr menschlich, nur nicht immer hilfreich für eine gute Beratung, sofern wir uns davon zu sehr beeinflussen lassen. Wir dürfen uns in einer Beratung vor allem nicht von Sympathie bzw. Antipathie leiten lassen, was jede Horoskopdeutung bereits im Keim erstickt.

Jeder Mensch ist ein Mysterium, etwas völlig Einzigartiges, so wie auch jeder Sternenhimmel, unter dem jemand geboren wurde, einzigartig ist und nie wieder genau so erscheinen wird. Diesen Respekt sind wir unserem Klienten schuldig, ob wir ihn mögen oder nicht – diese Frage sollte sich nicht stellen.

Es geht hier also zunächst um die richtige Haltung, mit der wir Menschen in der Beratung begegnen sollten. Erst dann kann sich das, was wir über unsere Sinne im Gespräch mit dem Klienten aufnehmen, harmonisch mit dem verbinden, was wir im Horoskop sehen.

Die Astrologie lehrt uns insofern auch mit dem inneren Auge zu sehen, weil wir uns in Beratungen in erster Linie auf das Horoskop konzentrieren sollten. Wir sind nun einmal Astrologen, die die Aufgabe haben, das Horoskop zu deuten.

Und wir sollten zudem wissen, dass es nur wenige Menschen gibt, die imstande sind, sich selbst zu reflektieren. Wenn Sie etwa einen Menschen mit einer heftigen Merkur-Mars-Spannung an entsprechender Stelle vor sich haben, der darunter leidet, dass es in seinem Leben immer wieder zu Trennungen und Zerwürfnissen kommt und Sie sagen ihm, dass dies nicht nur mit den anderen Menschen, sondern auch mit seinem überkritischen Denken und seinen bisweilen angriffslustigen Äußerungen zu tun hat, könnte es sein, dass er Ihnen sofort widerspricht. Ein unerfahrener, unsicherer Berater, dem es noch an Erfahrung mit solch streitbaren Aspekten und Konstellationen fehlt, würde unter Umständen sofort „einknicken“ und auf die ganzen Begründungen des Klienten, warum es immer wieder zu Streit und Trennungen kommt, eingehen. Das wiederum bringt den Klienten nicht weiter und führt zu einer falschen Horoskopdeutung.

Sicher können wir anhand eines Horoskops nicht erkennen, was ein Mensch bisher in seinem Leben bewältigt hat oder nicht. Leben müssen wir immer mit unseren schwierigen Anlagen, aber wir können durch Bewusstheit und Reflexion lernen, damit umzugehen. Das ist die Entwicklungschance des Menschen. Niemand sagt, dass man mit einer entsprechend heftigen Merkur-Mars-Spannung immer Trennungen im Leben in Kauf nehmen muss. Wenn man viele Trennungen hat und man hat diesen Aspekt im Geburtshoroskop, ist es aber zumindest wahrscheinlich, dass dieser bei den bisherigen Trennungen eine größere Rolle gespielt hat. Die Aufgabe des Astrologen besteht darin, dies dem Klienten so nahezubringen, dass dieser die Bereitschaft entwickelt, sich zu reflektieren und den Aspekt, den er verdrängt und stellvertretend in anderen Menschen gesucht hat, bei sich zu erkennen. Dafür brauchen wir wieder einfühlsame und verständliche Worte, also Empathie.

Wir dürfen natürlich den Klienten nicht vor den Kopf stoßen und behaupten, dass er streitlustig wäre, sondern es besser als „etwas zu kritisch in seinem Denken" ausdrücken. Gleichzeitig sollte die übergroße Kritikfähigkeit betont werden, die sicherlich auch eine Fähigkeit darstellt, aber in der Auseinandersetzung mit anderen Menschen manchmal eben zu viel sein kann. Auf weitere sprachliche Stolpersteine, die es zu umschiffen gilt, werde ich in einem späteren Kapitel eingehen.

Als ich mit der Astrologie begann, war ich noch relativ jung und verfügte über wenig Menschenkenntnis. Diese habe ich mir erst mühsam durch jahrzehntelanges Studieren einzelner Horoskope erworben, durch die ich Menschen auf einer tieferen Ebene verstehen lernte. Und auch heute täusche ich mich manchmal gewaltig in Menschen, die ich erst dann besser verstehen lerne, wenn ich mich in ihr Horoskop vertiefe, was nicht durch einen kurzen Blick über das Horoskop geschehen kann.

Wir neigen heutzutage sicherlich bisweilen zu einer schnellen und zu oberflächlichen Beurteilung von Menschen, auch in der Horoskopbetrachtung, weil uns der Computer umgehend das Horoskopbild liefert, nachdem wir die relevanten Geburtsdaten eingegeben haben. In früheren Zeiten näherten sich die Astrologen allein schon durch die eigene Berechnung und Aufzeichnung dem Radix, dem Horoskop und seiner Analyse langsam an. Und sie nahmen sich überhaupt mehr Zeit, um sich gedanklich in ein Horoskop zu vertiefen. Auf der anderen Seite hat der Astrologie-Lernende heute die große Chance, möglichst viele Menschen und deren Horoskope zu Gesicht zu bekommen, was auch das Erlernen von Astrologie beschleunigen und auf ein höheres Level hieven kann. So wurde ich als relativ junger Astrologe insofern ins kalte Wasser geworfen, weil ich durch die erfolgreiche Arbeit meines Vaters, der damals einer der Mitbegründer und Entwickler der AstroWoche war, im Hintergrund tagtäglich schriftliche Horoskopanalysen verfasste, um die große Anfrage zu bewältigen. Es war mühsam, es war für mich aber auch die große Chance, erlerntes Wissen zu vertiefen. Denn eines ist auch klar: Astrologie zu erlernen, ist die eine Sache. Für ihre Vertiefung, sodass das Erlernte zu einem lebendigen Wissen wird, brauchen wir Erfahrung. Das Erlernte muss sich im Leben widerspiegeln, damit es sich setzen kann.

Die Astrologie selbst ist so entstanden. Erst auf der Basis jahrtausendelanger Beobachtung des Sternenhimmels, der immer wieder in Bezug zu den Geschehnissen auf der Erde gesetzt wurde, entwickelte sich gesichertes Wissen. Wir müssen dieses Wissen heute aufnehmen und es in unserem Leben anwenden und überprüfen, damit es lebendig werden kann. An dieser Stelle schließt sich erneut der Kreis: Astrologie ist durch reinen Intellekt aus verschiedenen Gründen nicht beizukommen.

Neben dem inneren Auge, das mit unseren Sinnen und unserer Empathie verknüpft ist, gibt es aus spiritueller Sicht auch das sogenannte dritte Auge, das zwischen den beiden physischen Augen auf Höhe der Augenbrauen seinen Sitz haben soll. Dieses Auge wird häufig als inneres oder auch geistiges Auge bzw. Auge des Bewusstseins und der Erleuchtung gesehen. Es ist auf jeden Fall ein Auge, das wir alle besitzen, das über das gängige Sehen weit hinausgeht und vor allem im Hinduismus und Buddhismus seit jeher als das Auge gilt, das uns zu höheren Einsichten und Weisheit führt. Es gehört zu den feinstofflichen Energiezentren des Menschen, den Chakren, und hat sehr viel mit unserer inneren Stimme und Intuition zu tun.

Astromediziner ordnen dem Himmelsauge die Zirbeldrüse zu, die Uranus untersteht. Uranus ist so etwas wie unser Draht nach oben, er ist die Intuition, eine leise innere Stimme, frei von Emotionen und Ängsten, die als innere Gewissheit in uns erscheint. Die Intuition, die als höhere Oktave des intellektuellen Merkur auf der Basis von Wissen erscheint, ist für den fortgeschrittenen Astrologen sehr bedeutsam. Denn auch er muss bisweilen über ein Horoskop und wichtige Fragen, die an ihn gestellt werden, längere Zeit grübeln. Manchmal scheint es, als würden wir nichts mehr in einem Horoskop sehen und erkennen können. In diesen Momenten brauchen wir Uranus und unsere Intuition mehr denn je. Sich in das Horoskop und seine einzelnen Faktoren zu vertiefen und unserem Denken Raum zu geben, ohne zu fantasieren, kann die plötzlichen Erkenntnisse bringen. Ploppen dann in einem Horoskop mehrere Themen auf, kann uns dieser Uranus helfen, in Form eines übergreifenden Denkens ihre innere Verbindung zu erkennen, die uns letztlich ein gesamtes Bild von der zu beratenden Person und ihren aktuellen Lebensumständen liefert. Umgekehrt ist es das Horoskop selbst, das mit seiner tiefen Symbolsprache unser inneres oder (und) drittes Auge aktiviert und öffnet. Durch das Vertiefen in ein Horoskop wird möglicherweise das tief in unserem Unterbewusstsein abgespeicherte Wissen, das die Menschheit durch ihre Evolution erhalten hat und das der berühmte Tiefenpsychologe C. G. Jung als kollektives Wissen bezeichnete, aktiviert.

Interessant ist, dass Uranus gerne als die höhere Oktave des Merkur, der Ratio und des reinen Intellekts bezeichnet wird. Sein Symbol gibt uns bereits Auskunft, warum er höher als Merkur angesiedelt ist: Sein Kreis mit innerem Punkt ist das Symbol der Sonne, die unter anderem für die Erleuchtung steht. Der dynamische, nach oben gerichtete Pfeil ist Symbol für die plötzliche Erkenntnis. Ein Tipp: Wenn wir in unserem Leben manchmal nicht mehr weiter wissen, hilft es, sich innerlich zu sammeln, zu beten und seinen Blick tatsächlich nach oben in den Himmel zu wenden. So kann die dringend erhoffte Erkenntnis urplötzlich kommen.

Warum Astrologie auch, aber nicht nur über den Kopf gehen kann, dürfte nun verständlich sein.

Wann sind Sie in der Lage, eine gute Beratung zu machen?

Den richtigen Zeitpunkt zu finden, um mit professionellen astrologischen Beratungen zu starten, ist nicht immer einfach, wobei hier in erster Linie nicht die astrologische Zeitqualität gemeint ist, welche natürlich auch wichtig ist. Für die erste Beratung, für die wir Geld verlangen, sollten die Sterne auf jeden Fall so stehen, dass sie von einem spannenden und vielversprechenden Anfang berichten, wie immer dieser auch aussehen mag. Als ich meine erste offizielle Beratung gab, überraschte mich mein erster Klient mit einer zauberhaften Pflanze, die er mir schenkte, für mich ein Zeichen, dass hier etwas aufzublühen begann. Ich habe diese erste Beratung immer noch in bester Erinnerung, auch wenn sich in den vielen Jahren seither Tausende angeschlossen haben, von denen ich die allermeisten vergessen habe. Das erste Mal ist immer bedeutend.

Wichtig für mich bei dieser ersten Beratung war aber auch, dass ich es mir zutraute, Beratungen abzuhalten, auch wenn ich natürlich noch lange nicht den Wissensstand und schon gar nicht die Erfahrung als Astrologe hatte, die ich heute besitze. Dieses Zutrauen, sich also trauen es zu tun, ist etwas, was wir uns letztlich nur selbst geben können. Und eines ist auch klar: Wissen, dass wir erlernen, müssen wir beizeiten auch anwenden. Erst durch den Austausch mit dem Klienten und dessen Feedback wird es sich vertiefen können. Auch für mich waren die ersten professionellen Beratungen wie ein Sprung ins kalte Wasser, wusste ich doch noch recht wenig über Menschen und deren Nöte.

Einem Astrologen wird einfach alles anvertraut, was diesen vor große Herausforderungen stellt, muss er sich doch nun in die verschiedenen Dramen, Denkansätze und Blockaden seiner Klienten einfühlen. Wir blicken durch die Beratung der unterschiedlichen Menschen auf einmal hinter die Kulisse des äußeren Scheins und stellen verwundert fest, dass es die heile Welt, wie sie uns von den meisten vorgegaukelt wird, einfach nicht gibt. Und das ist auch gut so, schließlich leben wir, um an unseren Problemen und Baustellen zu wachsen und uns weiterzuentwickeln. Und der Astrologe hat im besten Falle die ehrenwerte Aufgabe, seinen Klienten dabei einige Hilfestellungen zu geben. Aber, diese Anfänge und diese neuen menschlichen Erfahrungen, die wir machen, sind schon herausfordernd. Es gibt erste tolle Erlebnisse und Erfahrungen, es tauchen aber sicher schon bald auch schwierige Fälle auf, wo wir mit unserem Latein bzw. unserer Astrologie am Ende scheinen. Aber das gehört zum Entwicklungsprozess des Berufsastrologen, da muss er durch, diese Erfahrungen braucht er.

Wichtig für den Start als Astrologe ist auch, dass wir psychisch und seelisch einigermaßen stabil und gefestigt sind. Ein angeschlagener Berater, der mit sich nicht im Reinen ist, wird sich von seinen Klienten und deren Probleme schnell überfordert fühlen. Auch wird er mit den unterschiedlichen Energien, die Menschen mitbringen und ausstrahlen, nur schwer zurechtkommen können. Die Beratung wird zur Belastung für ihn und führt zur Enttäuschung des Klienten. Manchmal bedarf es erst eigener Therapien und Beratungen, um eine gewisse innere Festigkeit und Klarheit im Leben zu bekommen.

Manche Menschen erarbeiten sich aber auch selbst einen stabilen Stand im Leben über die intensive Auseinandersetzung mit Astrologie. Von Natur aus sind ja gerade viele Astrologen oder auch Psychologen, also Menschen, die sich mit der Tiefe der Seele und den Hintergründen des Lebens beschäftigen, sehr sensible und empfindsame Naturen, die schnell irritierbar sind und die die eine oder andere heftige innere Krise in ihrem Leben selbst durchgemacht haben. Diese Berater, die häufig über ein stark besetztes 12. Haus verfügen oder deren Horoskope vielfach massive Pluto- oder (und) Neptun-Themen aufweisen, können sich durch die Beratung, durch die permanente Beschäftigung mit inneren Dingen indirekt selbst heilen. Die Beschäftigung mit den Untiefen der Seele anderer Menschen lenkt ein wenig von eigenen inneren Konflikten und Problemen ab und relativiert diese vielfach. Probleme werden immer mehr als etwas völlig Normales betrachtet, das es im Leben eben zu bewältigen gilt.

Wann aber ist der Astrologe inhaltlich so weit, um eine gute Beratung zu machen? Es gibt einen speziellen Gradmesser, auf den wir uns unbedingt verlassen können: Schauen wir eine Horoskop-Zeichnung, das Radix an, dann sollten wir in der Lage sein, auf einen Blick das Horoskop zu erfassen, wozu alle Planetenstellungen und Aspekte gehören. Ein erfahrener Astrologe kann alle „Knackpunkte" sofort sehen und erkennen. Er braucht dafür keine Linien im Horoskop, die Aspekte anzeigen und schon gar keine Tabellen von Planetenständen und Aspektaufzählungen, die in den meisten Astrologie-Programmen neben der Horoskop-Zeichnung angeordnet sind. Er muss allenfalls gelegentlich nachschauen, auf welchen Graden sich der eine oder andere Planet befindet, kann er es nicht direkt aus der Zeichnung ersehen. Wer nur in Tabellen sucht und nichts in der Zeichnung erkennen kann, kann kein Horoskop zusammenfassend deuten, weil er einfach keinen Überblick bekommt. Er sieht sozusagen den Wald vor lauter Bäumen nicht. Die Horoskop-Zeichnung ist ein magischer Kreis, und erst wenn wir diesen im Gesamten erfassen, bekommen wir Zugang zum Horoskop.

Für den Astrologie-Anfänger mag es zunächst sehr schwierig sein, ein Horoskop zu betrachten und umgehend alle Aspekte darin aufzählen zu können. „Es ist noch kein Meister vom Himmel gefallen", durch konsequentes Üben und Vertiefen des Blicks im Radix, wozu es auch einige Brücken gibt, die wir im ASTRO-KOLLEG lehren, kann dies relativ schnell erreicht werden. Haben wir erst einmal diesen Blick für das gesamte Horoskop, dann können sich nach und nach Welten öffnen, was die Horoskop-Interpretation betrifft.

Wenn wir das Horoskop vor uns haben, sollten auch Astrologie-Anfänger zunächst damit beginnen, eigenständig über die einzelnen Planetenstellungen und Häuser nachzudenken, bevor sie dann unter Umständen in Kursunterlagen oder Fachbüchern nachschlagen, um sich die eine oder andere Sache noch einmal zu vergegenwärtigen und zu vertiefen.

Auch ein fortgeschrittener Astrologe sollte immer wieder auf die Grundlagen zurückgehen, um diese nachzuschärfen durch den

Mix von eigenem Nachdenken und Nachlesen. Dabei ist es natürlich auch wichtig, beim Nachlesen die Beschreibungen gedanklich nachzuvollziehen, wobei uns wiederum das Wissen um die Analogien der Planeten hilft. Wichtig ist auch, dass wir einfach bleiben, uns auf Wesentliches konzentrieren und nicht denken, wir müssten jetzt zu ganz besonderen Ergebnissen kommen, indem wir um Ecken herum denken, was bei Anfängern grundsätzlich schiefgeht. Ein angehender Astrologe sollte immer ganz ehrlich auf das bauen und das sagen, was er sehen kann. Das kann bereits am Anfang einer Astrologen-Laufbahn sehr viel sein.

Astrologische Beratungen stoßen Wichtiges an, können aber auch ins Leere laufen

Die astrologische Beratung besteht nur aus Worten, ist kopflastig und somit begrenzt. Diese Kritik kann berechtigt sein. Manchmal gehen Menschen aus der Beratung heraus und haben davon nichts verinnerlicht. Die Kunst einer guten Beratung ist es, einen Menschen auf einer tieferen Ebene zu berühren. Das sind zweifellos magische Momente, die aber nicht immer möglich sind und gelingen können.

Jeder Astrologe, der wie ich regelmäßig Menschen berät, wird die unterschiedlichsten Erfahrungen machen. Oftmals hatte ich während und nach einer Beratung den Eindruck, wirklich alles Wesentliche und Wichtige gesagt zu haben, was die Fragen des Klienten betrifft und ihn weiterbringen kann. Und oft war ich dann sehr verwundert, wenn ein Klient nach zwei Jahren wieder eine persönliche Beratung bei mir buchte und immer noch an derselben Stelle stand. Warum so etwas passiert, kann mehrere Gründe haben: Manchmal sind es einfach Veranlagungen, die Menschen nur sehr zögerliche Schritte in ihrem Leben wagen lassen. Tauchen in einem Horoskop z. B. die fixen Zeichen Stier, Löwe, Skorpion und Wassermann als Aszendent auf oder sammeln sich mehrere persönliche Planeten wie Sonne, Mond, Merkur, Venus und Mars in einem dieser Zeichen an, werden Menschen häufig unbeweglich und halten gerne an ihrem alten Leben fest. Am deutlichsten offenbart sich das bei den Zeichen Stier und Skorpion. Es gibt ja auch einen Grund, warum man dem Stier diese typische Sturheit und Unverrückbarkeit zugesprochen hat und dem Skorpion eine gewisse Kompliziertheit und Widersetzlichkeit. Der Stier sagt, was passt, muss man nicht ändern und was mir gehört, gebe ich nicht her. Und der Skorpion denkt nicht daran, von seiner Kontrolle abzulassen, die sich oftmals auf sein ganzes Leben und seine Umgebung bezieht. Das ist eben fix.

Ähnlich verhält es sich bei den Häusern 2 und 8, die irdischen Spiegel von Stier und Skorpion. Jemand, der etwa die Sonne in Haus 2 hat, im Bereich der Finanzen, wird seine großen Lebensentscheidungen meist von seinem materiellen Sicherheitsbedürfnis abhängig machen. Hier Risiken einzugehen, macht für diese Menschen keinen Sinn. Und Menschen, die viele persönliche Planeten in Haus 8 haben, haben genauso wie ausgeprägte Skorpione fast schon panische Angst vor größeren Lebensveränderungen, die theoretisch alles schlechter machen könnten als bisher, obwohl gerade plutonische Menschen ja die Aufgabe haben, sich immer wieder zu wandeln und zu transformieren.

Eine ausgeprägte Blockade, die wichtige Schritte im Leben lange verzögern kann, stellt häufig Saturn in Haus 2 dar. In meiner Beratungspraxis konnte ich öfter schon die Erfahrung machen, dass Menschen mit diesem Vorzeichen im Horoskop lange Zeit in ihrem Leben nichts änderten, auch wenn sie selbst deutlich erkannten, wie nötig das wäre. Das 2. Haus ist ja nicht nur das Geldhaus, sondern auch die Verwirklichungsebene und der Bereich des Selbstwertes. Saturn lässt hier auch deshalb immer wieder zögern, weil Betroffene sich nicht (zu)trauen, neue und große Herausforderungen anzunehmen. Wie in Haus 8, hat Saturn hier das Problem loszulassen und wird zudem häufig von Existenzängsten gequält. Nicht selten verfallen Menschen mit diesem Saturn in eine regelrechte Starrheit. Zumindest kann es sehr lange dauern, bis sie bereit sind, etwas zu wagen und Risiken einzugehen, die nun einmal immer wieder im Leben notwendig werden, um weiterzukommen.

Unter anderem beriet ich einst einen wirklich sehr fähigen Heilpraktiker mit Saturn in Haus 2. Obwohl er in seinem Beruf überdurchschnittlich gut war, kam er gerade so über die Runden. Er vergaß manchmal einfach Rechnungen zu stellen bzw. schob das Thema Geld einfach weg, weil es ihn ungemein belastete, was typisch für diese Saturn-Stellung ist. Hinzu kommt nun, dass Merkur ein Quadrat zu diesem Saturn bildete. Er neigte dazu, sich selbst immer wieder zu hinterfragen und anzuzweifeln. Immer, wenn er etwas verändern oder Neues angehen wollte, gerieten seine Vorhaben ins Stocken, weil er darüber zu grübeln begann, ob das Vorhaben Sinn macht oder doch scheitern würde. Merkur in Spannung zu Saturn lässt halt gerne „das Glas halb leer anstatt halb voll" sehen. Und so kam es, dass dieser begabte Mensch, der so viel in seinem Beruf zu geben hatte, im Stillstand verharrte, womit er nicht nur selbst unglücklich war, sondern auch den Zorn seiner Frau auf sich zog. Einige Astrologen würden sein Horoskop bestimmt falsch deuten, denn mit Schütze-Aszendent in Konjunktion zu Mars und im Quadrat zu Uranus-Pluto in der Jungfrau (65er-Jahrgang!) ist er eigentlich ein temperamentvoller und ungeduldiger Mensch mit einem starken Willen, der beruflich noch viel erreichen will, weil unter anderem seine Skorpion-Sonne in Haus 10 steht. Mit seinem permanenten Nachdenken, mit seiner Kopflastigkeit und der Neigung, alles anzuzweifeln, hat er sich jedoch selbst brutal ausgebremst. Von dem aggressiven Schütze-Typus war weit und breit nichts zu sehen und zu spüren. Natürlich hat er als intellektueller Mensch auch stets versucht, seine Emotionen mit seinem starken Verstand zu kontrollieren.

Letztlich war diese Beratung nicht schwer für mich. Denn ich erkannte seinen Triggerpunkt, seine Blockade schon beim ersten Blick auf sein Horoskop. Und ich sprach es aus, bevor er mir über dieses Problem berichten konnte. Und genau das ist es, was eine Beratung bisweilen so unglaublich wirksam machen kann. Wenn der Astrologe Dinge sagt, die der Klient bei sich kennt, erzählt er ihm natürlich nichts Neues. Aber allein die Tatsache, dass Eigenschaften, mit denen der Klient zu kämpfen hat, konkret im Horoskop als Anlagen auftauchen, die ihm in den unterschiedlichsten Formen im Leben begegnen, verleiht der Astrologie und den Aussagen des Astrologen enormes Gewicht und große Bedeutung. Der Astrologe muss also nicht unbedingt immer etwas Neues bringen, um eine Beratung erfolgreich zu machen. Es genügt oftmals, den Klienten einfach nur zu erkennen. Allein das bringt ihm zum Nachdenken und sorgt dafür, dass er seine persönlichen Probleme nicht mehr länger überspielen und wegdrücken kann. Der Kosmos präsentiert ihm ja schwarz auf weiß, wo er ansetzen muss.

Hat der Astrologe über das Horoskop und in Zusammenarbeit mit seinem Klienten einen Punkt erreicht, an dem eine fundamentale Erkenntnis auftaucht, wie immer diese auch aussehen mag, darf auf keinen Fall das Ergebnis weiter zerredet werden. Man würde die Erkenntnis, die nun über allem schwebt, durch Plapperei und weitere gut gemeinte Ratschläge nur wieder abbauen. Es ist wichtig, den Klienten jetzt nachdenken zu lassen. Natürlich tauchen von seiner Seite oftmals weitere Fragen auf, mit denen er selbst die Erkenntnis infrage stellen oder abschwächen will. Die Aufgabe des Astrologen ist es nun, konzentriert seinen Fokus auf den Triggerpunkt zu behalten und ihn möglicherweise von mehreren Seiten aus zu beleuchten und weiter zu erklären.

In den Wochenendseminaren des ASTRO-KOLLEGs, in denen wir auch stets die persönlichen Horoskope der Teilnehmer in Bezug auf das angesagte Thema besprechen, ringe ich oft längere Zeit mit Schülern um Erkenntnisse, da ich immer den Ansatz verfolge, das eigentliche Problem zu erkennen, das gelegentlich wesentlich von dem abweicht, was der Schüler erzählt. Ich traue hier nur dem Horoskop, was keine Abwertung oder respektlose Haltung gegenüber dem Schüler sein soll. Wer sich mit Astrologie und Psychologie eingehender auseinandersetzt, der weiß einfach, dass die Selbsterkenntnis nun einmal das Schwerste und Anspruchsvollste überhaupt ist, an der sicher schon einige namhafte Astrologen gescheitert sind. Wenn ich es in solchen Seminaren schaffe, etwas aufzudecken, was für den Schüler wichtig ist, dann steht am Ende dieser Beratung eine Erkenntnis im Raum, die Zeit braucht, um auch bei den Anwesenden anzukommen. Dennoch gibt es auch hier immer wieder ungeduldige Schüler, die nun unbedingt noch ein paar persönliche Ratschläge an den gerade besprochenen Schüler weitergeben wollen, obwohl wir gerade den Kern des Problems erkannt haben. Ich versuche dann zu erklären, dass wir manchmal auf weitere Worte und Erklärungen verzichten müssen, auch wenn sie noch so gut gemeint und vielleicht auch richtig sind, um diese eine wichtige Erkenntnis, die das Potenzial hat, das Leben zu verändern, nicht zu verwässern.

Schwierig sind mitunter auch Menschen zu beraten, die sich in ihrem Leben in einer Verweigerungshaltung befinden, die sie auch beim Astrologen nicht unbedingt ablegen. Dazu beitragen können unter anderem Mars-Saturn-Spannungen im Horoskop, mit denen sich Betroffene oft selbst ausbremsen. Ein Klient von mir, bei dem über Jahre hinweg nichts passiert ist im Leben und der immer wieder mit denselben Fragen zu mir kam, hat Saturn in Haus 3 im Quadrat zu Mars. Allein Saturn in Haus 3 kann ja ähnlich wie eine Merkur-Saturn-Spannung wirken und zu übermäßig kritischem und düsterem Denken führen. Saturn in Haus 3 im Quadrat zu Mars deutet nun zugleich Blockaden im Handeln an. Dieser Klient beließ jahrelang alles beim Alten, obgleich er wesentliche Dinge wie Wohnort und Beruf unbedingt ändern wollte. Immer wenn es fast so weit war, wichtige und notwendige Schritte zu tun, kamen jedoch wieder Zweifel, die zum Grübeln und zur Handlungsblockade führten und die sich in einer inneren Verweigerung gegenüber allem und jedem äußerte. Als Astrologe ist man in solchen Fällen gelegentlich mit seinem Latein am Ende, sofern alle Erkenntnisse den Klienten nicht weiterbringen.

An dieser Stelle angekommen wäre zweifellos eine Therapie sinnvoller, in der der Klient noch deutlicher und nachdrücklicher mit seiner Blockade konfrontiert wird. Nicht selten ist beides zielführend: die Erkenntnis durch die astrologische Beratung und die Erfahrung in der Therapie. Deshalb ist es für einen Astrologen wichtig, über ein gutes Netzwerk zu verfügen. So gebe ich oft Fälle, bei denen ich allein durch die astrologische Beratung nicht weiterkomme, an meine Frau weiter, die therapeutische Astrologische

Seelenaufstellungen anbietet, oder an andere Therapeuten, je nachdem, was mir passend erscheint.

So hatte ich z. B. einmal eine Frau in der Beratung, die über den Tod ihres geliebten Gatten nicht hinwegkam, was bei ihr zu einer verständlichen Starre im Leben führte. Sie hatte quasi aufgehört zu leben, weil sie innerlich von ihrem toten Mann nicht loslassen konnte. Als Astrologe konnte ich ihr über den Mann, über den Todeszeitpunkt, über die Phase, in der er sich damals befand, Erhellendes und auch Tröstendes mitgeben. Ein Ansatz, der hilfreich sein kann. Denn nichts ist schlimmer für einen Menschen als in Unwissenheit zurückzubleiben und nicht verstehen zu können, was passiert ist. Gleichzeitig kann es dann aber auch sinnvoll sein, mit diesen Erkenntnissen in eine Therapie hineinzugehen, die das Ganze noch einmal vertieft und schlussendlich den Weg zum Leben wieder öffnet.

Fast schon frustrierend war eine Beratung einer Frau, die ebenfalls Saturn in Haus 3 und noch dazu im Quadrat zu Merkur hatte. Hier tauchte das Problem der düsteren und negativen Gedanken also gleich doppelt auf. Nun gehen Menschen natürlich unterschiedlich mit solchen Anlagen um, in diesem Falle, unter Miteinbezug weiterer wichtiger Aspekte, war es schon sehr wahrscheinlich, dass die Frau, die bereits beim Eintritt in den Beratungsraum etwas düster und ablehnend wirkte, mit dem Thema der negativen Gedanken zu kämpfen hat. Um es kurz zu machen: Ich versuchte ihr in dieser Beratung behutsam klarzumachen, dass ihre zahlreichen beruflichen wie privaten Probleme und ihre zeitweiligen Depressionen genau mit diesem Denken zu tun haben. Diese Frau zerstörte jeden guten Ansatz in ihrem Leben immer wieder selbst nach dem Motto: Bringt ja nichts, ist ja nichts. Sie fühlte sich durchaus erkannt. Auf ihre berechtigte Frage, was man daran ändern könnte, entgegnete ich ihr: harte Arbeit an sich selbst und der eigenen Gedankenwelt. Merkur, der für unsere Gedanken steht, ist schließlich Diener und nicht Herrscher, und auch bei entsprechender Anlage muss ich nicht jeden negativen und düsteren Gedanken zu Ende denken, sondern kann dem bewusst Einhalt gebieten. Ich riet ihr ebenfalls zu einer Therapie, in der man lernen kann, seine Gedanken zu kontrollieren.

Die Frau war letztendlich enttäuscht von der Beratung, weil sie sich ein Zauberwort oder eine Art Glücksformel von mir erhofft hatte, mit der sich ihr Leben auf einen Schlag ändern sollte. Sie sah zwar ein, dass das, was ich sagte, das Entscheidende an ihrem Dilemma war. Sie stellte aber auch diese Erkenntnis wieder infrage, so wie sie alles in ihrem Leben immer wieder anzweifelte. Der Trotz lässt grüßen.

Gar nicht einmal so selten ist es mir aber auch passiert, dass Klienten, die sich große Versprechen von mir erhofft hatten, später, oft nach Jahren, wieder zu mir kamen und sich für die damals offenen, realistischen Worte bedankten, die anschließend zu einem Umdenken und zu etwas Positivem in ihrem Leben geführt haben. Das sind dann die schönen Überraschungen, die einen Astrologen in seiner Arbeit bestätigen.

Gelegentlich ist es so, dass wir Astrologen mit dem einen oder anderen richtigen Wort im rechten Moment Großes anstoßen und bewirken können. Ich vergleiche das immer gerne mit einer hochpotenzierten homöopathischen Gabe, die, wenn sie die richtige ist, wahre Wunder der Heilung bewirken kann. Worte sind oft Schall und Rauch, sie können aber auch der Schlüssel sein, um innere Zusammenhänge im Leben sichtbar zu machen. Darüber hinaus können sie Auslöser der einen wichtigen Erkenntnis sein, die vieles im Leben zum Positiven wandelt.

Als Astrologen müssen wir uns aber bei allem Erkenntnisstreben und dem Bemühen, wertvolle Inhalte zu vermitteln, darüber im Klaren sein, dass nicht jeder Mensch, der zum Astrologen geht, an irgendwelchen geistigen Erkenntnissen interessiert ist, sondern oft nur einen pragmatischen Rat, meist in beruflichen Angelegenheiten sucht. Das ist legitim und dafür sollte sich auch ein Astrologe mit großem inhaltlichen Anspruch an seine Arbeit nicht zu schade sein. Dennoch kann man auch in solchen Beratungen seinen Klienten stets einen Hinweis darauf geben, wo er sich selbst durch seinen Charakter bzw. seine persönliche Haltung manchmal selbst ausbremst, an welchen Themen er arbeiten sollte und wo und wie er vielleicht noch mehr seine persönlichen Stärken einbringen kann. Ich denke, ein gewisser Lerneffekt sollte auch für den rein geschäftlich Ratsuchenden, der keine Persönlichkeitsanalyse will, immer drin sein. Die meisten unter uns Astrologen sind große Idealisten, und das ist wunderbar.

Schwierig wird es für den Astrologen, wenn er einen Menschen vor sich hat, der sich nur schwer oder gar nicht reflektieren kann. Die Gefahr, dass die Beratung ins Leere läuft, ist in diesen Fällen sehr groß. Ich erinnere mich an einen Klienten, der unter anderem eine Merkur-Mars-Konjunktion im Widder hat, die er leider in Richtung „Ich weiß alles besser, ich will mir von niemandem etwas sagen lassen" lebte. Seine Widersetzlichkeit und seine Bereitschaft zu widersprechen und andere verbal zu attackieren, waren bemerkenswert. Auch mir widersprach er in der Beratung permanent, was nichts daran änderte, dass er nach einiger Zeit immer wieder Beratungen bei mir buchte.

Natürlich, und das muss an dieser Stelle deutlich gesagt sein, gibt es nun viele andere Menschen, die ebenfalls eine Merkur-Mars-Spannung haben, die jedoch aus ihren Erfahrungen gelernt haben und denen es bewusst ist, dass sie etwas zu kritisch denken und gerne mit dem Wort (Merkur) kämpfen (Mars), was oftmals unnötige Konflikte provoziert. Dieser Klient war aber von dieser Erkenntnis weit entfernt. Er machte für jeden Streit, jede Trennung und jedes Zerwürfnis die jeweils anderen verantwortlich und suchte niemals Fehler bei sich selbst. Probleme hatte er vor allem am Arbeitsplatz mit Vorgesetzten. Denn diese Merkur-Mars-Konjunktion befindet sich wie seine Widder-Sonne im 10. Haus, und das heißt, dass er selbst gerne den Ton angeben und führen will. Geht aber nicht, wenn man wie dieser Klient in einer größeren Firma angestellt ist und diese Anstellung auch nicht aufgeben will, weil sie ein sicheres Einkommen bedeutet. Ich warnte ihn ausdrücklich vor diesem Autoritätsproblem, da sich damals Rebell Uranus im Transit anschickte, seine Merkur-Mars-Konjunktion im 10. Haus zu überqueren. Er wollte von diesem Ratschlag nichts wissen, gab aber immerhin zu, dass er sich über unfähige Chefs schon oft maßlos geärgert hatte, was zu dem einen oder anderen Konflikt führte, der ihn schon mehrmals fast den Job gekostet hätte. So etwas würde ihm jedoch nicht mehr passieren, meinte der Klient, da er an Souveränität gewonnen hätte. Sein Motto: „Lass sie reden, was mich stört, geht beim einen Ohr rein und beim anderen raus." Nach einiger Zeit rief mich dieser Klient an und erzählte mir, dass ihm sein aktueller Chef ein Verfahren wegen einer Verfehlung angehängt hatte. Natürlich wollte der Klient von mir nur wissen, ob das Verfahren gut ausginge, was durchaus verständlich ist. Irgendeine persönliche Verantwortung dafür sah er aber nicht. An diesem Punkt angelangt beendete ich meine Beratungstätigkeit mit diesem Mann, da ich keinen Sinn mehr darin erkennen konnte.

Menschen, die keine Erkenntnisfähigkeit besitzen bzw. die kein Interesse daran haben, sich selbst zu reflektieren und ihr Handeln zu hinterfragen, können letztlich von keiner ernsthaften astrologischen Beratung profitieren, die ja die Chance beinhaltet, die Dinge von völlig anderen, ungewohnten Perspektiven aus zu betrachten. Wer dagegen offen für neue Gedanken ist und sich fortwährend weiterentwickeln will, für den kann eine gute astrologische Beratung im richtigen Moment eine Offenbarung sein.

Manchmal braucht es, wie gesagt, nur ein paar Sätze, um seinem Klienten eine Art Erleuchtung zu bringen, die er so dringend gesucht hat und an der er sich fortan orientieren kann.

Einmal rief mich eine Schülerin im Telefonservice des ASTROKOLLEGS an mit der Bitte, kurz in ihr Horoskop hineinzuschauen. Die Frau war verzweifelt. Immer wieder überwarf sie sich vor allem mit ihren Eltern, Geschwistern, Kindern und anderen Menschen. Sie hatte das Gefühl, als müsste sie immer um ihr Recht kämpfen, das ganze Leben lang. Die Frau hat einen Waage-Aszendent. Menschen mit diesem Aszendenten wollen Frieden und keinen Streit. Ihr Dilemma war, dass sie im 1. Haus und in der Waage eine Merkur-Mars-Konjunktion hat, die im Quadrat zu Jupiter im Steinbock an der Spitze des 4. Hauses steht. Deshalb auch die vielen Konflikte mit der eigenen Familie. Allein aufgrund des Mars-Jupiter-Quadrats war sie eine Kämpferin für Gerechtigkeit. Die Merkur-Mars-Konjunktion heizte das Ganze zusätzlich an, sodass sie immer das Gefühl hatte, um ihr Recht kämpfen zu müssen. In der Zeit, in der sie mich anrief und so verzweifelt war, steigerten sich die Konflikte mit ihrer Umwelt ins für sie Unerträgliche, was sich auch gesundheitlich in Form von Nervenkrisen bemerkbar machte. Damals stand der Pluto-Transit im Steinbock direkt auf ihrem Jupiter und griff damit auch ihre Merkur-Mars-Konjunktion an. Ich sagte dieser Frau, dass ihr Gerechtigkeitssinn im Grunde gut ist und dass sie auch ein guter kritischer Denker ist, allerdings mit einer Einschränkung: Ihr Denken sei manchmal zu kritisch und ihr Kampf um Gerechtigkeit kippe leicht ins Fanatische. Das müsse sie in Zukunft immer im Hinterkopf behalten, um darauf reagieren zu können, wenn wieder einmal großer Ärger in ihr aufsteigt und sie sich übergangen und ungerecht behandelt fühlt. Ich teilte ihr ferner mit, dass der aktuelle Pluto-Transit ihren Ärger und ihr überkritisches Denken weiter steigert und so das Ganze zum Eskalieren bringen kann. Ich sagte ihr aber auch, dass diese drei Jahre, in denen dieser Transit noch wirksam sein würde, mit der Aufgabe verbunden seien, mit dieser Spannung in ihrem Horoskop bewusst umgehen zu lernen. Diese Schülerin war wirklich begeistert, wollte nichts weiter von mir wissen, da sie nun endlich die Lösung ihres Problems sah bzw. sie sah nun ganz deutlich, wo sie mit ihrer Arbeit an sich selbst ansetzen musste.

Solche und ähnliche Beratungen haben Astrologen oft. Sie unterstreichen die große und positive Bedeutung, die eine astrologische Beratung haben kann. Manchmal ist es Klienten schon eine große Hilfe und Erleichterung, wenn wir ihnen sagen können, wie lange ein schwieriger Transit, der sie und ihr Leben gerade beeinträchtigt, noch andauern wird. Hat jemand z. B. gerade einen Saturn-Transit zu seiner Sonne oder Mond, dann hat er vielfach mit unerklärlicher Schwere zu kämpfen. Kann ihm der Astrologe sagen: Keine Sorge, in zwei Monaten lässt dieser psychische oder seelische Druck nach, dann befreien Sie in diesem Moment ihren Klienten von der Angst, er käme nie mehr aus diesem dunklen Tal heraus. Gleichzeitig wäre es nun aber wieder wichtig, dem Klienten zu erklären, welche persönliche Aufgabe hinter diesem oder jenem Transit, der gerade das Leben überschattet, liegt.

Besonders krass habe ich Neptun-Transite in Konjunktion, Quadrat und Opposition zur Geburts-Sonne in Erinnerung, die Klienten oft völlig ratlos und zutiefst verunsichert bei mir auftauchen ließen. Der Grund: Während dieser Neptun-Transite litten die meisten von ihnen unter unfassbarer Müdigkeit und Erschöpfung und hatten häufig einen niedrigen bzw. sehr schwankenden Blutdruck. Medizinische Untersuchungen brachten hier oft keine Ergebnisse. Ich versuchte diesen Menschen zu erklären, dass diese Transite die Kräfte nach innen ziehen, weshalb es in dieser Zeit eben sehr wichtig ist, sich mit psychologischen oder spirituellen Themen auseinanderzusetzen. Gleichzeitig rate ich diesen Menschen, gegen die Erschöpfung in Form langer Spaziergänge anzukämpfen, da die spannungsgeladenen Neptun-Transite zur Sonne oft mit einer Art Sauerstoffmangel einhergehen. Und ich kann diesen Menschen immer sagen, wie lange die Transite noch anhalten, was wiederum zur Beruhigung beiträgt.

Einmal kam eine Klientin zu mir mit einer Fische-Sonne im Horoskop, die gerade den Neptun-Transit in Konjunktion über ihre Sonne hinter sich hatte, was ja zwei bis drei Jahre andauern kann. Schon beim Reinkommen begrüßte ich sie mit den Worten, dass die Sache mit ihrer Erschöpfung und Müdigkeit jetzt endlich wieder besser sein müsste, was wie eine Art Turboeinstieg in die Beratung war. Diese Frau erzählte, was in den vergangenen Jahren alles an medizinischen Maßnahmen ohne Erfolg bei ihr unternommen wurde. Ihr Blutdruck sank zeitweise drastisch ab, und sie war oft tagelang nicht mehr in der Lage, ihre täglichen Arbeiten zu erledigen. Kein Arzt fand irgendeine Ursache für diese sonderbare Schwäche, die typisch für diesen Neptun-Einfluss war. Die Ursache gesundheitlicher Störungen, die mit Neptun verbunden sind, bleiben ohnehin oft unerkannt, weil Neptun aus dem geistigen, psychischen Bereich stammt. Die Klientin war nach diesem Transit tatsächlich wesentlich besser drauf.

Als Astrologen können und dürfen wir keinesfalls behaupten, dass nach einem schwierigen Transit alle gesundheitlichen Störungen vorbei sind. Natürlich können schwierige Transite auch auf gesundheitliche Probleme hinweisen, von denen der Astrologe, der medizinisch nicht geschult ist, keine Ahnung hat. Allein rechtlich sind Diagnosen und detaillierte medizinische Aussagen verboten, sofern man über keine medizinische oder Heilpraktiker-Ausbildung verfügt. Wir können als Astrologen aber unserem Klienten mitteilen, dass zumindest psychische und manchmal auch physische Belastungen besser werden, wenn der Transit vorbei ist. Allein solche Aussagen können dem Klienten helfen, indem sie ihm Mut machen und darauf hinweisen, dass die meisten Probleme endlich sind. Es ist nicht verkehrt, seinem Klienten bei dieser Gelegenheit zu veranschaulichen, dass es im Leben stets einen Wechsel von Höhen und Tiefen gibt und dass wir deshalb beides nicht überbewerten sollten. Die Kurve geht einmal rauf, dann wieder runter. Sie bleibt niemals oben, aber normalerweise auch nicht immer unten. Diese simple Gewissheit, an die wir uns immer wieder erinnern sollten, kann uns einen gewissen inneren Halt verschaffen.

Das Horoskop als Lebensplan

Ein guter Astrologe kann auf der Grundlage des Geburtshoroskops einen regelrechten Lebensplan entwickeln, in dem er die Anlagen beschreibt, die es aktiv im täglichen Leben zu fördern gilt und umgekehrt diejenigen, die einer Wandlung und Läuterung bedürfen. Ziel des astrologischen Lebensplanes ist es letztlich, alle verfügbaren Kräfte auf ein als richtig erkanntes Ziel zu lenken.

Die grundsätzliche Frage lautet: Was kann ein Horoskop uns sagen, was taucht alles in einem Geburtsbild auf? Ich würde tatsächlich antworten: alles, was für den Geborenen und seine persönliche Entwicklung zählt und wichtig ist in diesem Leben.

Wir gehen davon aus, dass unser Geburtshoroskop unseren Charakter, unsere Stärken wie Schwächen spiegelt, mit denen wir selbst unser Schicksal kreieren sowie neues Karma schaffen und altes bewältigen. Im Horoskop taucht Wesentliches auf, das heißt, dass alle Häuser, die von Planeten besetzt sind bzw. in denen sich Planetenballungen befinden, von besonderer Bedeutung für einen Menschen sind, was natürlich nicht heißen soll, dass die leeren Häuser, in denen sich keine Planeten befinden, bedeutungslos sind. Nein, alle 12 Häuser und ihre entsprechenden Lebensgebiete finden sich natürlich im Leben jedes Menschen wider. Das Leben der „leeren Häuser“ erkennen wir durch Deutung der Häuserherrscher, die jeder ausgebildete Astrologe sicher beherrschen sollte, bevor er mit dem Beraten anfängt.

Spannungsgeladene Aspekte und Konstellationen, besondere Stellungen einzelner Planeten an Achsen oder am Zenit sowie am Nadir, dem höchsten und tiefsten Himmelspunkt im Horoskop, deuten auf größere Lebensthemen des Geborenen hin, die in Form von unterschiedlichen Phasen und Ereignissen im Leben auftauchen. Unser persönlicher Lebenserfolg ist letztlich davon abhängig, wie gut wir speziell unsere Spannungen bewältigen bzw. wie bewusst wir mit ihnen umgehen lernen. Spannungen in Form schwieriger Konjunktionen, Quadrate und Oppositionen treiben uns ja immer an und sind mit großen Herausforderungen im Leben verbunden. Gleichzeitig können wir mit ihnen aber auch viel zerstören, weshalb sie häufig mit immer wiederkehrenden Niederlagen verknüpft sind. Trotzdem ist es wichtig, ihre Kraft mitzunehmen, wenn wir etwa beruflichen Erfolg haben wollen. Ein Mensch, dessen Mars zum Beispiel im 10. Haus, dem Bereich unserer großen Berufs- und Lebensziele steht, investiert alle seine Kraft in seine Ziele, vor allem, wenn er sich in einer freiberuflichen Tätigkeit befindet. Steht dieser Mars nun etwa im Quadrat zu Pluto, dann würde er dazu neigen, durch überzogenen Einsatz und Forderungen sowie affektartige Handlungen aus Zorn und Wut heraus sich selbst von Zeit zu Zeit abzuschießen und um den Erfolg zu bringen. Erkennt er dieses Sabotageprogramm nicht, blüht ihm immer wieder dieses Schicksal. Lernt er durch bewusstes Reflektieren seiner Spannungen, mit dieser Kraft umzugehen, dann kann er geradezu überragenden beruflichen Erfolg haben. Es geht also immer darum, unsere Schwächen bewusst zu erkennen, damit wir diese in Stärken umwandeln können.

Sehr oft können wir so etwas bei sehr guten Sportlern beobachten, die häufig eine Ansammlung größerer Spannungen in ihrem Horoskop haben. Erfolgreiche Ausdauersportler, aber auch Kampfsportler haben z. B. häufig Mars-Saturn als Konjunktion, Quadrat oder Opposition in ihrem Horoskop. Im normalen Leben sind diese Aspekte gefährlich für die Gesundheit, aber auch für den Umgang mit anderen, da diese Menschen sich in Konflikte und Auseinandersetzungen regelrecht hineinverbeißen können und außerdem zu einem autoaggressiven Verhalten neigen, was im schlimmsten Falle zu Unfällen oder Krebserkrankungen führen kann. Durch Sport werden diese Spannungen abgebaut, weshalb es für die meisten dieser Mensch fast ein Muss ist, Sport zu treiben. Der von Saturn blockierte Mars kann sich durch die Bewegung befreien, wodurch gewaltige Energien in Gang gesetzt werden.

Sehr erfolgreiche Menschen haben oft viele spannungsgeladene Aspekte in ihrem Horoskop, wobei diese Spannungen Menschen eben auch blockieren können, wenn sie nicht befreit und umgesetzt werden können. Dies gelingt bei Oppositionen, die von einem dritten Planeten durch ein Trigon bzw. Sextil entspannt werden oder bei schwierigen Konjunktionen, die von einem dritten Planeten harmonisch aspektiert werden, sehr viel leichter als bei Quadraten, bei denen die sogenannten Übeltäter-Planeten Mars, Saturn, Uranus, Neptun oder Pluto beteiligt sind. Bei Quadraten sitzt die Spannung, die Blockade sicherlich am tiefsten.

Als Astrologen haben wir die Aufgabe, diese „Knackpunkte“ im Horoskop zu betrachten und über Risiken sowie Chancen zu berichten. Allein dadurch, dass wir Lösungen und Empfehlungen geben, wie mit diesen Punkten im Horoskop umgegangen werden kann, „basteln“ wir im intensiven Austausch mit dem Klienten bereits eine Art Lebensplan, der ihn erfolgreicher, glücklicher und letztlich auch gesünder machen soll.

Dann sollten wir uns, was den Lebensplan eines Menschen betrifft, vor allem auch die Planeten, Aspekte und Konstellationen anschauen, die harmonisch auftauchen und die es weiter durch ein entsprechendes Leben zu fördern gilt. Trigone etwa sind die Stärken, die ein Mensch selbstverständlich zur Verfügung hat, weshalb sie auch träge machen können. Für Sextile müssen wir mehr tun, um ihre positive Energie umzusetzen, sie machen in der Regel aber auch etwas aktiver. Konjunktionen und Oppositionen, vor allem mit den Lichtern Sonne und Mond, Merkur, Aszendent, MC, IC, DC von den beiden Wohltätern Venus und Jupiter sind ebenfalls starke Kräfte, die es unbedingt zu leben und auszubauen gilt.

In früheren Zeiten sahen manche Astrologen in Horoskopen, in denen es vor Spannungen nur so wimmelte, in einem einzigen gut gestellten Planeten den „Ausweg“. Tatsächlich ist es klug, sich die harmonischen wie stark gestellten Planeten und Aspekte im Horoskop anzuschauen, um darauf wesentliche Lebensziele aufzubauen.

Zum Lebensplan eines Menschen gehören natürlich auch seine großen Ziele beruflicher und persönlicher Art, angezeigt durch den MC, seine Aspekte, mögliche Planeten im 10. Haus sowie vor allem auch den Herrscher des 10. Hauses, an dessen Häuser- und Tierkreiszeichenstellung und Aspekten wir erkennen können, wo und wie sich ein Mensch vor allem in freiberuflicher Tätigkeit gut verwirklichen könnte.

Was die berufliche Tätigkeit betrifft, ist es zuvor wichtig, abzuklären, ob ein Mensch besser im Freiberuf oder im Angestelltendasein aufgehoben ist, wofür die Häuser 10 und 6 und deren Herrscher gegeneinander abgewogen werden müssen. Ein Mensch mit Uranus im 6. Haus, dem Bereich der Anstellung, hat es allein schon durch den rebellischen Uranus schwer, sich auf Dauer anzupassen, einzufügen und unterzuordnen. Natürlich spielen hier noch weitere Faktoren eine Rolle: Ob ein Mensch z. B. Autoritätsprobleme hat oder ob er seinen Aszendenten, seine Sonne oder den MC in einem kardinalen Zeichen (Widder, Krebs, Waage, Steinbock) hat und selbst herrschen will.

Bei aller Anlage braucht es für eine Selbstständigkeit aber auch sehr viel Mut, Unternehmergeist und Kreativität, worüber nicht jeder Mensch verfügt. Bei manchen Menschen, die vielleicht das Zeug zum Freiberufler hätten, überwiegt das finanzielle Sicherheitsbedürfnis, weshalb sie im Angestelltendasein bleiben. Viele Menschen sind auch schlichtweg im falschen Beruf oder befinden sich in einer Anstellung, in der sie nicht glücklich werden, weil sie keine Teamworker sind. Hier den richtigen Rat als Astrologe zu geben, kann ein wahrer Segen sein.

Was berufliche Ziele betrifft, sollten wir auch noch Saturn miteinbeziehen, den natürlichen Herrscher über den Beruf. Schließlich ist das 10. Haus der irdische Spiegel des Steinbocks, dessen Herrscher eben Saturn ist. Saturn ist überhaupt als Karmaplanet und strenger Lehrer und Richter über unser Leben ein immens wichtiger Faktor im Horoskop. Er stellt uns eine wesentliche Aufgabe, die es zu bewältigen gilt und die oft berufsbezogen ist. Nehmen wir z. B. das Horoskop der berühmten Sterbehelferin Elisabeth Kübler-Ross (geboren am 8.7.1926 in Zürich, gestorben am 24.8.2004 in Scottsdale, Arizona), dann sehen wir dort Saturn in Haus 8 und im Skorpion, dem Haus und dem Zeichen des Sterbens und des Todes. Das heißt, dass Frau Kübler-Ross mit großen Ängsten vor dem Tod geboren wurde, weshalb ihr Saturn eben die Aufgabe stellte, sich mit diesem Tabuthema intensiv auseinanderzusetzen. Sie hat mit diesem Lebensthema nicht nur einen Beruf, sondern auch ein großes und bedeutendes Werk geschaffen.

An Saturn, der uns als Hüter der Schwelle nicht nur irdische, sondern auch persönliche Grenzen aufzeigt, kommen wir einfach nicht vorbei, wollen wir einen Lebensplan schmieden. Glücklich werden wir nämlich erst dann, wenn wir spüren, dass wir eine Aufgabe angenommen haben, die uns das Leben gestellt hat. Seinen Saturn zu bewältigen und positiv zu leben, schafft tiefste Zufriedenheit und Erfüllung.

Zu einem guten Lebensplan gehört außerdem das Miteinbeziehen von Sonne, Venus, Jupiter und den Mondknoten. Die Sonne will strahlen, im Mittelpunkt stehen und sich entfalten. Die Stellung von Venus und ihre Aspekte deuten darauf hin, wo wir Liebe, Harmonie und Anklang finden, und Jupiter, das „große Glück“, verrät je nach Hausstellung und Aspekten, wo wir die größten Expansionschancen im Leben vorfinden.

Große Perspektiven verspricht daneben der aufsteigende Mondknoten in dem Haus, sprich Lebensbereich, in dem er sich befindet. Er besitzt nach alter Lehre Jupiter-Charakter und hilft uns, Karma aufzulösen, sofern wir ihm folgen, indem wir das Haus, in dem er steht, mit Leben füllen. Der aufsteigende Mondknoten ist ungemein wichtig, da er so etwas wie das Tor zum Himmel ist. Wenn wir ihn durch bewusste Hinwendung aktivieren, geht unser Leben wie eine verschlossene Blüte auf. Genau deshalb spricht man ihm in der traditionellen Astrologie Jupiter-Charakter zu. Es bringt großes Glück, ihm zu folgen. Indem wir den aufsteigenden Mondknoten leben, bewältigen wir wiederum Karma, das durch den absteigenden Mondknoten und seine Häuserstellung angezeigt ist.

Es ist wichtig, dass wir uns den positiven und starken Seiten unseres Horoskops zuwenden. An ihnen können wir uns selbst aus dem Sumpf ziehen, den wir durch die eher schwierigen Seiten unseres Charakters geschaffen haben.

Menschen, die das nicht erkannt haben, scheitern immer wieder an denselben Problemen. Ich habe einmal einen Mann beraten mit Mars am Löwe-Aszendenten und Saturn am Deszendenten. Zu allem Überfluss stand in diesem Horoskop auch noch Neptun im Quadrat zu Mars und Saturn. Sein ganzes Leben war gepflastert von immer wiederkehrenden Trennungen auf beruflicher wie privater Ebene. Mehrere Therapien waren gescheitert, und alles steuerte auf eine größere Einsamkeit im letzten Lebensabschnitt hin. Mars am Aszendenten deutet die starke, aber auch fordernde Persönlichkeit an, die beim Gegenüber immer auf Widerstand stößt, angezeigt durch Saturn am Deszendenten. Mars Opposition Saturn für sich betrachtet ist ein heftiger Aggressionsaspekt, der hier durch die Nähe des Mars zum Aszendenten auch noch sehr persönlichkeitsbezogen erscheint und oft sehr direkt und unmittelbar zum Ausdruck kommt.

Das Quadrat von Mars zu Neptun deutet außerdem eine starke, schwelende Gereiztheit an, die durch unbewältigte Dinge, die sich im Unterbewusstsein festgesetzt haben, entsteht. Beziehungen, Freundschaften und Arbeitsverhältnisse scheiterten bei diesem Mann in beängstigender Regelmäßigkeit.

Dabei hatte er auch sehr schöne Seiten, wie etwa ein Trigon zwischen seinem Krebs-Mond und seinem Jupiter in den Fischen, der ihn im ersten Moment sehr sympathisch und liebenswürdig erscheinen ließ. Ja, er war zunächst sogar überall beliebt, wo er zu arbeiten anfing. Seine Gereiztheit und seine Wutausbrüche führten dennoch immer wieder zu Kündigungen und Trennungen.

Klar ist, dass ein Astrologe hier nur das Licht in das Dunkle bringen kann, indem er solch einem Klienten diesen destruktiven Mechanismus noch einmal deutlich vor Augen führt. Letztlich empfahl ich ihm ein Leben, das Reibungspunkte mit anderen Menschen zumindest minimierte. Ich riet ihm zu einer selbstständigen Tätigkeit im Homeoffice, zur Arbeit von zu Hause aus, was in seinem Job durchaus machbar war. Er war einfach kein Teamplayer und hatte mit der Sonne im 10. Haus ohnehin eine prominente Stellung für den Freiberuf. Saturn, der über sein 6. Haus herrschte, deutete dagegen das Problem in jeder Anstellung an.

Dieser Fall verdeutlicht, wie eine einzige schwierige Konstellation im Leben alles zerstören kann. Umgekehrt gibt es aber viele Fälle, wo Menschen es geschafft haben, eine besondere Stärke oder Talente zur Blüte zu bringen, wodurch ihr gesamtes Leben beseelt und getragen wird. Deshalb ist es wichtig, dass in jeder größeren Horoskopanalyse, die einem Lebensplan ähnelt, visionäre Perspektiven im Leben aufgezeigt werden, die realistisch zu erreichen sind, wenn der Betroffene nur bereit ist, ihnen zu folgen.

Auf der anderen Seite müssen wir unbedingt auch die Blockaden und Spannungen im Horoskop erwähnen, die nicht erkannt und bewältigt alle guten Ansätze zerstören können.

Das liebe Geld und der Selbstwert

Jeder angehende Astrologe wird mit einem fundamentalen Thema konfrontiert: Er muss den Preis für seine Beratungen festsetzen, was geradewegs zu einer Auseinandersetzung mit seinem Selbstwert führt. Wie es um Letzteren bestellt ist und welches Verhältnis wir zum Thema Geld haben, können wir vor allem aus dem 2. Haus ersehen. Wer hier Probleme hat, sollte sich gezielt mit diesem Thema auseinandersetzen.

Wir alle wissen: Astrologen haben es nicht immer leicht, da der Beruf des Astrologen nicht staatlich geschützt und bei vielen Menschen umstritten ist. In einer Zeit, in der der Shitstorm in Internetforen um sich greift und in der Menschen in ihren Überzeugungen immer radikaler und noch intoleranter zu werden scheinen, wird der Astrologe oftmals als potenzieller Betrüger beäugt. Allein der Beruf Astrologe bedarf also schon einer gewissen inneren Stärke.

Der legendäre amerikanische Schriftsteller Mark Twain meinte einmal: „Alles, was du in diesem Leben benötigst, ist Ignoranz und Zuversicht, dann ist der Erfolg dir sicher.“ Dies könnte vor allem auf Astrologen zutreffen, wobei man sich über das Wort Ignoranz natürlich streiten kann. Positiv betrachtet würde ich eine „gesunde Ignoranz“ mit einem stark gestellten Jupiter im Horoskop in Verbindung bringen. Menschen, die von dem unerschütterlichen Glauben an ihre eigene Stärke getragen werden und dabei stets vom Gelingen ihrer Vorhaben überzeugt sind, strahlen fast schon eine natürliche Ignoranz, ja Arroganz aus, was nicht unbedingt negativ bewertet werden muss. Jupiter-Menschen ziehen das Glück an und lassen sich von Zweiflern und unfairen Angriffen gegen ihre Person nicht wirklich einschüchtern.

Natürlich aber hat nicht jeder Mensch einen so starken Jupiter. Gerade besonders sensible Menschen, die oft eine starke Wasserbetonung im Horoskop haben, lassen sich da wesentlich schneller aus der Bahn werfen, vor allem, wenn sie zu Selbstzweifeln neigen. Hinderlich können diese dann sein, wenn es darum geht, Geld für die eigene astrologische Tätigkeit einzufordern.

Ein angehender Astrologe wird wie jemand, der sich frisch verliebt, mit voller Wucht mit seinem Selbstwert konfrontiert. Er fragt sich innerlich: „Ist meine Beratung meinen Klienten das wert, was ich als Lohn einfordere?" Und natürlich fürchtet er sich ungeheuer vor dem Moment, an dem dies in Zweifel gezogen werden könnte, ganz ähnlich wie die sich anbahnende Liebe, die plötzlich infrage stellt, ob wir die bzw. der Richtige sind. Persönliche Ablehnungen sind immer ein Schlag gegen den Selbstwert, weshalb nicht wenige Menschen versuchen, dieser Gefahr auszuweichen. Die einen lassen keine richtigen Beziehungen mehr zu, indem sie diese bereits abbrechen, bevor sie richtig beginnen können.

Der angehende Astrologe, der sich vor Schlägen gegen seinen Selbstwert schützen will, gibt oft beim Geld nach, hat unterschiedliche Preise oder verlangt gar nichts. Letzteres kann häufig beobachtet werden, wenn Verwandte, Freunde oder gar nur Bekannte auftauchen mit der Bitte: „Kannst du mir mal schnell in mein Horoskop hineinschauen?" Dieser Typ von Astrologe, der vielfach gnadenlos ausgenutzt wird, behauptet dann häufig noch zu allem Überfluss: „Geld bedeutet mir nicht so viel." Mit diesem Satz hat er sich eigentlich selbst entlarvt. Denn natürlich ist Geld in unserem Leben von großer Bedeutung. Ohne Geld können wir uns nichts leisten, ohne Geld sind wir völlig unfrei. Und ohne Geld zu verdienen, können wir den Beruf des Astrologen nicht ausüben – weder in einer Teilzeitbeschäftigung und schon gar nicht hauptberuflich. Hinter dieser edlen Bekennung, dass Geld nicht so wichtig sei und dass nur aus Menschenliebe astrologisch beraten wird, steckt in aller Regel nichts anderes als ein größerer Selbstzweifel. Die Bezahlung ist immer ein Ausdruck von Wertschätzung.

Natürlich müssen wir von nahen Verwandten und guten Freunden nicht immer Geld verlangen, wenn wir sie beraten. Ein gewisser Energieaustausch sollte aber zumindest unter Freunden stattfinden, damit derjenige, der beraten wird, nicht in der Schuld des anderen bleibt. Von guten Freunden kann man sich für die Beratung etwa zum Essen einladen lassen oder die vielleicht besondere Leistung des Freundes in Anspruch nehmen, der ein Rechtsanwalt oder Heilpraktiker ist oder irgendeine andere Dienstleistung anbietet, von der umgekehrt profitiert werden kann. Solche erbrachten Gegenleistungen drücken gegenseitige Beachtung und Respekt aus und können deshalb unglaublich positiv und stimmig für beide Seiten sein.

Menschen, die sich ihre Leistungen, ob privat oder beruflich, nicht entsprechend vergüten lassen, erhalten häufig wenig bis keine Wertschätzung und damit jedes Mal einen Schlag gegen ihren ohnehin bereits geschwächten Selbstwert. „Was nichts kostet, ist nichts wert", sagt der Volksmund und hat damit völlig recht. Wer sich und seine Leistung unter Wert verkauft, der muss gelegentlich sogar eine Geringschätzung seiner Arbeit und Person in Kauf nehmen, was dann schon sehr bitter sein kann. Wer schnell mal umsonst einen Ratschlag eines Astrologen erhält, für den hat dieser Rat oft nicht dasselbe Gewicht wie der Rat von einem Astrologen, um dessen Beratung er sich bemühen muss und die ihn Geld kostet.

Zusammenfassend kann ich hier nur raten, ehrlich zu sein: Wer sagt, ihm bedeute Geld nicht viel, der hat, wie gesagt, meist ein größeres Selbstwertproblem. Und wer Beratung allzu oft verbilligt, gar umsonst oder inflationär lange anbietet bzw. abhält, der ist sich seiner ebenfalls nicht sicher, was auch der Klient bewusst oder unbewusst spürt. Es ist deshalb wichtig, von vorneherein feste Preise und einen Zeitrahmen festzusetzen, wobei die Preise allerdings auch nicht übertrieben hoch angesetzt werden sollten, womit manche ebenfalls versuchen, einen geschwächten Selbstwert zu kaschieren.

Eine besonders irritierende Variante des Umgangs mit Geld können wir gelegentlich bei alternativen Dienstleistern beobachten. So erlebte ich einmal, wie ein Wirt in einer sehr lässigen Kneipe, die vor allem von Alternativen und Künstlern besucht wurde, seine

Kunden selbst den Preis für das Essen bestimmten ließ, das sie sich an der Theke zusammenstellten. Auf die Frage des Gastes, was das Essen nun kosten würde, wurde stets geantwortet: „Das, was es dir wert ist."

Ein andermal hörte ich von einem Coach, der die Bezahlung für sein Coaching ebenfalls von seinem Klienten festsetzen ließ, nach dem Motto: „Wenn dir mein Coaching hilft, kannst du mir auch viel Geld zahlen, ansonsten lass es einfach."

Für mich sind solche freiwilligen Bezahlungen alles andere als freiwillig. Man gibt hier die eigene Verantwortung, seine Leistung selbst einzuschätzen und zu definieren, einfach ab und setzt den Gast bzw. den Klienten moralisch unter Druck, die richtige Bewertung für einen abzugeben, wie immer diese auch aussehen mag. Indirekt versuchen diese Dienstleister dadurch vielleicht den optimalen Lohn herauszuschlagen. Letztlich ist ihr Angebot unmoralisch und vor allem eine Bankrotterklärung, was den eigenen Selbstwert betrifft, auch wenn die betroffenen Personen genau das Gegenteil behaupten würden. Eine, wie ich finde, ganz schräge Nummer, die keinen dauerhaften Erfolg haben dürfte.

Am 2. Haus des Horoskops und seiner Bedeutung erkennen wir, wie weise die Astrologie ist: Selbstwert und Gelderwerb sind untrennbar miteinander verbunden, wobei wir auch nicht den großen Fehler begehen sollten, unseren Selbstwert allein über Geld und Besitz zu definieren, was ja viele Menschen tun. Wir alle wissen, wohin so eine Haltung führt. Jesus Christus brachte es auf den Punkt: „Es ist leichter, dass ein Kamel durch ein Nadelöhr geht, als dass ein Reicher ins Reich Gottes kommt." Nur auf Materie zu bauen, ist eine trostlose Einbahnstraße. Wenn wir unser Leben ausschließlich auf Genuss und Besitz bauen, fehlt uns die Aufgabe, der Sinn des Lebens. Fallen wir ins Gegenteil und legen keinen Wert auf diese Dinge, drohen wir zu verhärmen. Geld ist schließlich der Venus zugeordnet, der Wohltäterin, die auch für etwas sich leisten können und Luxus steht. Ständiger Geldmangel bedeutet nicht nur Verzicht und Existenzangst, sondern ist auch oft ein Zeichen dafür, dass wir an einem Job festhalten, in dem wir schlecht bezahlt werden, was am Ende wieder unseren Selbstwert in den

Keller drückt. Das 2. Haus gehört wie die Häuser 5, 8 und 11 zu den „Freude und Gefühl erhaltenden" Häusern, die als solche einen enorm wichtigen Stellenwert in unserem Leben haben.

Das 2. Haus steht zusammenfassend für die Verwirklichungsebene. Haben wir nur einen geringen Selbstwert, empfinden wir auch unsere Taten und unsere Arbeit als minderwertig. Mit dieser Haltung kann der Erfolg stark beeinträchtigt sein. Oftmals aber stellt gerade der geringe Selbstwert psychologisch gesehen eine unglaubliche Motivation dar, eine große Karriere zu machen. Fehlender Selbstwert kann eine Antriebsfeder für den Erfolg sein, was wir in Horoskopen von vielen berühmten Politikern oder Schauspielern beobachten können, die die öffentliche Bühne suchen, um die fehlende Selbstachtung oder Selbstliebe (zeigt sich häufig in Venus-Saturn-Spannungen sowie in Saturn in Haus 2) durch das Publikum zu bekommen.

In Seminaren des ASTRO-KOLLEGs, die das 2. Haus zum Thema haben, stellt sich immer wieder die Frage, wie es um das Verhältnis zu Geld und dem Selbstwert der einzelnen Schüler bestellt ist, was uns letztlich das gesamte Geburtshoroskop und insbesondere die jeweilige 2.-Haus-Besetzung sowie die Herrscher des 2. Hauses und ihre Aspekte verraten. Und natürlich kommt dann immer wieder die Frage: „Wie erlange ich denn mehr Selbstwert?" Hier gilt: Um einen größeren Selbstwert zu schaffen, müssen wir uns selbstverwirklichen, wobei die Betonung hier auf selbst liegt.

Ich hatte einst eine Klientin, in deren 2. Haus sich der aufsteigende Mondknoten befand, was uns verrät, das von Geburt an so gut wie kein Selbstwert da war. Der aufsteigende Mondknoten und sein Jupiter-Charakter deutet ja den Bereich an, dem wir uns unbedingt annähern und den wir erfüllen sollten, damit wir uns aus alten Mustern und karmischen Verstrickungen befreien können. Um es kurz zu machen: Diese Frau trennte sich von ihrem sehr reichen Mann, der ihr ein Dasein in einem „goldenen Käfig" verschaffte und ihr jeden Wunsch von den Lippen ablas, nur nicht den einen, selbst zu arbeiten, um eigenes Geld zu verdienen. Manche Männer tun, bewusst oder unbewusst, tatsächlich alles, um ihre Frauen zumindest in materieller Abhängigkeit zu halten, was die Gefahr mindern soll, dass sie, was andere Männer betrifft, auf Abwege geraten.

Mit dem aufsteigenden Mondknoten in Haus 2 ist es aber sozusagen ein Muss, sein eigenes Geld zu verdienen und sich selbst zu verwirklichen. Diese Mondknoten-Stellung ist letztlich die Aufforderung, ja zum Leben zu sagen, in das Leben hineinzugehen. Diese Frau wäre im goldenen Käfig zugrunde gegangen, weil er sie von jeder Selbstverwirklichung abhielt, was ihr Mann nicht verstehen konnte. Es blieb dieser Frau tatsächlich nur die Trennung, auch deshalb, weil ein Partner im Idealfall einen immer zu persönlichem Wachstum anregen sollte, diesem aber zumindest nicht im Wege stehen darf, was jede Liebe über kurz oder lang tötet.

Alles, was wir selbstständig aufbauen, macht uns stark und lässt uns innerlich wachsen. Natürlich ziehen gerade wir Astrologen auch einen gewissen Selbstwert aus dem Helfen. Geld ist nicht alles, und richtige Astrologen sind in aller Regel sehr idealistische Menschen, die Menschen, die nicht so viel Geld haben, auch einmal eine günstigere Beratung anbieten und nicht alles aufrechnen, was sie an Hilfestellungen leisten. Idealisten werden aber gerne ausgenutzt, und das sollten wir, wie gesagt, vermeiden. Bei entsprechender Kreativität finden sich immer Ausgleichsmöglichkeiten, die letztlich die Freundschaft erhalten und sogar fördern. Erbrachte Gegenleistungen drücken gegenseitige Beachtung und Respekt aus und können deshalb unglaublich positiv und stimmig für beide sein.

Wer den Beruf des Astrologen auswählt, muss sich darum bemühen, bodenständig zu leben, was ebenfalls dem 2. Haus, dem irdischen Spiegel des Stiers, zugeordnet ist. Übersteigerter Selbstwert kann genauso eine große Falle sein wie mangelnder. Manche Astrologen bekommen einen regelrechten „Überflieger“, vor allem, wenn sie einem größeren Publikum bekannt werden, was nicht unbedingt etwas über ihre astrologische Qualität aussagt. Die Astrologie dient dann nur noch dem eigenen Ego.

Als Astrologen sollten wir die Astrologie hochhalten. Als selbstständig tätige Astrologen brauchen wir viel Mut und innere Überzeugung. Nicht jeder, der Astrologie erlernt, will jedoch auf die

Sicherheiten verzichten, die Angestellte in Form von Kündigungsschutz, Arbeitslosengeld, Sozialleistungen, Rente etc. genießen, weil er vielleicht auch wichtige persönliche Verpflichtungen hat. Für viele Astrologen macht es deshalb Sinn, zweigleisig zu fahren, also eine finanziell sichere Anstellung zu haben, von der sie gut leben können, um gleichzeitig den Freiraum genießen zu können, sich mit großer Lust und Leidenschaft astrologischer Beratung und Forschung widmen zu können, ohne dabei finanziell unter Druck zu geraten. Viele sehr gute Astrologen, die öffentlich weniger bekannt sind, haben diesen ebenfalls stimmigen Weg für sich gewählt.

Das 3. Haus und die Alltagsbewältigung als Schlüssel zum Erfolg

Das 3. Haus besitzt in unserer Zeit eine enorme Bedeutung. Weshalb, kann relativ schnell beantwortet werden: Das 3. Haus ist ein von Merkur geprägter Lebensbereich, in dem es in seinen Entsprechungen um Gedankenaustausch, Kommunikation, Kontakte knüpfen, Lernen, Vermitteln, Geschäfte, Ausflüge, kleine Reisen etc. geht. Es umfasst den gesamten geschäftigen Alltag im Kommunikationszeitalter, das ebenfalls wesentlich von Uranus, der höheren Oktave von Merkur, geprägt wird. Ein aufgeblähter Alltag drängt das Privatleben bei vielen Menschen in den Hintergrund. Wir wollen oder müssen ständig erreichbar sein, um ja nichts zu verpassen. Die vielen wechselnden Situationen und Erfordernisse des Lebens zwingen uns, schnell zu reagieren, mit anderen vernetzt und erreichbar zu bleiben. Wer zu spät kommt, den bestraft das Leben, ist die Botschaft dieser Zeit, was immer weiter in die Rastlosigkeit hineintreibt. Ein Teufelskreis!

Das 3. Haus und seine Bewältigung sind deshalb noch wesentlich mehr als in früheren Zeiten zu dem Bereich geworden, der vor allem bei selbstständig Tätigen über Erfolg und Misserfolg entscheidet. Wir brauchen in unserem Alltag als Freiberufler heute ein gutes Zeitmanagement und eine klare Struktur, die es uns ermöglicht, all die vielen Vorhaben und Verpflichtungen zu bewältigen. Ein Freiberufler ohne Disziplin, ohne die bestmögliche Nutzung seiner Zeit, kann seine Talente, seine Fähigkeiten und sein Wissen nicht in diese Welt hineinbringen und bleibt unter seinen Möglichkeiten.

Die jeweiligen Horoskope verraten uns, wie es um die Alltagsbewältigung ihrer Eigner bestellt ist und wie darauf reagiert werden kann. Menschen z. B. mit Neptun in Haus 3 brauchen einen klaren Plan für jeden einzelnen Tag der Woche. Sie geraten häufig in die Bredouille, weil sie ihre Zeit schlichtweg verträumen. Mit klarem Plan ist gemeint, dass sie alle Vorhaben schriftlich, möglichst mit Uhrzeit festlegen.

Zu viel Dampf im Alltag haben dagegen oft Menschen, deren Mars, Pluto oder Uranus im 3. Haus stehen. Sie wollen oft zu viel auf einmal erledigen, was fast immer zu einer Überforderung führt, die bis in den Burn-out hineinführen kann, was vor allem dann schnell passieren kann, wenn diese drei Energieplaneten durch weitere Aspekte im Horoskop oder durch entsprechende Transite zusätzlich angespannt sind. In Beratungen verweisen diese Menschen meist auf ihre vielen Verpflichtungen, ihren stressigen Job usw. Sie kommen selten auf die Idee, das Problem bei sich selbst zu suchen. Meine Antwort lautet deshalb in der Regel: „Wäre ich der liebe Gott und könnte Ihnen all Ihre Verpflichtungen abnehmen und Ihren Job durch einen weniger anstrengenden ersetzen, würde es nur eine Weile dauern, und Sie hätten wieder denselben Stress.“ Damit will ich dem Klienten verdeutlichen, dass seine eigene Anlage und innere Unruhe zu diesem „Ich kann nicht mehr. Ich fühle mich überfordert“ etc. führen. Wie innen, so außen ... Man kann auch viel Arbeit mit einer gewissen Ruhe und Gelassenheit angehen bzw. an solch einer Haltung bewusst arbeiten.

Natürlich gibt es noch viele weitere Anlagen im Horoskop, die zu Unruhe und Rastlosigkeit führen können. Neben Planeten im 3. Haus müssen wir den Herrscher des 3. Hauses und seine Aspekte näher betrachten. Und sicher haben auch spannungsgeladene Merkur- wie Uranus-Aspekte unabhängig vom 3. Haus einen großen

Einfluss auf die Alltagsbewältigung. So können etwa Merkur-Uranus-Konjunktion, -Quadrat oder -Opposition sehr nervös machen, Sonne- und Mond-Uranus-Spannung rastlos und sprunghaft ebenso wie Uranus am Aszendenten, in Haus 1 etc. Auch ein typischer Wassermann oder Wassermann-Aszendent geht oft bereits in Richtung eines spontanen Uraniers, der nur schwer Ruhe findet.

Und wenn wir über Neptun in Haus 3 sprechen, der den Alltag „vernebeln" kann, müssen wir ebenso Merkur-Neptun-Konjunktion, -Quadrat oder -Opposition erwähnen, die gedanklich stark abschweifen und den Alltag erschweren lassen. Ebenso können zudem Mond- bzw. Sonne-Neptun-Konjunktion, -Quadrat oder -Opposition oder auch nur die Fische-Sonne, Fische-Aszendent oder Neptun am Aszendenten bzw. in Haus 1 etc. seelisch und geistig stark in das Innenleben hineinziehen und ein übermäßig präsentes Unterbewusstsein anzeigen, was für die Alltagsbewältigung nicht immer förderlich ist.

Uranische Menschen ticken ebenso anders wie neptunische, die nicht von dieser Welt zu sein scheinen. Beide haben unglaubliche Fähigkeiten, was die Astrologie betrifft, beide müssen aber auch irgendwie lernen zu „funktionieren", um es als freiberufliche Astrologen zu etwas zu bringen.

Der typisch uranische Mensch ist aktiv und extrem spontan und lässt sich nur allzu gerne von seiner Intuition leiten, aber auch von Störfeuern gerne ablenken. Und so kommt es, dass er viel unternimmt, auftut und wirbelt, dabei aber oft wenig Ergebnis aufzuweisen hat. Wer nur seiner Intuition folgt, hat einen sicherlich aufregenden Alltag, der jedoch konkreten Zielen nicht dienlich ist. Beim klassischen Neptunier sind es die übermäßige Fantasie und Inspiration, die seine Arbeit zwar belebt, die ihn aber auch ständig vom Weg abringen kann. Beide, der Uranier und der Neptunier, brauchen einen festen Plan mit bestimmten Alltagsfixpunkten und Zielen, wenn auch aus völlig unterschiedlichen Notwendigkeiten.

Da sehr viele angehende Astrologen größere Neptun- wie Uranus-Themen haben, rate ich ihnen gegebenenfalls zu einem bewussten Zeitmanagement und genauer Alltagsplanung, was weder der romantische und oft bequeme Neptunier noch der immer frei sein wollende und rastlose Uranier wirklich mögen. Doch um erfolgreich zu sein, müssen wir gelegentlich gegen eigene Neigungen angehen. Und wer konkreten Erfolg haben will, muss beim Alltag und seiner Bewältigung anfangen. Unbedingt!

Halbwissen, Vorurteile und neuzeitliche astrologische Forschung

Das Schwierige und oft Zweifelhafte an einer Horoskopdeutung ist der Umstand, dass die Horoskopzeichnung, das Radix, eine große Projektionsfläche darstellt, in die letztlich alles Mögliche hineininterpretiert werden kann. Und gerade von Astrologie-Anfängern erhalten wir da oft die abenteuerlichsten Horoskopanalysen, die nicht auf Gelerntem basieren, sondern in erster Linie von persönlichen Vorstellungen und Assoziationen beeinflusst werden, die die Begegnung mit Horoskop-Eignern erzeugen.

Natürlich sind Assoziationen, vor allem die Intuitionen, wichtig in Beratungen. Fußen sie jedoch nicht auf zumindest solidem Grundwissen, wird es abenteuerlich. Dann wird das Horoskop nur dazu genutzt, um das loszuwerden, was über den Klienten gedacht wird. Die Tür steht nun sperrangelweit offen für jede Art der Vorverurteilung. Und das bringt den Klienten nicht weiter, im Gegenteil kann ihn das in einer schwierigen Lebenslage noch weiter verunsichern oder in einer falschen Haltung bestärken, weil bei dieser Art von Beratungen nur Klischees dominieren. Das Horoskop ist unser Medium, auf das wir vertrauen müssen. Das Horoskop soll uns in erster Linie Wissen und Wahrheiten, die hinter der äußeren Welt stecken, vermitteln. Erst wenn wir zu diesem Wissen durch soliden astrologischen Unterbau und eigenen Erfahrungen und Überprüfungen Zugang finden, können wir zusätzlich unsere Intuition spielen lassen. Der Eindruck, das Gefühl, das uns der Klient bei seinem Erscheinen vermittelt, soll durch das Horoskop geradegerückt und relativiert werden und nicht umgekehrt.

Da ich selbst Tausende Schüler astrologisch ausgebildet habe, wurde ich immer wieder mit denselben Anfängerfehlern konfrontiert, von denen auch ich selbst zu Beginn meiner astrologischen Tätigkeit natürlich nicht gefeit war. Um ein Beispiel zu geben: In unseren Seminaren des ASTRO-KOLLEGs werden häufig prominente Personen, also Menschen, die jeder kennt, astrologisch analysiert und besprochen. Hier erweist sich, wie weit ein angehender Astrologe mit seinem Wissen ist. Das Schwierige an der Analyse einer bekannten Person ist nämlich, dass wir über die Medien jede Menge Aussagen über sie im Kopf haben, die nicht unbedingt stimmen müssen. Die Presse ist meinungsbildend und das bisweilen auf eine sehr gefährliche Art und Weise. Sie kann Menschen durch Diffamierung und Vorverurteilungen regelrecht zerstören. Wir als Astrologen dürfen uns nicht von diesen flachen öffentlichen Beurteilungen, wie immer sie auch ausfallen, beeinflussen lassen, sondern sollten uns aufgrund des jeweiligen Horoskops eine eigene Meinung bilden. Wenn ein angehender Astrologe, der noch nicht so viel Erfahrung hat und bei der Horoskopanalyse noch gewaltig schwimmt, nun etwas über eine bekannte Person sagen soll, werden meist Inhalte, die er über die Öffentlichkeit weiß, in das Horoskop hineininterpretiert. Das heißt, es werden spezielle Eigenschaften, Charakterstärken und -schwächen auf Teufel komm raus im Horoskop gesucht. Irgendein Aspekt im Horoskop muss dafür herhalten, was die Überzeugung der öffentlichen Meinung ist. Manchmal trifft es das tatsächlich, oftmals ist es aber astrologisch völlig unhaltbar und falsch.

Falsche Beurteilungen, die mit völlig verkehrten Interpretationen einhergehen, können sich in der Folge im Kopf verfestigen und zusammen mit anderem Halbwissen zu einer Astrologie der Vorverurteilung führen. So manches YouTube-Video über Astrologie sollte uns hier ein mahnendes Beispiel sein. Was hier über Menschen und Probleme in der Welt im Namen der Astrologie als Wahrheit verbreitet wird, ist teilweise erschütternd und erweist der Astrologie keinen guten Dienst. Die eigene Meinung, die voller Emotionen, Halbwissen und Vorverurteilungen ist, wird hier vielfach durch die astrologische Ummantelung als absolute Wahrheit verkauft.

Das Grundwissen, das nicht allzu schwer zu erlernen ist, ist wirklich alles. Wie schon erwähnt, legen wir deshalb in unseren Astrologie-Schulungen größten Wert darauf, immer wieder zu den Anfängen zurückzukehren, damit die richtigen Entsprechungen der Planeten und Häuser hundertprozentig sitzen. Dass ein fortgeschrittener Schüler die richtigen Zuordnungen gespeichert haben sollte, ist nicht zu viel verlangt. Gelegentlich bekommen wir es tatsächlich mit Menschen zu tun, die sich schon jahrelang mit Astrologie beschäftigen und immer noch nicht die Bedeutung der Häuser kennen und die trotzdem fleißig am Interpretieren von Horoskopen sind.

Die Astrologie ist, das kann nicht oft genug wiederholt werden, eine Erfahrungswissenschaft. Das heißt, dass wir die überlieferten inhaltlichen Zuordnungen der Planeten und Häuser als gegeben hinnehmen müssen. Ausschließlich auf dieser Basis kann ein Horoskop gedeutet werden. Auf der Basis des alten Wissens können Häuser, Aspekte etc. dann von unterschiedlichen Perspektiven aus betrachtet und in die heutige Zeit übersetzt werden, was die moderne Astrologie weitgehend erfolgreich macht. Die Basis, der Wissensunterbau muss aber sitzen, ansonsten kommen wir niemals zu einer richtigen und vor allem lebensnahen Deutung, weshalb es unserer Meinung nach wichtig ist, mit einer zumindest klassisch orientierten Ausbildung zu starten. Wir müssen im Klartext wissen, wie die extremen Ausschläge in positiver wie negativer Hinsicht von Planeten und Aspekten sein können, um sie zu begreifen. Wer von Anfang an rein „psychologische Astrologie" lernt, läuft Gefahr, sich in theoretischen, abstrakten astrologischen Analysen zu verlieren, die keinen Kontakt mehr zum wirklichen Leben haben. Die Astrologie muss lebensnah, erfahrbar und überprüfbar bleiben. Tolle philosophische Gedanken nutzen nichts, wenn sie nur ein Gespinst bleiben, das mit dem Leben des Klienten, der sich persönliche Erkenntnisse und Hilfe in Form konkreter Ratschläge erhofft, nichts zu tun haben.

Durch Tausende Jahre lange Beobachtungen ist astrologisches Wissen gereift und zur Gewissheit geworden. Jemand, der sich ernsthaft mit Astrologie beschäftigt, der überliefertes astrologisches Wissen verinnerlichen will, muss all diese gemachten Erfahrungen nachvollziehen können, indem er sie in seinem eigenen Leben und Umfeld entdeckt und reflektiert. Genau deshalb ist praktische Astrologie sehr wichtig. Eigene Beobachtungen durch Aufstellen möglichst vieler Horoskope mit oder ohne Uhrzeit führen im Laufe der Jahre dazu, dass angelerntes, theoretisches Wissen in uns selbst zur Gewissheit wird. Indem wir Menschen beobachten und immer wieder in Bezug zu ihren Sternen setzen, haben wir die Chance, diese Menschen neu kennenzulernen. Und langsam legen wir dann hoffentlich alle Vorverurteilungen ab. Nicht jeder Mensch ist ein Bösewicht und Gewalttäter, weil er ein Mars-Pluto-Quadrat oder eine Mars-Saturn-Konjunktion hat. Nicht jeder Mensch hat aber auch nur gute Anlagen und Seiten, weil er überwiegend harmonische Aspekte im Horoskop hat. Nein, das wäre zu einfach. Wir lernen durch das Vertiefen in Horoskope im besten Falle den Menschen in seiner Gesamtheit besser verstehen, ohne ihn und seinen Charakter zu beschönigen oder zu verurteilen.

Es ist, wie es ist. Wir sehen in einem Horoskop harmonische wie disharmonische Kräfte und Anlagen, die völlig unterschiedlich genutzt und eingesetzt werden können, je nach Reife und Erkenntnisstand der betroffenen Person. Wir sehen Blockaden und Herausforderungen, deren Bewältigung zu großem Erfolg oder im Extremfall in den Abgrund führen können. Das Horoskop öffnet uns das verschlossene Tor zum Inneren von Menschen, weshalb es wichtig ist, diesen Menschen mit größtem Respekt und ohne Überheblichkeit zu begegnen, was sicher für die meisten Astrologen eine große menschliche Herausforderung darstellt.

Das alte astrologische Wissen und seine Überlieferungen zu begreifen und in die moderne Zeit zu übersetzen, ist und bleibt die größte Herausforderung jedes angehenden Astrologen. Allein diese Übersetzung der Astrologie in die neue Zeit bedarf eines großen persönlichen Forschergeistes, den jeder Astrologe mehr oder weniger besitzen sollte. Astrologische Forschung bedeutet aber auch, die Astrologie weiterzuentwickeln, denn sie wird niemals stehen bleiben und in jeder Zeit in neue Dimensionen vordringen. Wir sollten zunächst dennoch vorsichtig mit neuen Forschungen sein und einen gewissen inneren Abstand der Beobachtung zu ihnen wahren, weil ihnen noch die Überprüfung und der Zeitabstand fehlen. Es kann astrologisch viel geredet, behauptet und geschrieben werden – das alles muss nichts mit Wahrheit zu tun haben. Es ist vergleichbar mit einer modernen, abstrakten Malerei. Oftmals kann im ersten Moment auch vom Profi nicht erkannt werden, welchen Gehalt das Bild hat. Erst wenn es an einer Wand hängt und über mehrere Wochen immer wieder begutachtet wird, wird sich zeigen, ob es „stehen bleibt" oder ins Belanglose zusammenfällt. Der Unterschied zu neuen astrologischen Forschungen ist, dass diese schon mindestens einige Jahrzehnte der Überprüfung brauchen, bis wir die absolute Gewissheit erlangen, dass sie auch wertvolles Wissen beinhalten, die die Astrologie entscheidend weiterbringen, wie das bei den neuzeitlichen Planeten Uranus, Neptun und Pluto der Fall war.

Und eines muss auch klar sein: Erst wenn wir einen sicheren Stand haben, was astrologisches Grundwissen betrifft, macht es Sinn, sich neuzeitlichen Forschungen zuzuwenden oder sie gar selbst anzustellen. Ohne nötige Grundlagen ist das Ganze wenig fruchtbar. Viele, die Astrologie autodidaktisch erlernen, verlieren sich in den unterschiedlichsten astrologischen Richtungen unserer Zeit, von denen manche die Astrologie gar neu erfinden wollen, und sind am Ende völlig verwirrt. Als Lernender sollte man, wie gesagt, sich an überprüftes Wissen halten, sonst kommt man auf keinen grünen Zweig.

Eine Gefahr, mit der auch gestandene Astrologen zu kämpfen haben, ist die natürliche menschliche Neigung, aus ein paar persönlichen Erfahrungen mit den Sternen, die in die gleiche Richtung zielen, Gesetzmäßigkeiten abzuleiten. Decken sich diese Erfahrungen mit den Überlieferungen und den richtigen astrologischen Entsprechungen, ist man auf dem richtigen Weg persönlicher Forschung. Wenn nicht, wird jedoch wieder zu viel Eigenes in die Sterne hineinprojiziert, was diese inhaltlich gar nicht hergeben.

Wir beraten oft Menschen mit Themen, die uns selbst angehen

Es ist manchmal kaum zu glauben und muss eine höhere Führung sein: Wir haben ein größeres persönliches Thema, möglicherweise eine Krise, die uns in ihren Bann zieht und die dringende Fragen in uns aufwirft, die wir nicht beantworten können. Wir ringen um Klarheit und sehnen uns nach der Erkenntnis, die uns weiterbringt und Probleme lösen kann. Wer regelmäßig astrologische Beratungen gibt, wird schon öfter die Erfahrung gemacht haben, dass es nun nicht lange dauert und wir einen Klienten vor uns sitzen haben, der ein ähnliches oder gar exakt das gleiche Problem hat. Ähnliche Erfahrungen kann man bei systemischen Familien- oder Horoskop-Aufstellungen in Gruppen machen, wenn man als Stellvertreter gefordert ist. Das Thema des Menschen, den wir vertreten, hat meist etwas mit uns selbst zu tun. Auch Therapeuten werden vielfach mit Problemen und Fragen ihrer Patienten konfrontiert, die sie selbst auf irgendeine Art und Weise beschäftigen. Man heilt sich durch die Beratungen auch selbst, könnte man sagen, was durchaus legitim und im Sinne einer höheren geistigen und seelischen Entwicklung sein kann. Astrologische Beratungen sorgen dafür, dass wir indirekt ständig an uns selbst arbeiten. Darin liegt mit Sicherheit eine große Erfüllung, was den Beruf des Astrologen angeht.

Ich kann mich an einige Beratungen erinnern, die mir selbst die Augen geöffnet haben. Gerade als Berater, die sich permanent mit den Problemen anderer Menschen beschäftigen, neigen wir ja gelegentlich dazu, eigene hintanzustellen oder erst gar nicht wahrzunehmen. Wenn wir z. B. einen Menschen beraten, der wie wir selbst ein Beziehungsproblem hat, weil sein Ego vielleicht zu groß ist, dann sollten wir auch bei uns selbst nicht mehr wegschauen. Wir können ja keine Ratschläge geben, denen wir selbst gegenüber nicht offen sind. Auf Dauer würde solch eine Haltung zu einer eher oberflächlichen Beratung ohne Kraft führen. Es ist ein großer Unterschied, ob die Worte eines Beraters authentisch sind oder ob seine Worte nur aus leeren Worthülsen bestehen, weil sie aus rein theoretischen Erwägungen bestehen, die nichts mit ihm selbst und seinen eigenen Erkenntnissen zu tun haben.

An eine bzw. zwei persönlichen Beratungen an einem Tag kann ich mich besonders gut erinnern, da sie mir wichtige Einsichten brachten, nach denen ich dringend gesucht hatte. Ein mir sehr naher Mensch litt damals unter unerklärlichen Erkrankungen, dessen Ursprung aus medizinischer Sicht nicht wirklich klar war. Und natürlich schaute ich mir sein Horoskop näher an, in der Hoffnung, Ursachen und Gründe für die Erkrankung zu finden. In der Vergangenheit war es mir schon öfter gelungen, das ganzheitliche Problem, das sich hinter Krankheiten verbirgt, zu erkennen. Nur eines war mir auch klar: Nahestehende in schwierigen Fragen zu beraten und auf das richtige Ergebnis zu kommen, ist oft nicht möglich, weil wir zu Menschen, die wir lieben, keinen inneren Abstand finden, was eine möglichst objektive Horoskopanalyse verhindern kann (unter dem Titel „Warum es so schwer ist, nahestehende Menschen zu beraten“ umfassend beschrieben). Wir sehen dann Dinge im Horoskop nicht, die eigentlich klar auf der Hand liegen. Ich kam einfach zu keinem Ergebnis.

Das Schicksal sollte mir in Form dieser zwei Beratungen nun wichtige Hinweise zuspielen. Eines Tages rief mich ein Freund an, von dem ich damals lange Zeit nichts mehr gehört hatte, und erzählte mir, dass er gerade in einer psychosomatischen Klinik ist. Er hatte wegen Depressionen einen völligen Zusammenbruch erlitten und konnte die Klinik nun nach zwei Monaten wieder verlassen. Wir machten einen Termin aus, an dem wir uns zu einem gemeinsamen Abendessen trafen, an dem ich ihm über sein Geburtshoroskop erzählen sollte. Vormittags hatte ich zunächst die Beratung einer Frau, die wie mein Freund ebenfalls kürzlich in einer psychosomatischen Klinik war und wegen Depressionen behandelt wurde. Das Verrückte an der Sache war, dass die beiden nur wenige Tage voneinander geboren waren und aufgrund der fast gleichen Geburtszeit nicht nur alle wesentlichen Aspekte ihres Horoskops gemeinsam, sondern auch noch ihren Waage-Aszendenten an derselben Stelle wie die anschließenden Häuser haben. Man konnte hier schon fast von einem Zwillinge-Horoskop sprechen. Nur der schnell laufende Mond hat eine jeweils völlig andere Position. Beide haben, was ihre Anlage zu Schwermut und Depression betrifft, die Sonne in Opposition zu Saturn im 3. Haus. Letzteres ist deshalb wichtig, weil Saturn in Haus 3 ähnlich wie eine Merkur-Saturn-Spannung eine Neigung zu schweren Gedanken und Grübeleien bringt. Sonne Opposition Saturn ist zudem häufig mit Perfektionismus und dem permanenten Drang verknüpft, Leistung bringen zu müssen und die Pflicht zu erfüllen, was ebenfalls in Dunkelheit führen kann. Es wunderte mich deshalb nicht, dass beide mit Depressionen zu kämpfen hatten. Nur warum gerade jetzt, in dieser Zeit? Der Depressionsaspekt in der Anlage war damals nicht durch schwierige, länger anhaltende Transite angesprochen. Pluto hatte im Transit ihre Sonne-Saturn-Opposition, die auf den Krebs und den Steinbock fiel, schon vor Jahren überquert, und auch sonst war gerade kein „Übeltäter-Transit" auf dem Weg. Es fand sich einzig Neptun im Transit an der Spitze des 6. Hauses in beiden Horoskopen. Und da fiel es mir wie Schuppen von den Augen: Die mir nahestehende Person ist zwar ein völlig anderer Jahrgang als mein Freund und die Frau, die ich beriet, sie hat aber ebenfalls den Waage-Aszendenten an der gleichen Gradzahl des Horoskops und damit auch den Neptun-Transit gerade an der Spitze des 6. Hauses. Und: Die mir nahestehende Person hat ein Sonne-Merkur-Saturn-Quadrat, gehört also auch zu den Menschen mit Tiefgang und manchmal allzu schweren Gedanken. Die Synchronizität der Ereignisse hatte mir die Augen geöffnet. Die Ursache für die damalige Erkrankung der mir nahen Person musste wohl auch psychisch sein, woran diese Person selbst zweifelte. Neptun in Haus 6 zeigt ja wörtlich übersetzt zumindest die Gefahr einer Erkrankung (6. Haus) durch die Psyche (Neptun).

Meinen Freund hatte ich schon lange vor seinem Zusammenbruch vor Depressionen gewarnt, was ihn damals noch unberührt ließ. Nach seinem Klinik-Aufenthalt suchte er nun meine Nähe genau so wie die Frau, die ich am selben Tag beriet, um ihr Horoskop, ihre Anlagen, einfach sich selbst und die Umstände, die zum Zusammenbruch führten, noch besser zu verstehen. Beide gehörten immer zu den von Saturn geprägten Menschen, die ihre Ziele stets hochsteckten, immer brav ihre Pflicht erfüllten und niemals klagten, so hoch die Anforderung im Leben an sie auch waren. Mit Ausdauer und Verbissenheit bahnten sie sich ihren Weg und standen alle Schwierigkeiten im Leben durch. Bis dieser Neptun im Transit durch Haus 6 kam und ihnen die Kraft nahm, so weiterzuleben. Der physische und psychische Zusammenbruch wurde von den Ärzten als Depression diagnostiziert. Sie wollten und sie konnten nicht mehr arbeiten und funktionieren. Ihr Zusammenbruch war Hilferuf wie Erlösung zugleich, die in ein neues und hoffentlich besseres Leben führte.

Warum es so schwer ist, nahestehende Menschen zu beraten und sein eigenes Horoskop zu verstehen

Ich kann mich noch gut an die Worte eines bekannten Astrologen erinnern, der mir in jüngeren Jahren, als ich gerade selbst dabei war, mir einen Namen als Astrologe zu machen, riet: „Berate niemals Menschen, mit denen du innerlich eng verbunden bist." Gehalten habe ich mich an diesen Ratschlag nicht. Denn niemand von uns Astrologen wird es gänzlich vermeiden können und wollen, Nahestehende zu beraten. Schon in den Anfängen eines Astrologie-Studiums wird man normalerweise von engen Verwandten und auch Freunden gebeten, „mal kurz in das Horoskop hineinzuschauen", wenn die eine oder andere dringende Frage ansteht. Der Grund, warum dieser bekannte, inzwischen verstorbene Astrologe diesen Ratschlag gab, liegt auf der Hand: Menschen, die wir lieben, können wir nicht mehr objektiv betrachten. Manche Dinge ihres Horoskops blenden wir aus, bemerken sie einfach nicht, weil wir erst gar nicht über unbequeme Wahrheiten oder allzu intime Inhalte reden und diskutieren wollen, die wir dort finden könnten. Wir haben eine lange Geschichte mit den Menschen, die uns sehr nahestehen – ob es nun Partner, Kinder oder Eltern sind – wir haben uns mit ihnen jahrelang auseinandergesetzt und gerieben und sollen sie nun über ihr Horoskop belehren und ihnen Ratschläge geben. Das birgt Zündstoff, weil diese nahestehenden Menschen bemerken, dass unsere Deutungen sich teilweise mit den persönlichen Erfahrungen, die wir mit ihnen haben, mischen. Denn wie gesagt, wir haben ja schon ein festes Bild von unseren Liebsten, das sich in den vielen Jahren des gemeinsamen Lebens geprägt hat und versuchen nun, dieses in Einklang mit dem Horoskop zu bringen. Von vornherein schwingt eine gewisse Skepsis unserer Liebsten mit, was uns auch als Berater nicht verborgen bleibt. Natürlich ist jede astrologische Beratung bis zu einem gewissen Punkt subjektiv, aber die von Nahestehenden ist meist besonders subjektiv.

Besonders schwer erscheint mir das mit den eigenen Kindern, für die wir so lange gesorgt haben und für die wir immer liebender Vater und liebende Mutter bleiben, selbst wenn sie längst erwachsen sind. Wir wollen nur das Beste für unsere Kinder und neigen vielleicht dazu, ihnen Probleme abzunehmen und ihnen alles möglichst leicht zu machen. Hinzu kommt, dass Kinder besonders allergisch auf besserwissende Väter und Mütter reagieren, die nun auch noch als allwissende Astrologen auftreten und sie im Namen der Astrologie weiter bevormunden, bestimmen und beeinflussen wollen. Man darf ja nie vergessen, dass alle Kinder, vor allem in der Pubertät, um Unabhängigkeit kämpfen, in der sie die Eltern abstoßen bzw. sich gegen sie auflehnen müssen, weil diese ihnen innerlich so nahestehen, dass sie sonst keine Chance hätten, erwachsen zu werden und eigene Wege zu gehen. Und später, wenn die Kinder erwachsen sind, wollen die Eltern ihren Einfluss als Astrologen in Form guter Lebensratschläge bewahren. Auch dies kann böse daneben gehen.

Und trotzdem bin ich der Meinung, dass es funktionieren kann, sehr nahestehende Menschen zu beraten. Wir müssen dabei aber sehr einfühlsam vorgehen und sollten die Astrologie auf keinen Fall dazu missbrauchen, die entsprechenden Menschen in unserem Sinne zu beeinflussen. Wer seinen Partner oder Verwandte berät, muss sich immer selbst überprüfen, ob er nicht vielleicht manche

Beurteilungen über diese abgespeichert hat, die einer möglichst objektiven Beratung im Wege stehen könnten.

Meine Kinder hatten mich schon immer als Astrologen gekannt, und ich habe zumindest stets bewusst versucht, nicht den Fehler zu begehen, sie mit meinem Wissen zu bedrängen, was mir gewiss nicht immer leichtfiel. Denn natürlich sah ich gelegentlich Risiken in ihrem Leben, die ich besser für mich behielt, da ich meinen Kindern ja auch nicht eigene Erfahrungen nehmen konnte. Ein Jugendlicher will leben und will bestimmt nicht permanent vor kritischen Sternen gewarnt werden. Vertrauen und Zutrauen in unsere heranwachsenden Kinder ist das, was wir Astrologen vor allem lernen müssen. Denn Astrologen sind oft Menschen, die mit Hilfe der Sterne gerne alles richtig machen wollen, für sich und ihre Lieben, und das ist nicht immer der richtige Ansatz, da dies zu einer verkrampften, letztlich lebensverneinenden Haltung führen kann. Und Vorsicht: Gerade bei nahestehenden Menschen gilt die sehr wichtige Regel: Berate niemals jemanden, der nicht danach gefragt hat!

Dass solch eine Beratung böse daneben gehen kann, habe ich schon selbst erlebt. Ein Fall ist mir in besonderer Erinnerung geblieben, da er für einigen Wirbel in meiner Herkunftsfamilie gesorgt hat. Meine Mutter, die damals 84 Jahre alt war, bekam mit zunehmenden Alter Probleme mit dem Gehen und wollte sich deshalb im unteren Bereich der Wirbelsäule operieren lassen. Auf medizinische Details will ich an dieser Stelle erst gar nicht eingehen, weil diese nicht in den Kompetenzbereich eines Astrologen fallen. Ein Astrologe darf keinesfalls beurteilen, ob eine OP nötig ist oder nicht, da er sich sonst strafbar macht. Das sollten allein Mediziner bzw. entsprechend geschulte Menschen entscheiden. In diesem Falle war es so, dass man von medizinischer Seite meiner Mutter mitteilte, dass diese OP nicht nötig sei, dass sie ihr aber unter Umständen zu einem schmerzfreieren Gehen verhelfen könnte. Meine Mutter wurde über die Risiken dieser OP aufgeklärt, die in diesem Alter nicht unerheblich sind, da es sich um eine mehrstündige OP handelte. Sie wollte diese OP jedoch unbedingt und bekam auch einen Termin dafür. Dennoch hatte sie verständlicherweise Angst vor dieser großen OP und zweifelte, ob das Ganze richtig sei. Sie hatte sich selbst noch nie für Astrologie interessiert, obwohl man bei uns durchaus von einer bekannten Astrologen-Familie sprechen kann. Sowohl mein Vater als auch meine Schwester und ich sind auf unsere jeweilige Art erfolgreiche und bekannte Astrologen. Mein Vater neigte dazu, seiner Frau nicht alles zu sagen, was er astrologisch sah, weil er befürchtete, sie damit zu sehr zu beunruhigen. Außerdem wollte er jeden Konflikt mit ihr, soweit es ging, vermeiden. Natürlich wollte meine Mutter nun zunächst wissen, wie er den OP-Termin sah und, wie so oft, gab er ihr keine klare Antwort. Er erkannte aufgrund seiner Qualität als Astrologe, dass dieser OP-Termin aus astrologischer Sicht nicht wirklich gut war. Aber er wollte ihr auch nicht eine große Hoffnung zerstören. Ist man so nahe dran am Geschehen wie in diesem Fall mein Vater, ist es häufig sehr schwer, objektiv zu urteilen. Immerhin sagte er ihr: „Es sind nicht die besten OP-Daten, aber es wird schon alles gut gehen." In dasselbe Horn blies meine Schwester Riki. Die beiden sagten zu diesem OP-Termin nicht ja, aber auch nicht nein, sondern Jein.

Zur Sicherheit wollte meine Mutter nun deshalb auch noch bei mir um Rat anfragen. Ich gab ihre lange Zeit keine Antwort auf ihre Bitte hin, diesen Termin astrologisch zu beurteilen, weil ich meinem Vater und meiner Schwester nicht widersprechen und so Unruhe in die Familie hineintragen wollte. Meine Mutter bedrängte mich aber so lange, bis ich schließlich den Termin doch näher begutachtete und zu dem Ergebnis kam, dass dieser mehr als ungünstig war. Ich konnte das nicht wegschieben und sagte ihr deshalb wortwörtlich: „Ich habe mir diesen Termin angeschaut. Ich rate dir unbedingt von diesem Tag ab, bitte lass dir weitere Ausweichtermine geben." Diese Aussage hat nicht dem Wunsch meiner Mutter entsprochen. Als ich kurze Zeit später mit meiner Schwester telefonierte, machte diese mir den Vorwurf, dass man jemandem, der kurz vor einer OP stünde, nichts von einem schlechten Termin erzählen darf. Ich selbst hoffte damals allerdings, dass meine Mutter mir vertraute und diese OP verschieben würde, was sie letztlich nicht tat. Die mehrstündige OP war leider eine einzige Katastrophe. Es ging einiges schief, weshalb eine weitere OP nötig wurde. Sie litt unter unerträglichen Schmerzen und den Folgen der langen Narkose. Im Nachhinein sprach sie von der schlimmsten Zeit ihres Lebens. Auch das Gehen wurde nicht besser, sondern schlechter. Sie sprach von einem großen Fehler. Aber es war halt dann so, wie es war, und jetzt galt es, das Beste aus der neuen Situation zu machen und nach vorne zu schauen. Ich hätte gerne unrecht gehabt.

Ich erzähle diese persönliche Geschichte deshalb, weil sie verdeutlich, in welcher Zwickmühle selbst sehr erfahrene Astrologen kommen können, wenn es um die Beratung nahestehender Menschen in wichtigen Lebensfragen geht. Wir sind in dem, was wir raten, oft befangen und haben vielleicht auch größere Bedenken als bei fremden Menschen, dass unsere Ratschläge falsch sein könnten. Wir fürchten Vorwürfe und Schuldzuweisungen und haben Angst, die Situation astrologisch nicht richtig beurteilen zu können, was in vielen Fällen auch stimmt. Das alles verzerrt den Blick auf die Sterne und lässt manche Hinweise, die für Außenstehende klar ersichtlich sind, einfach nicht erkennen, weil wir letztlich innerlich blockiert sind.

Unter den Ärzten kennt man das Problem der Behandlung von Nahestehenden schon lange. So gab die American Medical Association, die größte Standesvertretung der Ärzte und Medizinstudenten in den Vereinigten Staaten, sogar die Empfehlung, dass „Ärzte sich selbst oder enge Familienangehörige grundsätzlich nicht behandeln sollten“. Doch auch die meisten Ärzte dürften mit diesen dringenden Ratschlägen im realen Leben so ihre Probleme haben, da sie ihren Familienmitgliedern, die Bauchschmerzen, Herzstolpern, Schürfwunden oder gar etwas Schlimmeres haben, die Hilfe nicht verweigern können. Sie kennen ihre Familienmitglieder auch von medizinischer Seite vermutlich meist sehr genau und sind doch zu nahe dran. Ein Dilemma, das nicht immer einen klaren und geraden Weg erlaubt.

Sich selbst zu behandeln, hat manchen Mediziner sicher schon das Leben gekostet, da auch die besten Ärzte eben nur Menschen sind und unter Umständen eigene gesundheitliche Probleme herunterspielen oder gar verdrängen.

Neben der richtigen astrologischen Beurteilung von Partnern oder nahen Verwandten haben wir Astrologen meist ebenso Probleme, das eigene Horoskop zu verstehen und richtig zu deuten. Auch hier sind wir zu nahe dran und sehen möglicherweise vor lauter Bäumen den Wald nicht mehr. Es gibt eine Reihe bekannter Astrologen der Vergangenheit, die die Probleme und Gefahren in ihrem eigenen Horoskop, die durch entsprechende Aspekte und Häuserstellungen dort konkret auftauchten, nicht erkannten, nicht wahrhaben wollten oder diese als schwach und kaum wirksam abtaten. Ich habe dies bei prominenten Astrologen mehrfach beobachten können. Natürlich bin ich auch selbst nicht gefeit vor falschen Beurteilungen meines eigenen Horoskops. Ich habe das Glück, dass ich eine Astrologin und Therapeutin zur Frau habe, dir mir in der Vergangenheit schon mehrfach geholfen hat, mich selbst besser zu reflektieren, wofür ich ihr sehr dankbar bin.

Sich selbst zu reflektieren, gehört mit Sicherheit zu den schwersten und doch wichtigsten Aufgaben eines Astrologen. Der Ehepartner ist natürlicherweise oft unser größter und wichtigster Kritiker. Er kennt uns wie kaum jemand anderer. Bei ihm zeigen wir uns nicht immer nur von der schönen und guten Seite, er sieht die vielen unterschiedlichen Gesichter, die wir besitzen und die unser Horoskop widerspiegelt.

Daneben sind es aber auch das Leben und die vielen unterschiedlichen Begegnungen und Situationen, die uns helfen, uns selbst zu erkennen. Eine wichtige Rolle spielen dabei sicherlich die unterschiedlichen Krisen und da vor allem persönliche Niederlagen und Trennungen, die uns die Augen öffnen können. Nicht jeder aber ist bereit, aus seinem Leben zu lernen. Und so werden wir als Astrologen auch vielfach Menschen in unserer Praxis begegnen, die es sich zur Gewohnheit gemacht haben, für alles, was in ihrem Leben an Problemen auftaucht, andere verantwortlich zu machen.

Wer nun als Astrologe so manch größere Herausforderung in seinem Horoskop nicht wahrnimmt oder verharmlost, läuft Gefahr, das auch in den Horoskopen seiner Klienten zu tun. Wer bereit ist, sich selbst zu reflektieren, kann dies dagegen auch von den Menschen einfordern, die astrologische Hilfe in Anspruch nehmen wollen.

In den Seminaren des ASTRO-KOLLEGs habe ich mir als Referent zur Angewohnheit gemacht, alle persönlichen Horoskope der Teilnehmer, sofern es kleinere Gruppen sind, einzeln zu besprechen, und zwar immer in Bezug auf das jeweilige Thema des Seminars. Ich frage vorher stets, ob auch alle damit einverstanden sind. Denn natürlich ist es gerade in der Gruppe nicht so einfach, etwas über sein Leben zu erzählen und dann auch noch sein Horoskop analysiert zu bekommen. Das ist schon Seelenstriptease pur. Kommt aber wirklich gut an bei unseren Schülern, wobei es hier natürlich sehr wichtig ist, mit großem Respekt und Achtung an die Horoskope heranzugehen. Klar ist auch, dass diese Seminare in einem geschützten Raum stattfinden, wo von dem, was hier besprochen wird, nichts nach außen dringen darf. Viele ASTRO-KOLLEG-Schüler, aber auch Teilnehmer, die von anderen Astrologie-Schulen kommen, besuchen diese Seminare, weil sie nicht nur miterleben, wie ich als erfahrener Astrologe ein Horoskop angehen und interpretiere, sondern auch, weil sie selbst immer wieder etwas Neues bei sich erkennen.

Als ich diese Art von Seminaren in jüngeren Jahren startete, war mir sicher noch nicht klar, wie schwierig es zeitweise werden würde, einzelne Horoskope von der Gruppe zu besprechen. Ich musste erkennen, dass es nicht so viele Menschen gibt, die sich selbst gut reflektieren können. Schwierig fand und finde ich diese Seminararbeit immer dann, wenn Teilnehmer selbst ihren Charakter und ihre Anlagen und dann auch noch ihr Horoskop erklären, indem sie sich das Bild, das sie sich von sich selbst gemacht haben, in das Horoskop hineininterpretieren. Das alles garniert mit Halbwissen.

Ähnliches kann einem auch in Beratungen widerfahren. Bisweilen tauchten Klienten bei mir auf, die vorgaben, sowieso schon alles zu wissen und jetzt nur da sind, um mir meine Meinung noch anzuhören. Hinter all diesem Verhalten steckt vermutlich die Angst, vom Astrologen in irgendeine Schublade gesteckt zu werden und die Angst, er könnte etwas im Horoskop sehen und entdecken, was man bei sich selbst nicht wahrhaben will. Nur mit viel Feingefühl und gegenseitigem Respekt lässt sich das notwendige Vertrauen aufbauen.

Sich selbst zu reflektieren kann auch für uns Astrologen sehr mühsam sein, letztlich hilft es uns aber, uns als Astrologe weiterzuentwickeln und insgesamt erfolgreicher und authentischer im Leben zu werden. Für mich ist die Arbeit am eigenen Horoskop und das Reflektieren von Klienten in Beratungen ein unbedingtes Muss, auf welcher Ebene das auch immer stattfindet.

Die Möglichkeiten astrologischer Tätigkeit

Was will ich? Was treibt mich an? Wo liegen meine Stärken? Dies sind die wesentlichen Fragen, wenn es um die richtige Berufswahl geht. Viele junge Menschen müssen zu Beginn ihres Erwachsenenseins erst einmal Umwege gehen, was Ausbildung und Studium betrifft, weil sie noch wenig Ahnung von ihren wirklichen Stärken haben. Keine einfache Zeit für sie, da der Druck des gesellschaftlichen Funktionieren-Müssens das nötige Austesten von sich selbst und seinen möglichen Fähigkeiten arg beeinträchtigen kann. Es ist ein großer Kampf, den viele junge Menschen, die nicht sofort wissen, welcher Beruf ihnen liegt, auf sich nehmen müssen.

Manche gehen aber auch den einfacheren Weg, funktionieren im Sinne ihrer Eltern und den allgemeinen Erwartungen und wählen möglichst ordentliche, angesehene Berufe, mit denen sich das Leben absichern lässt. Schlimm ist nur, wenn man dann zwanzig, dreißig, vierzig Jahre einen Beruf ausüben muss, in dem man bestenfalls mittelmäßig ist, weil er keine Freude macht und Erfüllung bringt. Und eines ist auch klar: Beruflichen Erfolg hat letztlich nur der, der authentisch ist, der das macht, lebt und darstellt, was er ist, was seinen persönlichen Anlagen entspricht und was ihn persönlich wachsen lässt.

Wer im falschen Beruf lebt, den erwischt zuletzt die sogenannte Midlife-Crisis, in der Menschen häufig vor den Scherben ihres Lebens stehen, doppelt stark. Plötzlich passen weder der Partner noch der Beruf in das eigene Leben, alles wird infrage gestellt, und oftmals ist das wichtig und gut, denn nichts ist schlimmer als stehen zu bleiben und keine Perspektive mehr zu haben.

Mit Menschen im fortgeschrittenen Alter, die noch einmal bereit sind, neu durchzustarten, bekommen wir es auch immer wieder in der Astrologie-Ausbildung zu tun. Die Hoffnung, endlich den passenden Beruf gefunden zu haben, ist oft groß. Astrologie ist ein Beruf mit viel Sinn und Inhalt. Naturgemäß ist Astrologie auch eher etwas für Menschen im fortgeschrittenen Alter. Denn ein Astrologe braucht neben seinem Fachwissen auch Lebenserfahrung, schließlich will und muss er seinen Klienten den einen oder anderen Ratschlag mit auf den Weg geben. Zunehmend können wir jedoch beobachten, dass sich mehr jüngere Menschen für die Astrologie interessieren, was für die Astrologie und ihre Entwicklung immens wichtig ist, da neue Generationen neue Ansätze und inspirierende Sichtweisen bringen.

Die meisten Menschen, die sich für die Astrologie interessieren, fragen sich nun zunächst einmal, ob ihnen dieser Beruf liegt und ob sie die entsprechenden Fähigkeiten dafür mitbringen. So eine Frage seriös zu beantworten, ist nicht immer leicht. Natürlich müssen wir zunächst davon ausgehen, dass ein Mensch, der eine Astrologie-Ausbildung starten will, sich für menschliche, psychologische, spirituelle Themen interessiert. Und natürlich gibt es besondere Anlagen, die für eine astrologische Tätigkeit geeignet scheinen.

Sehen wir etwa ein größeres Uranus-Thema im Horoskop, dann haben wir einen Menschen vor uns, der möglicherweise über eine überdurchschnittliche Intuition verfügt. Haben wir ein Horoskop vor uns, in dem der Mond in entsprechender Stellung auftaucht, verbirgt sich oft ein sehr seelisch betonter, empathischer Mensch dahinter. Bei größeren Neptun-Themen ist die Spiritualität ein Thema, bei Pluto die Magie, der Tiefgang, die Forschung. Es gibt letztlich viele unterschiedliche Stärken und Fähigkeiten, die wir in der Astrologie gut gebrauchen können. Deshalb ist es für mich erst einmal am wichtigsten, dass überhaupt ein Interesse an Astrologie besteht und dass es nicht nur irgendein momentaner Spleen ist.

Die Frage ist für mich vielmehr, ob jemand, der mit Astrologie startet, „Blut leckt“. Nur jemand, der von der Astrologie zunehmend fasziniert ist, je weiter er kommt, wird letztlich auch ein Astrologe. Alle anderen hören vorher auf. Für mich als Astrologie-Lehrer ist, wie gesagt, das Interesse an der Astrologie, an Menschen und inneren Vorgängen entscheidend. Es ist für mich nicht wichtig, welche Ausbildung ein Mensch hat oder wie alt er ist. Astrologie hat eine zutiefst spirituelle Seite und ist für jeden Menschen da, der sich für sie öffnen kann und will.

Nicht jeder, der ein Astrologie-Studium macht, will allerdings ein professioneller Astrologe werden, der ausschließlich von Beratungen lebt. Manche genießen diese Wissenschaft für sich und wenden sie im kleinen Kreis an oder bieten nur gelegentlich offizielle Beratungen an, um ihre Kasse etwas aufzubessern und um astrologisch in Form zu bleiben. Andere, z. B. Heilpraktiker oder Therapeuten, versuchen das erlernte astrologische Wissen künftig in ihre Haupttätigkeit einzubringen, was sehr bereichernd und sinnvoll sein kann. Man spricht inzwischen von einer großen Dunkelziffer von Psychologen, die wie einst der Tiefenpsychologe C. G. Jung die Astrologie nutzen, um Menschen schneller näherzukommen und besser zu verstehen.

Ein großer und wichtiger Zweig der Astrologie ist heute ferner die Astromedizin. Es gibt zahlreiche Möglichkeiten der Spezialisierung. Menschen, die gerne schreiben, sollten sich auf schriftliche Horoskopanalysen konzentrieren, astrologische Bücher verfassen oder (und) für Zeitschriften tätig sein. Diejenigen, die über ein pädagogisches Geschick verfügen, sollten ihr Hauptaugenmerk auf die astrologische Ausbildung und Fortbildung in Form von Präsenzseminaren und Online-Meetings legen. Es gibt Menschen, die lieber telefonisch beraten als persönlich oder schriftlich usw.

Wichtig ist, dass wir als angehende Astrologen unsere persönliche Form finden, in der wir die Astrologie anwenden können und wollen. In dieser Hinsicht sind die individuellen Fähigkeiten tatsächlich wichtig. Und in dieser Hinsicht kann der jeweilige Astrologie-Lehrer unter Umständen wichtige Hinweise und Tipps geben. Erfolg haben wir dann, wenn wir etwas machen, was uns liegt und was uns Freude macht. Punkt. Von allem anderen sollten wir uns schnell verabschieden.

Niemals sollten wir auf den Erfolg anderer schielen. Ein Astrologe, der unbedingt in der Öffentlichkeit arbeiten und bekannt werden will, sollte auch sonst ein Typ sein, der Menschen zieht, indem er sich gerne austauscht, auf andere zugeht, die Bühne liebt und – ganz wichtig – Verantwortung übernimmt. Ein Astrologe, der das nicht unbedingt will und braucht, sollte sich dagegen mehr auf die astrologische Forschung und sein Umfeld konzentrieren. Manche Astrologen wollen im Verband tätig sein, der ihnen einen gewissen Halt und Zugehörigkeit vermittelt, um aufzublühen.

Astrologe ist nicht gleich Astrologe. Allein in diesem Beruf finden wir viele Ansätze und Möglichkeiten der Verwirklichung. Wir finden auch unter Astrologen Spießer, Weltverbesserer, Forscher, Revoluzzer, Querdenker und gelegentlich sehr weise Menschen. Sich selbst richtig einzuschätzen und Herausforderungen anzunehmen, gehört zum Weg des Astrologen, der wohl immer ein sehr spezieller sein wird.

Ein Kernstück des Astrologen sollte meiner Meinung nach immer die astrologische Beratung sein, psychologisch, pragmatisch, klassisch – je nach persönlicher Anlage und Stärke.

Die unterschiedlichen Beratertypen – ihre Stärken und Schwächen

Wer eine astrologische Beratung bucht, hat meist das eine oder andere dringende Problem, auf das er eine Antwort sucht. Ein Fehler wäre es nun zu glauben, dass ein Astrologe alles weiß und immer die richtigen Hinweise gibt. Astrologen sind halt auch nur Menschen, was eigentlich nicht wirklich erwähnenswert ist. Es ist deshalb für den Ratsuchenden wichtig, das Denken nicht abzugeben und wachsam zu bleiben.

Die Qualität eines Astrologen hängt nicht nur von seinem astrologischen Wissensstand, sondern vor allem auch von seiner Erfahrung und seinem persönlichen Entwicklungsstand ab. Wie soll der Astrologe einem Klienten helfen, wenn er dieselben unerlösten Blockaden und Probleme in sich hat wie er, was oft genug in Beratungen vorkommt? Der eine Astrologe würde diese Probleme vielleicht als unwichtig abtun, weil er sie auch bei sich selbst nicht wahrhaben will. Der reflektierte Astrologe dagegen würde diesen „Zufall“ vielleicht als willkommenen Wink des Schicksals begrüßen und die Beratung nutzen, um innerlich einen Schritt weiterzukommen. Ein Astrologe muss wachsen und sich weiterentwickeln dürfen.

Letzteres ist der richtige Weg, wozu auch gehört, seine eigenen blinden Flecken und persönlichen Schwächen zu erkennen und bewusst damit umgehen zu lernen. Erst das in Kombination mit den besonderen individuellen Fähigkeiten, die nahezu jeder Berater besitzt und die natürlich auch erst zur Blüte gebracht werden müssen, macht den Astrologen zu einer Persönlichkeit.

Im Wesentlichen finden sich die unterschiedlichen Beratungstypen in den zehn Planeten Sonne, Mond, Merkur, Venus, Mars, Jupiter, Saturn, Uranus, Neptun und Pluto wieder. Bei den folgenden Beschreibungen handelt es sich jedoch, wie der Name Beratungstypen schon sagt, um eine Typologisierung, die bei den wenigsten in dieser reinen Form zutreffen. Viele astrologische Beratertypen dürften Eigenschaften von mehreren Planeten verkörpern, wobei einer meist dominiert, was sich so in seinem Horoskop widerspiegeln dürfte. Ein astrologischer Berater im idealen Sinne sollte letztlich alle Tugenden der zehn Planeten verinnerlichen.

Der Sonnen-Berater tritt eher dominant in Beratungen auf. Er will im Mittelpunkt stehen, er will strahlen, und es ist ihm wichtig, die Anerkennung von seinen Klienten zu erhalten. Im positiven Sinne bringt er das Licht der Erkenntnis.

Im negativen Sinne besteht die Gefahr, dass das Ego dieses Astrologen-Typus zu groß wird, was häufig einhergeht mit mangelnder Empathie, Anmaßung und Selbstverherrlichung.

Letztlich brauchen alle Astrologen etwas von der schöpferischen Kraft der Sonne, die kreativ macht, aus sich heraus Entscheidungen treffen und Einsichten finden lässt. Je mehr Sonne, desto höher ist die Bereitschaft, die Führung zu übernehmen und den Klienten in der Beratung zu einem guten Ergebnis zu führen.

Der Mond-Berater ist ein sehr empathischer Typ von Astrologe, der die inneren seelischen Vorgänge von anderen Menschen gut wahrnehmen kann. Er ist auf seine Art fürsorglich und in der Lage, eine große innere Nähe herzustellen und das Vertrauen des Klienten zu gewinnen.

Zu viel Mond birgt die Gefahr, zu viel zu verstehen, was den Astrologen letztlich zur Sorgentasche seiner Klienten macht, die sich bei ihm oft hemmungslos ausweinen.

Jeder Astrologe sollte versuchen, bei sich und in seinen Beratungen die positiven Kräfte des Mondes zu integrieren. Das Einfühlungsvermögen ist wichtig, um seinen Klienten überhaupt erst auf einer inneren Ebene zu verstehen und wahrzunehmen. Wirklich gute astrologische oder auch psychologische Berater besitzen häufig einen stark gestellten Mond.

Der Merkur-Berater ist ein intellektueller Typ, der kommunikativ sehr stark ist und mit dem ein sehr lebendiges Gespräch entstehen kann. Er ist Ideengeber und kann gut unterschiedliche Sichtweisen darstellen, ist meist sehr tolerant und hat nichts Dogmatisches. Ist er zu kopflastig, können seine Analysen jedoch theoretisch abgehoben sein und seinen Klienten nicht mehr erreichen.

Hat er selbst einen zu großen inneren Druck, sich mitzuteilen zu müssen, kann das Gespräch allerdings sehr einseitig verlaufen. Der Klient kommt dann kaum noch zu Wort. Bei zu viel Kopf besteht außerdem das Risiko einer beliebigen Beratung, einem zwar anregenden Wortgeplänkel, das jedoch vom Hundertsten ins Tausendste kommt und zu keinem Ergebnis führt.

Merkur, die Kommunikation und der Intellekt, ist in Beratungen natürlich von großer Bedeutung. Jeder Astrologe braucht einen klaren Kopf, einen guten Verstand und nicht zuletzt die Neugierde des Merkurs, die in ihm das Interesse an Menschen und deren Schicksalen aufrecht hält. Eine typische Stärke Merkurs ist das Nachfragen und Verstehen-Wollen, wodurch dem Klienten wichtige Inhalte entlockt werden.

Der Venus-Berater ist ein diplomatischer, liebenswürdiger Mensch, oft gut aussehend, gepflegt, höflich, verbindlich und kultiviert. Er versteht es bestens, seinen Klienten zu hofieren, ihm Mut zuzusprechen, indem er seine Stärken und Fähigkeiten betont. Natürlich weckt er dadurch auch die Sympathie und die Anerkennung seiner Klienten, bei denen er vor allem die Stärken und Fähigkeiten ihres Horoskops betont. Er ist zweifellos ein Typ, der gerne weiterempfohlen wird. Eine weitere Stärke des Venus-Beraters ist die Einrichtung seines Beratungsraums, der entsprechend seiner Natur besonders schön ausgestattet ist, was allein schon die Seele des Klienten durchatmen lässt.

Das Risiko des Venus-Beraters besteht darin, dass er oft mit allen Mitteln versucht, die Harmonie im Gespräch aufrechtzuerhalten und ja nichts Kritisches zu sagen, was den Klienten verunsichern könnte. Am Ende kommt es zu belanglosen, seichten, einseitig positiven Aussagen, die den Klienten, zumal wenn er sich in einer Krise befindet, nicht weiterbringen.

Natürlich sollte jeder Astrologe, der Erfolg haben will, die schönen Seiten seiner Venus aktivieren, ohne sich persönlich zu verbiegen. Die Energie in einer Beratung muss stimmen!

Der typische Mars-Berater ist ein dynamischer Typ, der seine Beratungen sehr zielorientiert angeht und der seine Stärken vor allem in der Motivation seiner Klienten hat. Er verkörpert am ehesten den Astrologie-Coach, der seine Klienten mental pushen und auf die Erfolgsspur führen will. Er kann meist gut Missstände und Fehler analysieren und gemeinsam mit seinem Klienten lohnende Ziele herausarbeiten.

Aufpassen muss der Mars-Berater, dass er in seinem manchmal übergroßen Eifer, Wesentliches bei seinen Klienten zu bewegen, nicht die Geduld verliert. Auch sollte er sich davor hüten, sich von Klienten, die ihm möglicherweise widersprechen, provozieren zu lassen, was in unnötigen und nicht angebrachten Auseinandersetzungen enden könnte.

Alle Astrologen sollten sich bewusst sein, dass die unterscheidende, dynamische und zu messerscharfen Analysen verhelfende Mars-Energie eine wichtige Komponente in Beratungen sein kann. Ohne die Kraft des Mars ist am Ende jede Beratung leer und ziellos.

Der typische Jupiter-Berater ist ein grundsätzlich positiver und zuversichtlich gestimmter Mensch, der in der Lage ist, seinen Klienten auch in den schwierigsten und verzwicktesten Situationen neue Perspektiven aufzuzeigen. Er verfügt häufig über große Lebensweisheiten, da er ein gläubiger, von hohen Idealen getragener Mensch ist. In positiver Hinsicht kann der Jupiter-Berater seinen Klienten dazu anstoßen, seine Ideale zu leben und Visionen zu entwickeln, wodurch sein Bewusstsein geweitet und dem Erfolg im Leben mehr Raum gegeben wird.

Im kritischen Sinne kann dieser Berater arrogant, narzisstisch, guruhaft und über alles und jeden erhaben erscheinen. Den guten Ratschlägen schwingt dann meist etwas sehr Moralisches mit, die Neigung, das Leben in Gut und Böse zu unterteilen und seine Klienten zu missionieren. Der übersteigerte Jupiter kann ferner zu blindem Optimismus führen. Diese Berater reden dann in Beratungen alles schön, was den Klienten im ersten Moment zwar unheimlich aufbaut, was ihm auf Dauer aber wenig bringt.

Jeder Berater sollte im Sinne Jupiters versuchen, mit seinem Klienten befreiende und erfolgreiche Lebenswege zu erarbeiten.

Saturn verkörpert den strengen, alten, konsequenten, erfahrenen und realitätsnahen Lehrer des Lebens, weshalb auch der typische

Saturn-Berater sehr ernst und nachdenklich wirkt und häufig eine eher hagere, dunkle Erscheinung besitzt. Diese Berater sind meist knallharte Realisten, die ihren Klienten nichts vormachen, sondern vielmehr darum bemüht sind, wirklichkeitsnahe Lösungen mit ihnen zu erarbeiten. Ein Saturn-Berater, der trotz allem Realismus Zuversicht ausstrahlt, wird seinem Klienten mit seiner Lebenserfahrungen große Hilfestellungen geben können, vor allem, wenn es um das praktische Lösen von Problemen geht.

Das Risiko des klassischen Saturn-Beraters besteht darin, dass er nicht das rechte Maß zwischen berechtigter Kritik und Warnung auf der einen und das Aufzeigen von persönlichen Möglichkeiten und Chancen auf der anderen Seite findet. Ein zu saturnischer, pessimistisch eingestellter Berater baut seine Klienten eher ab als auf, auch wenn er die vermeintliche Wahrheit sagt.

Jeder astrologische Berater sollte sich im Sinne Saturns um Seriosität sowie verantwortungsvolle und lebensnahe Ratschläge bemühen.

Der typische uranische Berater ist ein sehr extremer, oft eigenwilliger, rebellischer, manchmal skurriler Typ, dessen Stärken darin liegen, dass er die Probleme seiner Klienten von völlig unterschiedlichen, bisher nicht gekannten Blickwinkeln aus betrachtet. Seine Beratungen sind häufig von Überraschungen, Aha-Erlebnissen und gegensätzlichen Eindrücken begleitet. Seine Klienten verlassen den Raum oft voll gepumpt mit Energie und voller Tatendrang, da sie nun wissen, wie sie ihre Probleme durch das Einschlagen neuer Wege und sonstige Lebensveränderungen beseitigen können.

Das Risiko des Uranus-Beraters ist, dass er in Beratungen zu sprunghaft, wenig konzentriert und zielgerichtet vorgeht, von einem Thema zum nächsten springt, weil er aufgrund einer zu großen inneren Unruhe seine inneren Impulse nicht kontrollieren kann. Ein Uranus-Berater ohne Form, Disziplin, Plan und strukturiertes Vorgehen wird zum Chaoten, der seine Klienten unter Umständen zutiefst verunsichert aus der Beratung entlässt, weil er viele wichtige Punkte lediglich kurz angesprochen, aber keinen davon wirklich geklärt bzw. vertieft hat.

Die positive und beherrschte Kraft von Uranus ist für jeden astrologischen Berater von immenser Bedeutung, da Uranus in Form der Intuition mit der höheren geistigen Welt verbinden kann, was zu wichtigen Einsichten und Erkenntnissen in Beratungen führt.

Der typische Neptun-Berater ist ein sehr sensibler Mensch mit feinen Wahrnehmungen und Antennen, der es als seine Berufung ansieht, etwas Gutes zu tun und anderen Menschen zu helfen. Neptun-Berater sind geistig inspirierte, fantasievolle Typen, die geheimnisvolle, mystische Inhalte lieben und sich mit ihren Klienten deshalb oft spirituell auseinandersetzen, was in unserer Zeit auch in der Astrologie zunehmend ein Thema wird.

Manche neptunischen Berater übertreiben es allerdings mit ihrer Fantasie, was zu abenteuerlichen Horoskopinterpretationen führt. Mitunter entwickeln sie außerdem ein regelrechtes Helfersyndrom und haben Probleme, sich abzugrenzen, was zur Erschöpfung führt und Beratungen zur großen Belastungen machen kann. Damit Neptun in positiver Hinsicht zur Geltung kommt, ist viel Bodenständigkeit und Realitätssinn und gegebenenfalls ein guter Schutz vor Fremdenergien vonnöten.

Jeder gute Berater braucht Neptun, um mit seinem Klienten geistig anregende Gespräche zu führen und sich ihm innerlich anzunähern. Neptun ist wie der Mond wichtig für Einfühlung und seelische Nähe.

Der typische Pluto-Berater verkörpert ebenfalls sehr viele Eigenschaften, die für einen guten, kompletten Berater sehr wichtig sind. Er besitzt Tiefgang und ein großes Vorstellungsvermögen, er ist in der Horoskopanalyse überdurchschnittlich begabt und verfügt über die besondere Fähigkeit, das eigentliche Problem seines Klienten zu erkennen. Er ist von Natur aus ein Forscher, will allen Dingen auf den Grund gehen und wird durch sein hartnäckiges Nachfragen und Bohren seinen Klienten größere Geheimnisse entlocken können. Eine seiner weiteren Stärken ist die Fähigkeit, seinen Klienten in positiver Hinsicht stark zu beeinflussen und dazu anzustoßen, einen für ihn besseren und erfolgreicheren Weg zu gehen. Ein echter Pluto-Berater ist magisch, und so manche seiner Beratungen, die harmlos und unverbindlich startet, führt in ungeahnte Tiefen und zu fundamentalen Erkenntnissen, die tatsächlich die Kraft haben, das Leben zu verändern.

Die Gefahr des Pluto-Beraters besteht darin, dass er versucht, seinen Klienten seine Sichtweisen aufzudrücken und sie zu manipulieren. In kritischer Hinsicht kann ein Pluto-Berater seine Klienten aufgrund seines großen Einflusses und seiner Suggestionskraft abhängig von ihm und seinen Ratschlägen machen.

Die Kraft Plutos ist für jeden astrologischen Berater wichtig, der den Anspruch hat, bei seinem Klienten etwas auf tieferer Ebene anzustoßen und eine Transformation zu bewirken.

Wann Menschen bereit sind, etwas zu verändern

Die meisten von uns dürften davon überzeugt sein, dass sich ein Mensch innerhalb seiner eigenen Grenzen und Möglichkeiten, die sein Horoskop widerspiegeln, weiterentwickeln und verändern kann. Klar ist aber auch, dass persönliches Wachstum nur dann möglich ist, wenn wir bereit sind, uns Fehler und Schwächen einzugestehen, wenn wir überhaupt über eine gewisse Einsichtsfähigkeit verfügen.

Erst wenn wir bewusst erkennen, woran wir persönlich arbeiten und feilen sollten, um seelisch und geistig zu wachsen, legen wir den Grundstein für Veränderungen, die unserem Leben und Dasein guttun und auf die Sprünge helfen. Denn wirklich erfolgreich und glücklich sind letztlich die Menschen, die mit ihren persönlich schwierigen Anlagen und Neigungen umgehen können, die auch einmal bereit sind, zu verzichten und über den eigenen Schatten zu springen, auch wenn das wohl niemals ganz gelingen wird. Aber bereits dieser Versuch ist Gold wert, zeigt er uns doch eine erhöhte Bereitschaft, mit uns selbst umgehen zu lernen. Und allein das kann nicht hoch genug eingeschätzt werden und wird bereits viel in Bewegung setzen.

Die Erfahrung lehrt uns nun aber, dass Menschen sich erst dann verändern, wenn das Leben sie mehr oder weniger dazu zwingt.

Denn Menschen haben entweder Angst vor Veränderungen, oder es reicht einfach der eigene Wille nicht aus, um etwa gefasste Vorsätze, die wir so am Jahresanfang treffen und mit denen alles besser werden soll, durchzuziehen. Oft sind es auch nur die eigenen Gewohnheiten, die sich dermaßen fest in unserem Leben verankert haben, dass wir unbeweglich sind und nichts Neues riskieren wollen.

Es könnte ja immer noch schlechter kommen, als es jetzt ist. So denken und fühlen viele Menschen, die sich mit ihrem Leben und Schicksal abgefunden haben und die allenfalls noch von Veränderungen träumen bzw. diese weit in die Zukunft schieben, wo sie kein Unheil anrichten können. „Wenn die Kinder aus dem Haus sind, dann werde ich meinen Mann verlassen" ... „Sobald ich in Rente gehe, werde ich endlich so leben, wie ich will" ... „Erst wenn ich noch mehr Erfahrung habe, kann ich mich selbstständig machen" ... „Wenn ich erst mal 10 Kilo abgenommen habe, werde ich mich schön fühlen und im Badeanzug unter Leute gehen" etc. Es gibt letztlich Tausende von Ausreden, um Veränderungen, die Kraft kosten und noch dazu ungewiss sind, aufzuschieben.

Psychologen kamen schon lange zu der Einsicht, dass der Mensch im Grunde genommen ein Gegner von Veränderungen ist. Er nimmt so gut wie keine Anstrengungen auf sich, etwas zu verändern, solange sein Leben einigermaßen funktioniert. Für uns Astrologen ist das in Bezug auf unsere Beratungen wichtig zu wissen. Wir dürfen nicht davon ausgehen, dass ein Klient, der die Ursache von größeren Lebensproblemen erkannt hat, diese umgehend abstellt. Erkennen und handeln sind zweierlei und bedürfen oft längerer Prozesse. Manche Menschen, die sich in sehr schwierigen Lebensumständen befinden, die etwa einen Partner haben, der sie quält und unterdrückt, ändern möglicherweise niemals etwas an ihrer Situation bzw. erst dann, wenn der Leidensdruck nicht mehr aushaltbar ist.

Neben dem unerträglichen Leidensdruck kann uns aber auch die Aussicht auf Erfolg dazu bewegen, größere Risiken im Leben einzugehen und etwas zu verändern. Letzteres macht den guten und erfolgreichen Unternehmer aus, der eben unternimmt und nicht unterlässt, wie es ein Mensch machen würde, der nur in sicherer Anstellung existieren kann. Ein Unternehmer muss riskieren und permanent Veränderungen anstreben, um erfolgreich zu sein. Stehenbleiben und Festhalten an Altem, das überholt ist, ist seine größte Gefahr.

Viele Menschen hören erst mit dem Rauchen auf, wenn sie Krebs haben, treiben erst Sport und stellen die Ernährung um, wenn sie Diabetes haben, sind erst bereit, auf ihren Partner einzugehen, wenn dieser sie verlässt usw. Im Alles-beim-Alten-Belassen steckt zweifellos eine gewisse Tragik der Menschheit, die nichts ohne Druck und Notwendigkeit verändern will.

Aus rein astrologischer Sicht würden wir die Bereitschaft zur Veränderung etwas differenzierter betrachten. Die fixen Zeichen Stier und Skorpion (Sonne und Aszendent), Menschen, die eine starke 2.- wie 8.-Haus-Besetzung haben oder überhaupt Plutonier, haben oft noch viel mehr Angst vor Veränderungen als andere, weil sie von Verlustängsten geplagt werden oder einfach nur das Gefühl haben, jede Kontrolle über ihr Leben zu verlieren, sobald sie sich dem Neuen zuwenden.

Paradoxerweise haben gerade Menschen mit großen Pluto-Themen im Horoskop die Aufgabe, sich immer wieder im Leben zu verändern. Plutonische Menschen machen die größten Persönlichkeitswandlungen durch und beweisen letztlich, dass sich Menschen in der Tiefe wandeln können. Ihren tiefgreifenden Transformationen gehen meist enorme Krisen voraus, die oft einen existenziellen Charakter besitzen. Sie sterben innerlich, weil sie in ihrem Leben an irgendeinem Endpunkt angelangt sind. Sie stehen vor den Trümmern einer langen Beziehung, sind im Job gescheitert oder vielleicht todkrank. Schaffen sie es wieder aufzustehen, kommt dies einer Neugeburt in diesem Leben gleich. Stark Pluto-geprägte Menschen sind am Ende wohl zu intensiv und zu extrem, um ein gleichförmiges Leben führen zu können, in dem auf Dauer Stillstand herrscht.

Ein gewisser Stillstand bzw. ein Leben ohne unnötige Risiken kann häufig bei Menschen mit einem eher ausgewogenen Horoskop beobachtet werden, das zusätzlich vielleicht noch viele angenehme Konjunktionen, Sextile und Trigone aufweist. Sie haben oftmals null inneren Antrieb, etwas zu verändern. Warum auch, sie sind schließlich größtenteils mit ihrem Leben zufrieden.

Zur Passivität kann auch ein größeres Neptun-Thema im Horoskop verführen. Fische-Sonne, Fische-Aszendent, Sonne in Haus 12, Sonne-Neptun-Konjunktion, -Quadrat oder -Opposition, Neptun am Aszendenten, um nur einige Beispiele zu nennen, neigen vielfach dazu, ihren Problemen lieber auszuweichen, anstatt sie frontal anzugehen. Manchmal fliehen Neptunier in Heimlichkeiten, um alles beim Alten zu belassen.

Bei manchen Menschen, vor allem wenn sie große Uranus-Themen im Horoskop haben, also typische Wassermänner bzw. Wassermann-Aszendenten, Uranus in Haus 1, die Sonne, den Mond in Spannung zu Uranus etc., kann die Veränderung dagegen zum Programm werden. Dahinter steckt die Flucht vor jeder Art von Einengung, Bevormundung und normalem, angepasstem Leben, das als unerträglich empfunden wird. So stolpern diese Menschen oft von einem neuen Leben ins nächste. Die Veränderungen sind jedoch keine wirklichen Veränderungen, sondern eher fortwährende Befreiungsschläge, die immer das gleiche Muster bedienen.

Was echte Veränderungen angeht, also keine Flucht, die eher aus dem Bedürfnis entstehen, ein anderer Mensch zu werden und ein anderes Leben zu führen, stehen wir gelegentlich vor einem Scheideweg im Leben, der uns abwägen lässt: Bringen mir große Veränderungen und ein neues Leben wirklich das erhoffte Glück, oder bescheide ich mich besser mit dem, was ich habe?

Ein Mensch, der sich etwa unsterblich verliebt und sich dennoch nicht aus seiner alten, zur Routine gewordenen Partnerschaft löst, hat unter Umständen sein Glück verpasst, er hat vielleicht aber auch sein altes Leben gerettet, das so schlecht nicht ist. Manchmal geht der Esel bekannterweise aufs Eis, wenn es ihm zu wohl wird. Auf der anderen Seite bleiben wir ohne den Mut zu Veränderungen immer im Mittelmaß sitzen, was so weit gehen kann, dass das Leben kaum noch Höhen und Tiefen hat. Was bereuen die meisten Menschen am Ende ihres Lebens? Ja genau: nicht genügend gelebt zu haben.

Wenn zu große Harmonien im Horoskop den inneren Antrieb, etwas zu verändern, nahezu zum Erlahmen bringen, dann darf von heftigen Konjunktionen, Quadraten oder Oppositionen im Horoskop natürlich genau das Gegenteil erwartet werden. Diese Menschen neigen gelegentlich dazu, etwas vorschnell zu sprengen und zu zerstören, sie sind oft Zündler wie Macher, sofern ihre großen Spannungen nicht zu inneren und äußeren Blockaden führen. Natürlich spielen hier auch die Elemente eine größere Rolle. Wer viel Luft und Feuer hat und dazu noch einige gesalzene Spannungen, hat wie der uranische Mensch wenig Geduld, will immer alles sehr schnell ändern, was dazu führen kann, dass übereilte Veränderungen sie immer wieder „vom Regen in die Traufe" führen.

Die richtigen Veränderungen finden auch hier meist nicht statt, da diese Menschen verstärkt ihren inneren Impulsen, ihrer Ungeduld und ihren massiven Spannungen nachgeben. Tiefgreifende Veränderungen geschehen wie beim Plutonier oft erst durch Schmerzen und Niederlagen, die so erschütternd sind, dass man beginnt, an seinen inneren Spannungen und anderen Problemen und Mustern, die das eigene Leben bisher gefangen hielten, bewusst zu arbeiten.

Wir als astrologische Berater sollten uns immer wieder vor Augen führen, dass das Leben jedes Menschen eine Baustelle ist, deren Ziel die Persönlichkeitsentwicklung sein sollte. In der Psychologie hielt man bis vor nicht allzu langer Zeit an der Überzeugung fest, dass Menschen, die erwachsen sind, sich nicht mehr ändern. Wenn sie alt sind, schon gar nicht mehr. Diese Gedanken gelten inzwischen als überholt. Menschen können sich vielmehr so lange weiterentwickeln, bis sie sterben, möglicherweise sogar darüber hinaus.

Natürlich sind die meisten Persönlichkeitsanlagen genetisch festgeschrieben bzw. durch das Horoskop fest angelegt. Aber wie gesagt: Der Mensch hat durch sein Bewusstsein immer die Chance, sich gegen Neigungen zu entscheiden. Ist jemand z. B. in seiner Arbeit ungenau und schlampig, weil er noch nie ordentlich war, heißt das nicht, dass das für immer so bleiben muss. Hat er nämlich ein großes berufliches Ziel vor sich, kann er sich unter Umständen Genauigkeit und Pünktlichkeit antrainieren, wenn es der Job und seine Karriere erfordern. Große innere Überzeugungen und Ziele können zu einem starken Motor in unserem Leben werden, mit dem Bequemlichkeiten, vermeintliche Unfähigkeiten usw. überwunden werden können. Nicht der superintelligente und hochbegabte Mensch ist in aller Regel der erfolgreiche, sondern der fleißige, hart auch an sich arbeitende.

Letztlich gibt uns, und das ist wirklich wunderbar, das Horoskop sogar vor, wo und wie wir uns in diesem Leben, in dieser Inkarnation verändern sollten. Saturn etwa zeigt zentrale Themen je nach Hausstellung an, die wir uns erarbeiten müssen. Es sind in Form von Aspekten und Konstellationen Themen vorhanden, aber auch noch nicht unbedingt die Lösung. Hat jemand etwa Saturn in Haus 11, so ist es die Aufforderung dieses alten weisen Lehrers des Lebens, nicht nur die Voraussetzungen für tiefe und ernsthafte Freundschaften, sondern überhaupt für eine soziale Haltung zu schaffen. Da Saturn als Herrscher des Steinbocks, dessen irdischer Spiegel das 10. Haus ist, immer auch nach seiner Häuserstellung einen größeren Einfluss auf das Berufsleben besitzt, kann es sein, dass dieser Saturn sogar in eine soziale berufliche Tätigkeit hineinführt. Saturn zeigt immer an, worum wir uns besonders kümmern müssen, um in unserer Persönlichkeitsentwicklung weiterzukommen, was auch heißt, Karma zu bewältigen.

Ein wichtiges Thema, was wesentliche Aufgaben im Leben betrifft, die uns helfen, uns selbst zu wandeln, zu verändern und zu wachsen, sind ferner die Mondknoten. Der absteigende Mondknoten, der nach klassischer Überlieferung Saturn-Charakter besitzt, deutet nach seiner jeweiligen Hausstellung das alte Karma an: das, was wir auch im Jetzt noch übertrieben und falsch leben. Der aufsteigende Mondknoten, der dem absteigenden direkt gegenüberliegt und Jupiter-Charakter besitzt, ist dagegen so etwas wie das „Tor zum Himmel“, was unsere persönliche Entwicklung betrifft. Wenden wir uns ihm und dem Lebensbereich bzw. Haus, in dem er steht, zu, dann beginnen wir, uns tatsächlich in einem höheren Sinne zu wandeln und zu verändern. Wir bauen belastendes Karma ab und erschließen uns selbst viele neue Möglichkeiten und Perspektiven.

Nehmen wir an, um ein Beispiel zu nennen, ein Mensch hat den absteigenden Mondknoten in Haus 1 und den aufsteigenden in Haus 7. Das heißt, dass sein Problem sein übergroßes Ego ist, dass er sich bisher vordergründig um sich selbst und seine eigene Entwicklung gekümmert hat und dass er darüber hinaus das verloren hat, was am wichtigsten ist: die Liebe, die echte Nähe, überhaupt der Kontakt zu Menschen und zur Öffentlichkeit. Ein großes Ego bricht in dieser Inkarnation also zum Du auf. Zu lernen, was eine gute Beziehung bedeutet und was dafür getan werden muss, führt diesen Menschen zur inneren Wandlung, verändert ihn letztlich radikal. Manche Menschen verbinden, ähnlich wie bei Saturn, die Stellung ihres aufsteigenden Mondknotens mit ihrem Beruf. Im 7. Haus wäre das allgemein die Hinwendung zu Menschen oder zur Öffentlichkeit in einer entsprechenden Tätigkeit. Natürlich sind letztlich alle schwierigen Konjunktionen, Quadrate und Oppositionen unseres Horoskops mit großen Themen und Lernaufgaben verknüpft. Die entwicklungsorientierte Astrologie zielt letztlich immer auf die Chance und Notwendigkeit von Veränderungen ab.

Der Knackpunkt im Horoskop

Ein Knackpunkt ist ein entscheidender Punkt, von dem etwas abhängt. Wir verwenden diesen Ausdruck in unseren Seminaren oder Beratungen gerne für schwierige Aspekte, Konstellationen oder überhaupt größere Themen, die sich wie ein roter Faden durch das Horoskop und das Leben eines Menschen durchziehen können. Knackpunkte sind stets innere Blockaden, Triggerpunkte, die uns herausfordern und immer wieder vor die gleiche Aufgabe stellen.

Knackpunkte können sich in schwierigen Aspekten, Konstellationen, Planetenballungen oder auch nur in einem Thema, das sich durch das Horoskop durchzieht, finden. Beispiel: Jemand hat ein Mond-Uranus-Quadrat in seinem Horoskop und gleichzeitig den aufsteigenden Mondknoten in Haus 4. Da der Mond unabhängig von seiner Stellung immer der natürliche Herrscher über Herkunft und Kindheit ist, deutet sein Quadrat bereits eine unruhige, zerrissene Kindheit mit Tendenz zur Flucht aus dem Elternhaus an. Der aufsteigende Mondknoten wiederum in Haus 4, dem Bereich des Mondes, verrät, dass Wurzeln und Zugehörigkeit in diesem Leben fehlen und erst noch geschaffen werden müssen.

Manchmal ist es auch nur ein einziger schwieriger Aspekt, der zum Knackpunkt wird und sich im Laufe des Lebens in Trennungen, Verlusten, Niederlagen, Krankheiten usw. manifestiert.

Findet sich z. B. ein T-Quadrat, wie bei einem meiner Klienten, zwischen Sonne, Mars und Uranus im Horoskop, so haben wir es in aller Regel mit einem sehr kämpferischen, impulsiven Menschen zu tun, der in manchen Lebenssituationen überreagiert, der seine Freiheit und Unabhängigkeit über alles stellt, der oftmals gegen den Strom schwimmt und der oft sehr eigenwillig und auch voreilig handelt. Wie dieses T-Quadrat letztlich zum Ausdruck kommt, darüber entscheidet natürlich der Mensch selbst, seine Reife und überhaupt seine gesamte persönliche Anlage. Dieses T-Quadrat wird dennoch eine sehr dominante Rolle im Leben spielen. Immer dann, wenn es durch entsprechende Transite oder auch nur durch eine allgemeine Zeitqualität ausgelöst wird, besteht die Neigung, voreilig zu handeln, Entzweiungen und Trennungen zu provozieren, sich in Konflikte hineinzusteigern. Es kann immer wieder zu Unfällen oder Entzündungen im Körper etc. kommen, je nachdem, welche Regionen angesprochen sind. So ein hartes T-Quadrat, in der die Sonne und der Mond, die beiden Lichter und Eckpfeiler der Persönlichkeit, eingebunden sind, hat es in sich. Uranus setzt die Seele und den Geist unter Strom, was zu einer niedrigen Reizschwelle, zu wiederkehrenden Konflikten und Krisen führen kann.

Dieser Klient hatte vor allem das Problem, in beruflichen Anstellungen immer wieder zu scheitern, da er sich nur bedingt und höchstens eine Zeit lang einfügen und anpassen konnte. Er war für eine Anstellung einfach zu eigenwillig, zu rebellisch, was ihn immer wieder in die Außenseiterrolle drängte. Allein Sonne Quadrat Uranus kann mit übergeordneten Autoritäten wenig anfangen. Der zusätzlich eingegliederte Mars verstärkt Widerstände und den

Eigenwillen, sodass ich diesem Klienten zunächst den dringenden Rat gab, künftig in keine Anstellung mehr zu gehen, sondern die Selbstständigkeit, den Freiberuf zu wählen. Der Klient hatte schon geahnt, was von mir kommen würde. Allein die Bestätigung durch mich, den Astrologen, der deutlich zum Ausdruck brachte, dass eine Anstellung auch künftig nicht funktionieren wird, brachte ihm die nötige Klarheit und Entschlossenheit für seinen künftigen Weg.

Die meisten Menschen können nicht über ihren Schatten springen, und nicht immer wird es ihnen gelingen, ihre etwas schwierigen Charakterzüge völlig beiseitezuschieben. Deshalb ist es umso wichtiger, dass wir unseren Klienten entsprechende Ratschläge geben, wie sie sich selbst am besten managen und wie sie das Leben entsprechend ihrer gesamten Anlagen, wozu die Knackpunkte gehören, einrichten.

Von der Bewältigung unseres Knackpunktes bzw. unserer Knackpunkte, die in einem Horoskop auch gehäuft auftauchen können, hängt letztlich unser Lebenserfolg ab. Gelingt es uns, unseren persönlichen Knackpunkt anzuschauen, zu erkennen und bewusst damit umzugehen, wird er zwar trotzdem ein Thema in unserem Leben bleiben, aber er wird nicht mehr diese enorm destruktiven Ausschläge haben. Schwierige Themen, die wir versuchen zu bewältigen, setzen starke Energien frei, die zwangsläufig in Erfolg münden, weil wir dadurch authentischer werden und zu uns selbst finden.

In der astrologischen Beratung ist es immens wichtig, den Knackpunkt eines Menschen zu erkennen. Wer ihn nicht sieht, macht unter Umständen eine völlig falsche Beratung, die vielleicht den Erwartungen des Klienten entspricht und ihm schmeichelt, die ihn am Ende aber nicht weiterbringt, weil er weiterhin im Leben an dieselbe Wand fährt.

Ein erfahrener und guter Astrologe, wie ich ihn verstehe, versucht immer zu ergründen, was einen Menschen daran hindert, Erfolg zu haben und glücklich zu sein. Ein erfahrener Astrologe darf sich niemals mit den Begründungen und Ausflüchten seines Klienten, warum seine Lebenssituation so und so ist, zufriedengeben. Auch sollte er es tunlichst vermeiden, in das Klagelied mancher

Klienten einstimmen, die für ihre Probleme immer die anderen verantwortlich machen.

Einmal hatte ich eine Klientin, vor deren Beratung ich gehörigen Respekt hatte. Ich fürchtete speziell, einer sehr kritischen und negativ eingestellten Person zu begegnen, was eine Beratung unter Umständen sehr mühsam machen kann. Die Frau hat unter anderem eine Mond-Mars-Konjunktion im Skorpion im 3. Haus im Quadrat zu Pluto. Als die Frau zur Tür hereinkam, bestätigten sich sogleich meine Befürchtungen. Sie war sehr angespannt und schimpfte über Gott und die Welt. Ich ließ sie ca. 10 Minuten gewähren, so lange gab ich ihr Zeit, Dampf abzulassen. Dann bat ich sie, zu ihren Fragen zu kommen. Um es kurz zu machen: Die Klientin wollte auswandern, weil sie mit ihrer Nachbarschaft und überhaupt ihrer gesamten Umgebung nicht mehr zurechtkam. Sie wollte sozusagen die verbrannte Erde hinter sich lassen, um neu anzufangen. Mond-Mars im Skorpion im Konflikt mit Pluto deutet auf eine sehr verletzte Seele hin, die unter großem inneren Druck und mächtigen Emotionen leidet. Entsprechend dieser Anlage genügte bei ihr oft nur ein falsches Wort, das sie wütend und aufgebracht reagieren und zwischenmenschliche Beziehungen abbrechen ließ. Und ihre Art der Kommunikation, die sehr angriffslustig und provokant sein konnte, machte es auch nicht leichter. Sie konnte mit niemandem Frieden halten, und immer waren es natürlich die anderen, die den Zwist auslösten. Sie hatte ansonsten wunderbare Anlagen und Aspekte in ihrem Horoskop, mit dieser einzig schwierigen Konstellation machte sie sie sich selbst und anderen aber das Leben zur Hölle. Das Thema Partnerschaft hatte sie schon lange aufgegeben.

Die Klientin wollte also auswandern. Ich teilte ihr zunächst mit, dass ich gerne Länder astrologisch aussuchen kann, in denen sie sich möglicherweise wohlfühlen würde. Ich sagte ihr aber gleichzeitig, dass dies nicht die Lösung ihres Problems ist und versuchte ihr achtsam und respektvoll, ohne sie anzugreifen, diesen Knackpunkt näherzubringen.

Der Astrologe hat durch das Horoskop die große Chance, tiefer zu blicken, Hintergründe zu erkennen und Blockaden bloßzulegen. Letzteres wird von Klienten oftmals als nicht sehr angenehm empfunden. Aber, es ist halt auch immer die Frage, was man will. Will man von der Astrologie wirklich profitieren und weiterkommen oder will man nur geblendet, getäuscht werden, so wie das bei vielen Beratungsplattformen der Fall ist, wo einem die Berater die tollsten Dinge versprechen, die ganz von selbst kommen sollen und niemals eintreffen werden.

Natürlich zeigen schwierige Transite aktuell schwierige Themen an, die aber nicht unbedingt weg sind, sobald der Transit vorbei ist, sondern erst, wenn sie bewältigt werden. Schwierige Transite können immer nur das auslösen, was in uns angelegt ist. Vor allem die schwierigen Transite der langsam laufenden Planeten Saturn, Uranus, Neptun und Pluto auf unsere Knackpunkte lösen sicher Krisen und mitunter auch Dramen aus, haben jedoch den eigentlich höheren Sinn, dass wir an uns und das heißt insbesondere an unseren Knackpunkten arbeiten.

Ernsthafte Astrologen wollen, dass das Leben ihrer Klienten künftig freier, glücklicher und erfolgreicher ist. Blockaden, die diesem Ziel entgegenstehen, sollten unbedingt angesprochen werden. Was nutzt es, wenn wir jemandem aufgrund eines guten Transits großen beruflichen Erfolg versprechen, wenn sich dieser Mensch nichts zutraut? Um ein Beispiel zu geben: In einem Seminar des ASTRO-KOLLEGs, das den „Knackpunkt im Horoskop" zum Thema hatte, schauten wir uns zunächst gemeinsam in der Gruppe die Transite einer schon etwas älteren Schülerin an, die sich nach einer Scheidung und vielen Jahren des Alleinseins wieder eine Partnerschaft wünschte. Eine andere Schülerin meldete sich gleich eifrig zu Wort und meinte: „Ja, das ist doch großartig, sie hat ja demnächst einen Jupiter-Transit durch ihr 7. Haus. Da müsste doch ein Partner kommen, vielleicht sogar die Liebe ihres Lebens …" Die meisten anderen Schüler nickten zustimmend. Ich als Seminarleiter warf dagegen ein, dass solche Versprechen voreilig sein könnten. Gewiss gehören Jupiter-Transite durch Haus 7 zu den besten und schönsten Vorzeichen, wenn jemand auf der Suche nach einem Partner ist. Es ist zweifellos ein prominenter Transit, was die Liebe betrifft, schließlich taucht er nur alle 12 Jahre im 7. Haus auf, und Jupiter steht immer für Glück und Erweiterung, wo er erscheint. Und ja, als Astrologe kann man immer wieder beobachten, dass Menschen in dieser Zeit tatsächlich eine große Liebe finden oder (und) sogar heiraten. Dem Glück scheinen hier keine Grenzen gesetzt zu sein. Und dennoch war es in diesem Falle ziemlich oberflächlich, gleich ein Liebesversprechen zu geben. Denn es gab ja bestimmte Gründe dafür, warum diese Frau geschieden und so viele Jahre allein war. Diese Gründe fanden sich in ihrem Horoskop in Form handfester Liebesblockaden. So hatte sie unter anderem eine Venus-Saturn-Konjunktion in Haus 5 im Quadrat zu Neptun in Haus 2. Das war und ist ihr Knackpunkt, was die Liebe betrifft. Neptun in Haus 2 steht für einen von Geburt an geschwächten Selbstwert. Und in dasselbe Horn bläst die Venus-Saturn-Konjunktion, die in etwa mit Saturn in Haus 2 verglichen werden kann, der immer wieder an sich selbst und seinem Wert zweifeln lässt. In Beratungen erfahren wir meist, dass diese Menschen mit Venus in Spannungen zu Saturn in der Kindheit wenig Liebe und herzliche Zuneigung bzw. nur Liebe und Anerkennung für erbrachte Leistungen bekamen, was nicht nur den Selbstwert drückt, sondern auch Liebesleid auslöst, das sich unter Umständen das gesamte Leben durchzieht. Solche Aspekte sind deshalb immer wichtige Knackpunkte im Horoskop. Sich nicht geliebt fühlen ist hier das große Thema, das Partnerschaften natürlich massiv erschweren kann. Neptun in Haus 2 und im Quadrat zu dieser Venus-Saturn-Konjunktion im 5. Haus, also auch noch im Haus der Liebe und der Lust, sorgte für zusätzliche Verunsicherung. Mir war klar, dass sich diese sehr sympathische und wirklich gutaussehende Frau sich oft selbst als nicht liebenswert empfand. Wenig Selbstbewusstsein macht wieder unattraktiv, führt schnell zur Ablehnung. Ein Teufelskreis!

Da diese Schülerin ein sehr bewusster Mensch ist, hatte sie jedoch dieses Problem in ihrem Leben bereits erkannt, auch ohne Astrologie. Ich war deshalb letztlich der Meinung, dass dieser Jupiter-Transit durch ihr 7. Haus durchaus eine erhoffte Liebe bringen kann, sofern sie sich in diesem Zeitabschnitt öffnet und bereit ist, auf andere Menschen zuzugehen. Ich sagte ihr aber auch, dass sie damit rechnen müsse, dass, sobald sie sich verlieben würde, wieder das Thema Selbstwert auf den Plan gerufen wird, was ganz natürlich ist, öffnen wir uns für eine neue Liebe. Sich verlieben ist eine Situation, in der wir vielleicht am verwundbarsten sind, weil wir nicht die Gewissheit haben, dass die Zuneigung gegenseitig bleiben wird, die gerade im Zuge des Kennenlernens immer wechseln kann. Die Liebe können wir nicht berechnen und festhalten, sie kommt und geht, wann sie will und bleibt deshalb ein gefährliches Spiel, auf das wir uns einlassen müssen, streben wir eine Beziehung an. Ohne das Risiko einzugehen, verletzt zu werden, kann keine Liebe entstehen, und Menschen mit Venus-Saturn-Spannungen oder auch Saturn in Haus 2 gehen nicht gerne solche Risiken ein, weil sie noch größere Angst als andere haben, einen Korb zu bekommen, der den Selbstwert attackiert. Deshalb bauen Menschen mit Venus-Saturn-Spannungen häufig eine Art Schutzmauer auf bzw. machen zu, sobald es ernst wird.

Der Astrologe will und kann nicht therapieren, aber er kann den Punkt des Scheiterns erklären, offenlegen, sodass wichtige Erkenntnisse möglich sind. Und genau darum geht es: dass wir etwas wirklich erkennen, dass wir zu Selbstreflexion bereit sind, was für jeden Menschen, man kann es nicht oft genug sagen, zu den schwierigsten Unterfangen überhaupt gehört. Wer sich selbst versucht zu reflektieren, wer seinen Knackpunkt nur ein wenig bereit ist anzuschauen, der hat bereits einen großen Schritt in seinem Leben getan und eine persönliche Entwicklung in Gang gesetzt, die keine Grenzen kennt. Den Knackpunkt zu sehen, kann wehtun. Aber genau er ist einer der wichtigsten Schlüssel zum Glück. Alles beginnt mit der Akzeptanz des Knackpunktes und endet im besten Falle mit seiner Befreiung.

Schon ein paarmal kamen Menschen in die Beratung zu mir und erzählten, dass Sie bereits bei einigen Astrologen waren, die ihnen von ihren besonderen Talenten, Fähigkeiten und schönen Seiten sprachen, was sie dankend annehmen. Und trotzdem lief so vieles in ihrem Leben schief, sodass sie allmählich an dem, was die Astrologen zu ihr sagten, zu zweifeln begannen. Von mir wollten sie nun die Wahrheit hören, also über ihre Knackpunkte aufgeklärt werden.

Natürlich ist es immer wichtig, Menschen in der Beratung aufzubauen und von ihren wertvollen Anlagen zu sprechen. Auf der anderen Seite birgt gerade das Aufdecken des Knackpunktes die Chance, sein Leben künftig noch bewusster und damit erfolgreicher zu gestalten.

Ich kann mich allerdings auch an eine Beratung einer Frau erinnern, deren Knackpunkt ich so klar aufgedeckt und in all seinen Facetten so anschaulich dargestellt hatte, dass ich mir sicher war, nun ein dickes Lob und dankende Anerkennung von dieser Klientin für meine tolle astrologische Arbeit zu bekommen. Umso mehr, da ich mit ihr gemeinsam, aufbauend auf der, wie ich meinte, befreienden Erkenntnis, noch in dieser Beratung neue Lebensperspektiven erarbeitet hatte. Stattdessen kam am Ende der Beratung die für mich doch etwas ernüchternde Frage: „Können Sie mir jetzt noch etwas Positives sagen, Herr Allgeier?“

Für mich war diese ganze Beratung mit ihrem Ergebnis sehr positiv, sodass mir zunächst die Spucke wegblieb und mir nichts mehr darauf einfallen wollte. Was sollte ich ihr jetzt noch sagen? Konnte sie nicht genug bekommen, oder hatte sie mich nicht verstanden? Ja, ich war irritiert und versuchte ihr nochmals zu erklären, dass unser persönliches Glück immer von unserer Lebensbewältigung abhängt und dass wir uns letztlich durch unsere Lebenshaltung alles selbst erarbeiten müssen. Sicher gibt es ausgesprochene Glücksfälle im Leben, die auch oft durch einen wunderbaren Jupiter-Transit angezeigt werden. Damit das Glück eintreffen kann, müssen wir uns jedoch irgendwie für das Glück öffnen, was vor allem dadurch geschieht, dass wir den für uns richtigen Weg einschlagen.

Wie wichtig es ist, den eigentlich Knackpunkt, der oftmals für Krisen verantwortlich ist, zu erkennen, belegt ein weiterer Fall: Eine Frau, die in die Jahre gekommen war, wollte ihren kleinen Handwerksbetrieb verkaufen, was trotz einiger ernsthafter Interessenten nicht funktionieren wollte. Sie bat um eine schriftliche astrologische Ausarbeitung, insbesondere um Zeiten, in denen der Verkauf ihres Betriebs gelingen könnte. Der Fall ging an eine Mitarbeiterin unseres Teams, die sich vor allem die Transite dieser Frau in Bezug auf günstige Zeiträume für einen Verkauf anschaute.

Doch zu keiner dieser Zeiten gelang es der Frau nach eigenen Angaben, ihren Betrieb zu verkaufen, weshalb sie sich letztlich noch an mich wandte und um eine persönliche Beratung anfragte.

Ich sah mir ihr Horoskop an, und es wurde mir schnell klar, dass es in diesem Fall nicht um ideale Zeitpunkte für den Verkauf etc. ging, da das Problem wo ganz anders lag. Da es um Geld und Verkauf ging, fiel mir sofort ihre Sonne-Pluto-Konjunktion im Löwen in Haus 2 an. Das heißt, sie hat eine sehr starke innere Bindung zum Geld. Geld und Besitz bedeuten für sie Einfluss, persönliche Bedeutung sowie die Möglichkeit, frei und ungehindert zu leben. Derselbe Aspekt im 2. Haus deutet jedoch auch unglaubliche Verlust- und Existenzängste (Pluto) an. Sie bestätigte mir umgehend ihre enormen Geldängste und verriet mir nach einigem Nachfragen, dass sie finanziell bereits völlig abgesichert sei und der Verkauf des Geschäftes keine wirkliche Bedeutung für ihre Rente und ihr Alter hatte. Ohnehin war das Geschäft veraltet und nicht mehr viel wert. Jetzt war ich ganz bei ihr, jetzt konnte ich sie verstehen. Sie hatte einfach diese unglaubliche Blockade, sie konnte konkret nicht genug Geld bekommen, weil sie von der irrealen und unbegründeten Angst getrieben wurde, zu verarmen. Gerade Sonne Konjunktion Pluto im Löwen steht für eine unersättliche Gier nach Geld und Besitz, die sich als Reaktion auf ihre tiefen Existenzängste entwickelt hatte. Zusätzlich hatte sie Angst, durch den Verkauf des Geschäftes in Bedeutungslosigkeit zu versinken, da das 2. Haus ja nicht nur mit Geld und Besitz, sondern auch mit dem Selbstwert verknüpft ist. Das alles führte dazu, dass sie den Preis des Geschäftes zu hoch ansetze und in Verhandlungen auch nicht nachgab, da sie das Geschäft zudem irgendwie nicht loslassen konnte, obwohl es von ihrem Alter und den Anstrengungen aus betrachtet unbedingt an der Zeit war. Ich legte diese meine Sicht der Klientin offen und ehrlich dar. Und was soll ich sagen? Es war ein Aha-Erlebnis ihrerseits. Obwohl es im Grunde genommen nichts Neues war, was ich ihr erzählte, erkannte sie nun den eigentlichen Grund, warum bisher noch kein Verkauf des Geschäftes zustande gekommen war.

Indem wir die Knackpunkte des Horoskops in jede Beratung miteinbeziehen, gelingt es uns, an den Kern von Problemen vorzudringen. Mit der Interpretation des Knackpunktes sollte letztlich unser Astrologie-Coachen einsetzen, die moderne Form der astrologischen Beratung. Es geht hier darum, um es wiederholt zu sagen, diese Menschen auf sich selbst einzustellen: Wer sich etwa schnell angegriffen fühlt, permanent ausrastet, unter großen Ängsten leidet, mit einer bestimmten Verhaltensweise immer wieder aneckt, sollte wissen, dass diese Verhaltensweisen in Form von Spannungen, also übertrieben, in ihrem Horoskop auftauchen. Solange ein Mensch z. B. immer denkt, er sei im Recht, wenn er sich in weltanschauliche Grabenkämpfe mit anderen verliert, sieht er keinen Grund, davon Abstand zu nehmen. Er wird die Schuld und Verantwortung nur bei den anderen oder in einer global ungerechten Welt suchen. Wenn wir ihm aber sagen, dass diese Konflikte übertrieben auftauchen, weil er etwa ein Mars-Jupiter-Quadrat oder Mars in Haus 9 hat und dass er weder andere Menschen dauernd von der Wahrheit überzeugen noch die Welt retten kann und muss, dann fällt vielleicht sogar eine Last von diesem Menschen ab. Ab jetzt weiß er nämlich, er muss nicht dauernd um die Wahrheit kämpfen, es ist im Gegenteil oftmals falsch, da unangebracht. In dem Moment, wo das Bewusstsein einsetzt, können wir uns weiterentwickeln. Nicht unbedingt verändern, denn die Knackpunkte im Horoskop und in uns bleiben ja als feste Anlage weiterhin bestehen. Wir können nun aber lernen, mit ihnen bewusst umzugehen. Darum geht es.

Wie wir am besten Astrologie lernen

„Übung macht den Meister". Wer denkt, Astrologie in einem Crashkurs erlernen zu können, irrt gewaltig. Astrologie ist nicht mit anderem Wissen vergleichbar, das wir in kürzester Zeit aufnehmen und wiedergeben. Astrologie-Schüler brauchen natürlich viel theoretisches Wissen, das aber erst durch das Leben und die eigenen Erfahrungen lebendig werden und sich setzen kann.

Im Klartext heißt dies: Es gilt, das, was wir als Astrologie-Lernende aufnehmen, permanent im Leben auf seinen Wahrheitsgehalt hin zu überprüfen. Dabei müssen wir natürlich höllisch aufpassen, dass wir astrologische Inhalte nicht dazu missbrauchen, um uns in unseren Vorurteilen, die wir vielleicht gegenüber anderen Menschen haben, bestätigt zu fühlen. Denn eines ist klar: Wenn Sie einen Menschen kennen, den Sie immer schon als Streithammel wahrgenommen haben, dann werden Sie sich geradezu diebisch freuen, wenn Sie eine Merkur-Mars-Spannung in seinem Horoskop finden, die Ihnen recht gibt. Die Gefahr ist groß, dass wir diesen Menschen einseitig beurteilen, ja verurteilen, was Anfängern fast immer passiert, die das große Ganze, also das komplette Horoskop, noch nicht auf einen Blick erkennen können. Menschen sind nun einmal vielschichtig, und jeder von uns hat seine schwierigen Seiten und Triggerpunkte.

Verkehrt wäre es nun aber auch, solche nicklichen Aspekte, wie etwa ein Merkur-Mars-Quadrat, zu verniedlichen oder zu psychologisieren, bis sie nichts mehr mit dem realen Leben zu tun haben. So kann man erst recht keine Astrologie lernen. Wir müssen uns alle möglichen Ausschläge von Aspekten anschauen. So kann ein Merkur-Mars-Quadrat zu Streit, Handgreiflichkeiten, Unfällen etc. führen. Derselbe Aspekt verrät jedoch auch den kritischen und klugen Denker, sofern Merkur in einem entsprechenden Tierkreiszeichen und Haus steht. Wie der einzelne Mensch diesen Aspekt nun lebt, ist wieder eine ganz andere, persönliche Sache. Wir als Astrologen dürfen nichts unterstellen. Wir können ihm sagen, dass er manchmal zu kritisch denkt, wir sollten ihm aber keinesfalls vorwerfen, ein Streithansel zu sein, auch wenn das in noch so vielen Fällen stimmen mag.

Es gilt, Aspekte und ihre Realitäten wahrzunehmen, ohne dabei den Menschen abzuwerten. Das ist eine wichtige Haltung, die die moderne Astrologie von der klassischen unterscheidet. Klassisch orientiert zu lernen, ist dennoch kein Fehler, lässt man ihren Determinismus weg. Wir müssen zunächst Tierkreiszeichenwissen vertiefen sowie Planeten und Aspekte in ihren vielschichtigen und auch realen Auslösungsmöglichkeiten verstehen.

Wer sich entschieden hat, Astrologie zu erlernen, fragt sich zu allererst, welchen Weg er dabei wählt. Wählt er den Präsenzunterricht oder das Fernstudium, das in unserer Zeit schwer im Kommen ist? Oder eine Mischung von beidem? Beides hat seine Stärken und Vorteile. Im Präsenzunterricht sehen wir, wie der Astrologe arbeitet, wir haben unseren Lehrer vor uns, was vielen Menschen ebenso wichtig ist wie die Begegnung mit anderen Schülern. Zwischenfragen können gestellt und schnell beantwortet werden. Präsenzunterricht, so sagt man, fördert zudem den Austausch und Wettbewerb zwischen den Schülern, die sich unter Umständen gegenseitig Tipps geben und weiterhelfen können. Beim Präsenzunterricht haben Schüler außerdem feste Zeiten der Schulung, die es ihnen unter Umständen erleichtern, ihren Alltag zu planen. Auch ist mit dem Präsenzunterricht zumindest die Hoffnung einer persönlichen Betreuung verbunden, wobei die Intensität sicherlich von der Größe der Gruppe abhängt.

Nachteile sind hier die meist deutlich höheren Kosten, die durch Anreise, Aufenthalt etc. weiter gesteigert werden. Außerdem ist das Lerntempo vorbestimmt, und es gilt sich an feste Termine zu halten, die unter Umständen nicht in das eigene Leben hineinpassen. In einer weniger homogenen Gruppe, in der die Schüler einen unterschiedlichen Wissensstand haben oder auch unterschiedlich schnell lernen und begreifen, kann die Gemeinschaft das Lernen stark beeinträchtigen.

Beim E-Learning oder einem Fernstudium, in dem die Studienunterlagen papieren oder elektronisch versendet werden, haben wir meist den großen Vorteil geringerer Kosten und die Möglichkeit, den eigenen Lernrhythmus frei zu bestimmen. Und: Wir lernen ortsunabhängig, können unsere Unterlagen und Hausaufgaben überall mitnehmen. Wir können schnell oder langsam lernen, wie es in unser Leben hineinpasst.

Viele, die einen Fernkurs belegen, schätzen zudem die Möglichkeit, im Hintergrund zu bleiben. Nicht jeder braucht den Wetteifer der anderen Schüler um sich herum. Ein weiterer großer Vorteil ist, dass wir beim Fernkurs jederzeit auf unsere Kursinhalte zurückgreifen können, um sie zu vertiefen. Eine direktere Kontrolle unseres Wissenstands ist möglich.

Nachteile sind zumindest beim E-Learning das permanente vor dem Bildschirm sitzen, was Menschen, die das sowieso schon den ganzen Tag tun, arg belasten kann. Ein weiterer Nachteil können fehlende Gruppenarbeiten und Ansprache sein. Auch muss jemand, der über E-Learning studiert bzw. einen Fernkurs macht, möglicherweise mehr Selbstdisziplin aufbringen, um beim Lernen weiterzukommen.

Natürlich präferieren wir im ASTRO-KOLLEG persönlich das papierene Fernstudium, das bis zu einem gewissen Grad auch elektronisch abgewickelt werden kann, da wir selbst auf diese Weise ausbilden. Das ist kein Geheimnis. Aber, wir sind auch überzeugt von dieser Lernmethode, sonst hätten wir sie nicht gewählt. Wer mehr Zuspruch braucht, kann den Telefonservice wählen oder sich schriftlich austauschen, was ohnehin schon über die Korrektur der Hausaufgaben geschieht. Einmal im Monat können unsere Schüler zudem an einem Zoom-Meeting teilnehmen, an dem Horoskope analysiert und besprochen werden. Nicht zuletzt bieten wir jedes Jahr um die zehn Wochenendseminare mit unterschiedlichen astrologischen Themen an, in denen unsere Schüler ihr Wissen vertiefen können und sich von unserer Arbeit, wie wir Horoskope interpretieren, inspirieren lassen können. Diese Präsenzseminare sind freiwillig, keiner muss sie besuchen.

Der Vorteil des Fernstudiums ist sein lückenloser Wissensaufbau. Das ist sehr wichtig. Auch fortgeschrittene Schüler haben die Chance, immer wieder auf frühere Lektionen zurückzugreifen, um ihr Wissen zu vertiefen, was letztlich durch die vielen Wiederholungen und das allmähliche Begreifen geschieht. Wir müssen uns etwa die Bedeutung der Planeten in den Tierkreiszeichen und

Aspekte immer wieder vor Augen führen, indem wir darüber lesen und uns inspirieren lassen. Gleichzeitig müssen wir aber auch selbst über diese Interpretationen nachdenken, da wir sonst keinen Schritt beim Lernen vorankommen.

Greifen wir unser Beispiel von vorhin mit einem Merkur-Mars-Aspekt auf. Wir müssen wissen: Merkur ist das Denken, Mars der Kampf, der Wille, der Trieb, die Aktion etc. In der Kombination beider Eigenschaften ergibt sich die Gedankenschärfe, die Schlagfertigkeit, die Freude am Diskutieren. In kritischer Auswirkung unter anderem der Streit, das Wortgefecht etc. Sie können selbst noch viele andere Kombinationen finden und in eigenen Worten darstellen, sofern Sie die Grundbedeutungen von Merkur und Mars nicht verfälschen. So lernen wir Astrologie. Wer dagegen versucht, auswendig zu lernen, was der eine oder andere Astrologe sagt oder schreibt, kann viele Jahre lang Astrologie lernen, und es wird doch nichts hängen bleiben. Wir müssen von Anfang an selbst nachdenken, um irgendwann einmal eigene Worte zu finden.

Beim Präsenzunterricht besteht die Gefahr, dass wir es uns zu gemütlich machen, vielleicht ein bisschen mitschreiben, aber weniger mitdenken. Der Denkende und Redende ist ja im Großen und Ganzen der Astrologe, der vor uns steht, und er wird so viel erzählen, dass wir wenig Zeit haben, das, was er sagt, zu reflektieren und zu vertiefen. Immerhin können wir sehen, wie ein Astrologe ein Horoskop angeht und interpretiert.

Zusammenfassend bin ich der Meinung, dass die Kombination aus gelegentlichem Präsenzunterricht und ansonsten für sich lernen ideal ist. Für sich lernen muss immer das Zentrum sein. Es gibt sogar Astrologen, die behaupten, dass Astrologie-Lernen ein Autodidakten-Studium ist, also etwas, was man in erster Linie für sich selbst lernen muss. Sie meinen damit, dass wir das Erlernte eben selbst im Leben überprüfen müssen. Wir lernen und vertiefen astrologisches Wissen, indem wir uns von Familienmitgliedern, Freunden, Bekannten ihre Daten geben lassen, mit oder ohne Geburtszeit. Allein die Planetenstellungen und Aspekte eines Horoskops können uns schon viel über einen Menschen verraten. Wir sollten täglich die Transite zu unserem Geburtshoroskop und zu anderen Menschen, mit denen wir uns gerade beschäftigen, ansehen. Wir sollten die Zeitqualität für sich beobachten und schauen, was zu welchen Planetenstellungen und Aspekten in der Welt und in unserem Umkreis geschieht. Wir sollten zumindest auch den Mond täglich beobachten und schauen, welche Stimmungen und Gefühle er erzeugt. Das ist es doch, was so viel Freude an der Astrologie macht: das stetige Forschen, das Erkennen von Hintergründen und das Verstehen von Menschen, Stimmungen und Geschehnissen, das Entdecken von tief sitzenden Blockaden und Möglichkeiten bei uns, die wir noch nicht erkannt haben. Wir lernen Liebesbeziehungen verstehen und können durch die Astrologie erkennen, warum die eine funktioniert und die andere vielleicht schon immer zum Scheitern verurteilt war. Astrologie ist so unglaublich spannend, und sie wird immer noch aufregender, je weiter wir kommen.

Das Lernen von Astrologie geht mit der Wissensaufnahme und der eigenen Forschung und Beobachtung Hand in Hand. Wichtig ist natürlich, dass wir bei einer seriösen Schule mit dem Astrologiestudium starten, die sich möglichst an die alten Überlieferungen hält, was leider nicht selbstverständlich ist in unserer Zeit, in der es viele unterschiedliche Richtungen gibt. Das Astrologie-Studium ist daher bis zu einem gewissen Punkt sicher Vertrauenssache. Wer Astrologie erlernen will, braucht unbedingt fundiertes Grundlagenwissen.

Astrologie lernen wir für das Leben, und wir lernen das ganze Leben Astrologie, weil unser Wissensstand immer mit unserer persönlichen Entwicklung wächst. Je mehr wir innerlich sehen und wahrnehmen, desto besser wird auch die Horoskopanalyse. Ein Mensch, der sich selbst nicht reflektieren und keine Empathie für andere Menschen aufbringen kann, wird kein guter Berater werden können.

Abgesehen davon ist es sicherlich die Übung, die den Meister macht. Viele unter Ihnen dürften schon einmal von der sogenannten 10.000-Stunden-Regel gehört haben, die der US-Psychologe Anders Ericsson 1993 kreiert hat. Sie besagt, dass jeder Mensch, der Meister seines Fachs werden will, egal ob als Künstler, Sportler, Geschäftsmann, Arzt etc. eben mindestens diese 10.000 Stunden hart arbeiten muss, um das zu schaffen. Ohne Disziplin, Ausdauer, Fleiß und Leidenschaft für sein Gebiet ist es nicht möglich. 10.000 Stunden sind etwa 416 Tage, aber kein Mensch beschäftigt sich mit einem Thema Tag und Nacht. Sagen wir, jemand würde sich zwei Stunden am Tag mit Astrologie beschäftigen, dann wären das 5000 Tage oder ca. 14 Jahre. Diese Regel hat sicher keine Allgemeingültigkeit, ihre Hauptaussage ist jedoch richtig: Wir brauchen Zeit und Übung, um richtig gut zu werden. 14 Jahre könnten bei einem Astrologen schon in etwa hingekommen. Ich habe mindestens so viele Jahre gebraucht, bis ich das Gefühl hatte, dass mich keine Beratung mehr überfordern kann und dass ich in der Lage bin, nahezu jedem Menschen etwas Wichtiges mitzugeben. Gerade in den ersten Jahren, in denen ich mich mit Astrologie auseinandersetzte, hatte ich immer wieder Durststrecken, in den ich das Gefühl hatte, nicht mehr weiterzukommen, nicht mehr weiter sehen zu können bei Betrachtung eines Horoskops. Meine Erfahrung ist: Bleiben wir trotzdem dran und versuchen weiter zu verstehen, öffnen sich von Zeit zu Zeit immer wieder weitere Tore. Für mich war dies jedes Mal ein beglückendes Gefühl.

Wir haben vielleicht nicht jeden Tag den Kopf für Astrologie, und es gibt keinen Astrologen, der immer gleich gut beraten kann. Viel hängt von unserer persönlichen Form ab.

Und auch Lernen ist nicht immer gleich Lernen. Es gibt hier kein Patentrezept für die Vorgehensweise. Astrologen sind eigenwillige Menschen, die auch ihre spezielle Art des Lernens finden müssen.

Ich selbst sprang, nachdem ich den groben Anfang hinter mir hatte, von einem astrologischen Gebiet zum nächsten und beschäftigte mich einfach immer nur mit dem, was mich gerade sehr interessierte. In einer normalen Schule, so wie wir sie kennen, würde das nicht funktionieren. Bei einem Fernstudium ist es zumindest möglich, das eine oder andere Spezialgebiet oberflächlicher durchzugehen und sich ebenfalls mehr mit dem auseinanderzusetzen, was einen anzieht. Wie immer wir lernen: Ich sage meinen Schüler stets, dass die Horoskopinterpretation und die Transite bei der individuellen Horoskopbetrachtung immer im Vordergrund stehen müssen. Allein darüber können wir nicht genug erfahren. Dafür müssen wir unsere Umgebung beobachten und astrologisch betrachten sowie die Zeitqualität spüren lernen. Wer das alles macht, hat die geforderten 10.000 Stunden sicher etwas schneller beisammen, auch wenn er noch einen anderen Job hat, der seine Zeit begrenzt.

Neptun – Freund und Feind des Astrologen

Neptun ist ein enorm bedeutender Planet für alle Menschen, die einen spirituellen Weg gehen. Und natürlich spielt er insbesondere bei Menschen, deren Beruf im weitesten Sinne mit Spiritualität, Psychologie und Astrologie zu tun hat, eine große Rolle. Neptun ist so etwas wie unsere geistige Antenne, die uns verborgene Zusammenhänge erfühlen oder auch erahnen lässt. Neptun ist der Planet der Mystik, der wunderbaren Geheimnisse, die sich uns durch besondere Träume, durch kaum zu verstehende Zufälle und Ahnungen offenbaren, die von einer tiefen Gewissheit durchdrungen sind.

Neptun stellt die geistige, unbewusste Welt dar, die jederzeit in unser reales, alltägliches Leben einbrechen kann. Seine feine Energie wird gerne mit der höheren Oktave der Venus umschrieben, weshalb Menschen mit starkem Neptun-, Fische- oder 12.-Haus-Thema im Horoskop oft große Empfänglichkeit, Feinfühligkeit und Sensibilität besitzen und nicht zuletzt die innere Bereitschaft, in einem höheren Sinne tätig zu sein, indem sie für ihre Ideale einstehen und anderen Menschen helfen.

Viele Astrologen und Psychologen haben ein größeres Quantum Neptun in ihrem Horoskop, der sie mitfühlen und verstehen lässt und der es ihnen ermöglicht, einen inneren Draht zu ihren Klienten herzustellen. Neptun ist jedem Berater und Geistesarbeiter eine unerschöpfliche Quelle geistiger Inspiration. Ohne Neptun ist eine astrologische Beratung nicht vorstellbar, da uns Neptun dabei hilft, innere Bilder zu erzeugen, die über die Symbolik der Planeten und Aspekte im Horoskop erzeugt werden.

Jeder Berater braucht Fantasie, die allerdings auch kontraproduktiv sein kann, wenn sie ausufert. Neptuns Energien sind so fein, dass sie bei mangelnder Ratio und Bodenständigkeit schnell zu einem Realitätsverlust führen. Bei manchen Beratern verschwimmen dann die Grenzen zwischen Traum und Wirklichkeit, was am Ende zu falschen Ergebnissen führt. Fantasie ist gut, in der Astrologie und insbesondere in der Analyse eines Horoskops sollten wir uns aber bemühen, bei der Bedeutung der Planeten und ihrer Aspekte zu bleiben, um auf dieser Basis Schritt für Schritt in die Tiefe zu gehen.

Bei Astrologie-Anfängern kann immer wieder beobachtet werden, wie sehr sie ihren eigenen Film und die Vorstellung, die sie von einer Person haben, auf deren Horoskop übertragen.

Hat Neptun kein Gefäß, so ufert er aus wie Wasser, das kein Erdbecken hat.

Besonders krass tritt Neptun oft in Form von Geschwafel zutage, wenn ein Berater versucht, mangelndes Wissen durch Fantasie zu ersetzen. Wie Uranus, der Planet der Intuition, brauchen wir Neptun jedoch, um das Geistige in die Welt zu tragen.

Prognostisch begabte Astrologen, systemische Aufsteller, besonders talentierte Schauspieler, Musiker, Maler, Bildhauer, Dichter, Schriftsteller, aber auch Pfleger, Heilpraktiker, vor allem Homöopathen, Priester, Prediger, Kartenleger, Handleser und Esoteriker sind auf irgendeine Art und Weise eng mit Neptun verbunden. So wie Wahrsager oftmals höhere Eingebungen mit Fantasie verwechseln, so können Psychologen und Pfleger unter einem Helfersyndrom leiden. Wiederum andere Menschen finden aufgrund eines aufgeblähten Neptun-Themas Gefallen daran, sich für andere aufzuopfern, auch wenn diese das gar nicht wollen.

Die Wege Neptuns sind vielfältig und oft unergründlich. Astrologische Berater sollten sich immer wieder vergegenwärtigen, wie wichtig es ist, einen Draht zur geistigen Welt herzustellen. Zu schnell und vor allem unreflektiert als Erkenntnisse in die Welt getragen, erweisen sich diese jedoch oft als wirr, haltlos, nebulös.

Menschen, die in die astrologische Praxis kommen

Es ist für jeden Astrologen immer wieder ungeheuer spannend, wenn sein Klient in seiner astrologischen Praxis auftaucht. Spannend vor allem deshalb, da er sich im Vorfeld normalerweise mit dessen Horoskop beschäftigt hat, womit automatisch eine Vorstellung, ein Bild von dem Klienten in ihm entstanden ist. Dieses Bild nun mit dem Menschen, der da kommt, in Einklang zu bringen, ist eine Kunst, ein kreativer Prozess, der in der Beratung zunehmend Form annimmt. Das Horoskop führt zum besseren Verstehen des Klienten, und umgekehrt wird der Klient allein durch sein Auftreten und seine Erzählungen manches im Kopf des Astrologen zurechtrücken bzw. konkretisieren, was im Horoskop erkannt wurde.

Ein erfahrener Astrologe sieht nun oft schon auf einen Blick auf das Horoskop, wo die Knackpunkte seines Klienten liegen und wo sich aktuell seine Hauptanliegen befinden. Er entwickelt mit der Zeit daneben ein Gespür, mit welchem Typ von Klienten er zu tun bekommt, wenn er erstmals in sein Horoskop blickt.

Im Folgenden werden einige dieser Typen aufgezählt, die in so einer Reinform natürlich selten vorkommen und die dennoch im Ansatz jeder kennt, der astrologische Beratungen abhält.

Der Pessimist

Jeder von uns kennt Menschen, die extrem realistisch und manchmal auch sehr düster denken. Spricht man mit ihnen, entgegnen sie häufig, dass das Leben und die schlechten Erfahrungen sie gelehrt haben, so negativ zu denken. In aller Regel haben diese Menschen ein ausgeprägtes Saturn-Thema. Klassisch für allzu kritisch-dunkles Denken wären etwa Merkur-Saturn-Spannungen oder Saturn in Haus 3. Nicht immer, aber gelegentlich handelt es sich bei den typischen Pessimisten um sehr kluge, eher intellektuelle Menschen, die alles und jeden kritisieren und dabei häufig auch sich selbst infrage stellen und abbauen. Saturn-Themen können hier auch mit Merkur-Mars-Aspekten gekoppelt sein.

Beim Pessimisten überwiegt die negative Einstellung zum Leben. Diese Menschen nehmen vor allem Begrenzungen, Nachteile, Zurückstellungen, Enttäuschungen, Krankheiten, Pleiten und Verluste wahr und speichern diese oft wie eine Anklageschrift gegen das Leben in ihrem Kopf ab. Sie haben immer den schlechten Ausgang vor Augen, und wenn er eintrifft, sagen sie oft: „Ich hab's doch gewusst …".

Saturn ist wichtig, ist er doch der Planet, der uns in positiver Hinsicht Halt und Struktur schenkt. Und er ist nun einmal der Hüter der Schwelle, der über die materielle, vergängliche Welt herrscht. Nur Saturn, die Not, das Vergängliche, den drohenden Niedergang, das Scheitern anzuschauen, heißt jedoch, ins Dunkle zu blicken, was viele dieser Menschen, die ein Zuviel an Saturn oder spezieller schwieriger Saturn-Aspekte im Horoskop haben, auf Dauer in die Verzweiflung, in die Resignation und Depression treiben kann.

In der Beratung ist so ein Klient nicht immer einfach. Der unerfahrene astrologische Berater würde ihn versuchen aufzubauen, indem er ihm alle möglichen Tipps gibt, wie er seine Sichtweise und sein Leben ändern könnte. Die Wahrscheinlichkeit, dass dieser Klient jedoch alle gut gemeinten Ratschläge abwiegelt mit der Begründung: „Ach, das wird ja doch nichts … hab' ich schon alles probiert etc." ist relativ groß. Der Pessimist wird auch der besten Chance und vermeintlichem Glück nichts abgewinnen können, weil für ihn im Leben nichts umsonst ist. Auch für Glück müsse man bezahlen, und wenn Glück einmal eintrifft, ist es so wie mit dem blinden Huhn, dass gelegentlich auch ein Korn findet.

Der Versuch, einem echten Pessimisten mit guten Ratschlägen weiterzuhelfen, ist einfach nur vergebene Liebesmüh. Nicht viel bewirken würde es ferner, wenn der Astrologe diesem Klienten von möglicherweise guten aktuellen oder künftigen Jupiter-Transiten erzählen würde, obgleich auch der Pessimist natürlich darauf hofft, dass künftig alles besser wird. Im Grunde genommen kann jedoch nichts besser werden, solange der Pessimist in seinem negativen Denken verhaftet bleibt. Im Gegenteil, der Astrologe sollte ihm deutlich klarmachen, dass er sich in einer Art Abwärtsspirale befindet, die auch nicht in besseren Zeiten aufhören kann, solange er vorwiegend ins Dunkle blickt, von düsteren Gedanken nicht loslassen kann und immer wieder ins Grübeln verfällt.

Gerade wenn es sich um entsprechend schwierige Merkur-Aspekte in Verbindung mit Saturn bzw. Saturn in Haus 3 handelt, ist es wichtig, dem Klienten zu erklären, dass wir nicht das sind, was wir denken und dass wir nicht Sklaven unseres Denkens werden dürfen. Merkur, der Götterbote, das Denken, der Intellekt, ist das unterste Planetenprinzip, Jupiter, das Vertrauen, der Glaube, die höhere Führung, das höchste. Wer um seine Neigung weiß, immer wieder schnell in allzu kritische und negative Gedanken abzurutschen, kann durch Bewusstheit lernen, seine Gedanken zu kontrollieren und zu steuern. Niemand zwingt uns, uns um Dinge zu sorgen, die nicht spruchreif und aktuell nicht lösbar sind. Niemand zwingt uns, immer nur das Schlechteste anzunehmen. Auch der größte Realist und Pessimist kann Ausgänge und Ereignisse für sich offenlassen, solange nicht hundertprozentig sicher ist, dass sie schlecht ausgehen.

Es geht hier um die Einstellung dem Leben gegenüber und die Erkenntnis, dass man selbst eben einen Tick zu negativ denkt, was schwarz auf weiß im Horoskop steht. Wer erkennt, dass dieses gnadenlos auf Realismus ausgerichtete Denken nicht nur Vorteile hat, sondern auch in eine Schieflage im Leben führen kann, der geht fortan in dieser Hinsicht bewusster mit sich um. Wenn der Astrologe das erreicht, war es eine gute und erfolgreiche Beratung. Natürlich kann er diesem Klienten zusätzlich den Rat geben, diese Anlage durch eine Therapie, durch astrologische Aufstellungen oder durch einen guten Coach noch besser in den Griff zu bekommen.

Der Hochsensible

Erst in unserer Zeit hat man eigentlich den hochsensiblen Menschen entdeckt, den es gar nicht einmal so selten gibt, auch wenn so mancher Mensch, der sich für einen solchen hält, es gar nicht ist. Das Thema Hochsensibilität geht im Wesentlichen auf die amerikanische Psychotherapeutin Elaine N. Aron zurück, die 1997 erstmals den Begriff „Highly Sensitive Person“ aufgrund ihrer Forschungsarbeiten zur Sensitivität verwendete. Hochsensibilität, wie sie heute größtenteils verstanden wird, ist ein festes Persönlichkeitsmerkmal, also nicht unbedingt etwas Ungewöhnliches und, wie gesagt, auch in der astrologischen Praxis treffen wir immer wieder Menschen an, bei denen der Grat zwischen sehr intensivem Erleben und Reizüberflutung sehr schmal ist. Diese Menschen haben eine gesteigerte Wahrnehmung von positiven wie negativen inneren und äußeren Reizen, etwa in Form von Lärm, Stimmungen, Schmerzen, schöner Musik, Zärtlichkeiten usw. Und natürlich sind sie dadurch oft physisch wie psychisch anfälliger. Da diesen Menschen häufig alles zu viel wird, weil es bei ihnen relativ schnell zu einer Reizüberflutung kommt, ziehen sie sich gerne vom Leben zurück, auch weil sie Probleme mit der harten Realität und den täglichen Reibungen und Auseinandersetzungen mit Menschen haben.

Diese Überempfindlichkeit oder Hypersensibilität ist jedoch, wie gesagt, keine Krankheit, sondern eine Persönlichkeitsstruktur. Wissenschaftler sprechen von genetischen Veranlagungen, wir Astrologen können oft ein übergroßes Mond- und vor allem Fische-Neptun-Thema im Horoskop feststellen. Der feinstoffliche, hochgeistige Neptun verfeinert bereits in Konjunktion mit der Sonne oder dem Aszendenten das Gefühlsleben und die Empfindungen von Menschen sehr stark. Und je mehr Neptun in Form einer Fische- oder 12.-Haus-Betonung sowie Neptun-Aspekten, vor allem in Form von Konjunktionen, Quadraten und Oppositionen mit persönlichen Planeten, in Horoskopen auftaucht, desto sensibler sind seine Eigner.

Ich hatte einmal eine Frau in der Beratung, eine Psychologin, die als hochsensibel eingeschätzt wurde und in deren Horoskop unter anderem eine Sonne-Mond-Mars-Konjunktion in den Fischen im Quadrat zu Neptun auftauchte. Sie war als Psychologin unglaublich begabt und erfolgreich, da sie sehr viel Empathie besaß, was überhaupt eine absolute Stärke von hochsensiblen Menschen ist. Sie kämpfte jedoch schon ihr gesamtes Leben mit zeitweiligen Schwächeanfällen, die sie immer wieder zum Rückzug zwangen. Als damals Neptun als Transit durch die Fische lief und ihre Konjunktion von Sonne, Mond und Mars überquerte und gleichzeitig im Quadrat zu ihrem Geburts-Neptun stand, hörten die Erschöpfungszustände überhaupt nicht mehr auf. Sie kam kaum noch aus dem Bett und konnte nur noch mit Müh und Not ihre alltäglichen Pflichten erledigen. An Arbeit war schon seit Monaten nicht mehr zu denken, und auch die Ärzte fanden wieder einmal keine Ursache für ihre Schwäche.

Neptun wirkt auf der körperlichen Ebene insofern, dass er Kraft nehmen und schwächen kann. Ganzheitlich steckt hier häufig dahinter, dass den Betroffenen alles zu viel wird. Der klassische Neptunier flüchtet dann normalerweise gerne, zieht sich zurück ins Verborgene, wird sozusagen für andere unsichtbar. Finden diese Menschen keine Ausflüchte mehr, um zu sich selbst zu finden, wird die Überforderung zu einem Leidensdruck, der sich eben in Schwäche oder sonstigen Krankheiten ausdrücken kann.

Für hochsensible Menschen ist es zweifellos ein Muss, sich regelmäßig körperlich zu betätigen, da ihr meist ebenso sensibler Körper (vor allem bei Fische-Aszendenten oder Neptun am Aszendenten bzw. in Haus 1) auch nur begrenzt belastbar ist.

Noch wichtiger ist jedoch für jeden hochsensiblen Menschen und Neptunier die Abgrenzung nach außen. Sie ist der absolute Schlüssel dafür, dass diese Menschen ihr Leben in den Griff bekommen und sich verwirklichen können. Sie brauchen deshalb den Rückzug, um die schnelle Reizüberflutung eindämmen zu können. Das heißt konkret, sie müssen ihr Leben so einrichten, dass sie genügend Zeit für sich alleine haben. Es muss ihnen in einer Beratung auch klargemacht werden, dass sie wie jeder Mensch Geheimnisse haben dürfen, auch wenn diese bei ihnen etwas mehr als bei anderen sind.

Ein weiterer wichtiger Punkt ist die Abgrenzung gegenüber anderen Menschen. Denn Hochsensible neigen dazu, alles zu verstehen und anderen immer helfen zu wollen, auch weil sie so viel Mitgefühl und Mitleid besitzen. Sie versäumen es oft, regelmäßig Grenzen zu setzen. Denn Menschen, die Hilfe brauchen, nehmen vielfach rücksichtlos das, was immer sie an Energie und Zuwendung bekommen können. So werden Hochsensible und Neptunier oft ausgebeutet und mutieren vom Helfer zum Opfer. Und im Kleinen geht es ihnen nicht selten den ganzen Tag in dieser Weise: Immer nehmen sie Rücksicht, auch wenn es zu ihrem Nachteil ist, hören anderen geduldig zu und merken nicht, wie sie dabei energetisch ausgesaugt werden. Sie können nicht nein sagen, wenn weitere zusätzliche Arbeiten und Verpflichtungen an sie herangetragen werden. Es fällt ihnen grundsätzlich unendlich schwer, nein zu sagen, sodass andere Menschen, die nicht so sensibel wie sie sind, geradezu dazu eingeladen werden, natürliche Grenzen und Distanzen zu überschreiten. So werden sie energetisch ausgesaugt, und zusätzlich leiden sie unter einem permanenten Erwartungsdruck, da sie es ja allen recht machen wollen. Das ist des Guten zu viel, das kann kein Mensch aushalten. Ständige Müdigkeit und Schwäche sind unter diesen Umständen eigentlich völlig normal.

Wir Astrologen wissen, dass alles, was uns widerfährt, „hausgemacht" ist, und das sollten wir auch diesem Kliententyp erklären. Wenn er weiß, wie das Spiel mit seiner Überforderung läuft, hat er die Möglichkeit, sein Leben darauf einzustellen und zu verändern.

Der Verzweifelte

Der französische Philosoph René Descartes bezeichnete die Verzweiflung als „Angst ohne Hoffnung". Ganz schön düster und doch sehr treffend. Wer richtig verzweifelt ist, ohne dabei zu dramatisieren und zu übertreiben, der steckt in einem tiefen Loch und spürt oft nur noch die totale Hoffnungslosigkeit. Nicht selten kommt bei Menschen, die verzweifelt sind, der Astrologe, der letzte Strohhalm, an den sie sich klammern, ins Spiel. Eine schwere und zugleich sehr verantwortungsvolle Aufgabe für diesen, da Menschen, die sich in so einer schwierigen Lage befinden, oft nicht mehr sehr rational denken können und gleichzeitig offen für jede Art von Lösungsvorschlag sind. Das Wort des Astrologen wiegt in diesen Fällen noch schwerer als sonst, er soll der Weise, der Übermensch sein, der einem den Weg zeigt, der aus dem dunklen Tal herausführt. Wir Astrologen werden in solchen Momenten gerne idealisiert.

Auf der anderen Seite finden wir bei Menschen, die in einer schwierigen Lebenssituation sind, oftmals eine enorme Offenheit und Bereitschaft, wichtige Dinge bei sich und ihrem Leben zu erkennen, zu reflektieren und zu verändern, sodass eine gute astrologische Beratung in diesen Zeiten Gold wert sein kann. Gerade jetzt können die Weichen für die Zukunft gestellt werden, in der diese noch mehr sich selbst und ihre Bestimmung leben können. In verzweifelten Momenten hat man nichts mehr zu verlieren und ist bereit, das bisherige Leben völlig auf den Kopf zu stellen.

Unfälle, Krankheiten, Trennungen, Zerwürfnisse, Todesfälle, Entlassungen, berufliches Scheitern, Schulden – es gibt viele Ursachen für Verzweiflung. Wir Astrologen müssen, bevor wir solche Menschen beraten, ganz genau hinschauen und versuchen zu erkennen, ob diese Menschen so sehr verzweifelt sind, dass sie in einer Depression stecken oder ernsthafte Suizidgedanken haben. Vor allem im letzteren Falle müssen wir sehr bedacht handeln. Wir sollten ihm Möglichkeiten sowie Wege einer professionellen Unterstützung aufzeigen, z. B. Notfalldienste mit Spezialisierung auf Suizid, Sozialdienste sowie Seelsorger aller Konfessionen. Es ist auch immer hilfreich, lokale Psychotherapeuten zu recherchieren und gegebenenfalls den Kontakt zu vermitteln.

Ist der Klient zwar psychisch angeschlagen, aber grundsätzlich klar und einsichtsfähig, ist der Hinweis oder Ratschlag ausreichend. Er hat grundsätzlich immer das Recht auf Nicht-Behandlung, unabhängig davon, ob es um physische oder psychische Krankheiten geht.

Ist der Klient dagegen eine akute Gefahr für sein eigenes Leben (oder das einer anderen Person), gilt es, sich umgehend an eine psychiatrische Einrichtung zu wenden, die gegebenenfalls eine Zwangseinweisung veranlasst. Das sind Extremfälle, und das habe ich persönlich in meiner langen Erfahrung als Astrologe glücklicherweise noch nie erlebt. Dennoch wäre es nicht verkehrt, für den Fall der Fälle die Telefonnummer einer psychiatrischen Einrichtung in der Nähe zur Hand zu haben.

Jede Verzweiflung ist jedenfalls ein Extremzustand, auch wenn das Leben nicht unmittelbar in Gefahr ist. Also sollten wir in der Beratung erst einmal sehr gut, und wenn nötig, lange aufmerksam zuhören. Empathie und Mitgefühl sind bei dieser Art von Beratung von essenzieller Bedeutung. Es hilft unbedingt, dass der Klient das Gefühl hat, dass wir ihn in der Tiefe verstehen und nicht etwa leichtfertig und teilnahmslos über seine Probleme reden und hinweggehen. Diese Klienten brauchen jetzt alles, nur kein theoretisches und abstraktes Blabla, das ihnen ihr Horoskop erklären soll. Sie brauchen in erster Linie klare Antworten und praktische Lösungsansätze, an denen sie sich festhalten und orientieren können. Der Astrologe ist jetzt die fürsorgliche Autorität, die mögliche Wege aus der Krise aufzeigt.

Natürlich muss der Astrologe die Themen, die hinter der Krise stecken und die immer sehr real in Form schwieriger, lang anhaltender Transite auftauchen, sehr deutlich ansprechen. Die schwierigen Transite der langsam laufenden kosmischen Schwergewichte Saturn, Uranus, Neptun und Pluto deuten immer die Aufgabe an, die diese verzweifelten Menschen aktuell haben. Aufgaben, die zu ihrer Persönlichkeitsentwicklung gehören und deshalb unbedingt positiv zu sehen sind.

Zusätzlich ist es in solchen Beratungen wichtig, Chancen der Erweiterung und des Glücks aufzuzeigen, die durch den Lauf des Jupiters angezeigt sind. Wir müssen dabei nicht unbedingt tolle Jupiter-Transite zu Planeten des Geburtshoroskops finden, es ist ja auch so, dass Jupiter im Transit allein schon durch die jeweiligen Häuser ganze Lebensbereiche belebt und in den Vordergrund drängt, sofern wir die angezeigten Möglichkeiten wahrnehmen.

Der Neugierige und „Nervige“

Besonders neugierige Menschen sind meist sehr lebendige Menschen, die nicht selten das Zeichen Zwillinge bzw. seinen irdischen Spiegel, das 3. Haus, prominent besetzt haben oder (und) über einen entsprechend stark gestellten und aspektierten Merkur verfügen, oftmals in Kombination mit einem überaus lebendigen Uranus, der als die höhere Oktave des Merkur eine enorme Bedeutung für die Zeit, die Intelligenz, schnelle Auffassungsgabe, aber auch Ruhelosigkeit von Menschen hat.

Neugierige Menschen sind häufig sehr kluge Menschen und wunderbare Gesprächspartner, da sie an allem interessiert sind und alles andere als gleichgültig sind, was ja das Gegenteil der

Neugierde ist. Wir alle brauchen letztlich ein großes Quantum an Neugierde, um uns geistig weiterzuentwickeln und zu bilden. Neugierde ist also erst einmal nur positiv zu betrachten.

Ein zu viel an Neugierde kann aber lästig und entsprechend einem gesteigerten Merkur und Uranus nervig werden. So finden wir neben merkurisch gebildeten Menschen auch solche, die Klatsch und Tratsch lieben, die gerne und viel plappern und in Gesprächen mitunter vom Hundertsten ins Tausendste kommen.

Gelegentlich verschlägt es genau diesen Menschentypen zum Astrologen, der ihm möglichst Antwort auf alles und noch mehr geben soll. Stellt dieser Klient Fragen ohne Ende, gerät der Astrologe schnell in die Rolle des Allwissenden, der alles beantworten soll. Wehrt sich der Astrologe, diese Rolle einzunehmen, mutiert das Gespräch in ein Wortgeplänkel, manchmal auch in ein lebendiges Wortgefecht, das durchaus Freude machen kann, aber am Sinn einer astrologischen Beratung vorbeigehen kann. Widersprechen gehört zum sportlichen Ehrgeiz dieser Menschen, die gerne beweisen möchten, wie klug sie sind.

Vom eigentlichen Ziel driftet die Beratung spätestens dann ab, wenn der Klient von einem Thema zum nächsten springt, sodass auf keines wirklich ausführlich und vertieft eingegangen werden kann. Meist besitzen diese „nervigen“ Menschen zudem einen übergroßen Rededrang und lassen den Astrologen überhaupt nicht mehr zu Wort kommen bzw. fallen ihm permanent ins Wort, sodass er seine Gedanken nicht zu Ende führen kann. Einen Anfänger könnte so eine Beratung schnell überfordern.

Was also tun, wie gehen wir als Astrologen mit solch kopflastigen, neugierigen und oftmals ruhelosen Menschen um? Wie finden wir zu einem produktiven Gespräch, das uns erlaubt, wesentliche astrologische Inhalte zu vermitteln?

Natürlich müssen wir auch diesen Menschen zunächst genau zuhören und immer wieder nachfragen, um zu klären, worum es eigentlich geht, was die genaue Frage ist. Genau das ist nämlich bei diesem Kliententyp nicht immer einfach herauszufinden. Schnell fließen die Zeit und das Gespräch dahin, ohne dass ein Thema konkret behandelt wird. Ich habe schon erlebt, dass diese Menschen erst dann bereit sind, ihre Fragen konkreter zu fassen, wenn die Beratungszeit vorbei war. Oder sie gingen ohne Ergebnis nach Hause und beschwerten sich hinterher, keine Antwort auf ihre Fragen bekommen zu haben.

Damit es nicht so weit kommt, sollte der Astrologe versuchen, von Anfang an höflich Grenzen zu setzen und sich nicht die Gesprächsführung aus den Händen nehmen zu lassen. Dabei kann es unter Umständen nötig werden, bestimmend und autoritär aufzutreten, um diesem Klienten zu signalisieren: Stopp, so kann die Beratung nicht gelingen. Konkret sollte der Klient aufgefordert werden, sich auf Wesentliches zu konzentrieren, damit die Beratung, für die er schließlich Geld bezahlt, zu einem Ergebnis führen und erfolgreich werden kann. Eine Aufforderung, die unter Umständen wiederholt werden muss, damit der Fokus nicht verloren geht.

Wichtig ist es in diesen Beratungen, immer wieder konkreten Bezug zur Realität herzustellen, ohne wiederum die eine oder andere Geschichte, zu der der Klient bereitwillig ansetzt, ausufern zu lassen. Zusammenfassend können solche Beratungen kurzweilig, aber auch sehr anstrengend verlaufen. Vom Astrologen erfordern sie noch mehr als sonst eine sehr klare und strukturierte, besonnene Form der Beratung und Gesprächsführung. Er muss öfter eingreifen und sogar bewusst unterbrechen, um die Gedankenflut dieser geistig übersprudelnden Menschen zu stoppen bzw. in Bahnen zu lenken, damit Ergebnisse, Erkenntnisse, Klärungen in der Beratung überhaupt erst möglich werden. Denn auch wenn dieser Klient sich so verhält, dass kein konzentriertes Gespräch zustande kommen kann, so wünscht er sich vom Astrologen doch in der einen oder anderen Frage Klarheit.

Der Ausreden Suchende

Mit den Ausreden und Ausflüchten fängt es schon in jungen Jahren an. Wer eine schlechte Note in der Schule schreibt, macht den Lehrer verantwortlich, wer beim sportlichen Wettkampf verliert, führt das auf den Trainer oder den schlechten Schlaf in der Nacht zurück etc. Später sind es die Kinder, die die eigene Entwicklung verhindern, der Chef, der einem das Leben versauert, die Kindheit und die Eltern, die für alle möglichen seelischen und psychischen Probleme verantwortlich sind usw. Das Ausreden Suchen ist bei vielen zu einem täglichen Programm geworden: „Ich konnte mich nicht melden, weil … ich bin zu spät, weil … ich habe in der Arbeit Fehler gemacht, weil … ich kann nicht zum Geburtstagsfest kommen, weil …

Jeder von uns kennt Menschen, die man nicht greifen, kein klares Wort sprechen und kein Problem klären kann, weil sie eben mit ihren Ausreden aalglatt entfliehen. Wir alle kennen diese Menschen, die einfach nicht in der Lage sind, sich Fehler einzugestehen und sie deshalb durch Umstände begründen oder, noch schlimmer, bei anderen suchen. Viele dieser Ausreden sind Notlügen, weil man ein Geburtstagsfest nicht besuchen will, weil es vielleicht langweilig ist oder weil man insgeheim dem Geburtstagskind das schöne Fest neidet usw.

Im Grunde genommen sind diese Ausreden, wenn wir sie psychologisch betrachten, für viele eine Möglichkeit, um möglichst reibungslos durch das Leben zu gehen. Immer die Wahrheit zu sagen, würde bedeuten, ständig anzustoßen und Auseinandersetzungen zu provozieren. Auf der anderen Seite weicht man durch diese Lebenshaltung nicht nur Klärungen mit anderen Menschen aus, sondern auch der Auseinandersetzung mit sich selbst. Und das bedeutet Stagnation, die durch Lebenslügen aufrechterhalten wird.

Wir müssen uns nicht permanent mit Menschen treffen, die Wahrheit und Ehrlichkeit nicht ertragen können, wir sollten aber auch nicht jedem unsere vermeintliche Wahrheit ins Gesicht sagen und dabei unnötige Verletzungen riskieren. Mit der Wahrheit sollten wir zu allererst bei uns selbst und unserem eigenen Leben anfangen.

Dazu sollten wir auch den Ausreden suchenden Klienten, der uns von seinem Unglück im Leben erzählt und dafür Gott und die Welt verantwortlich macht, anstoßen, was uns Astrologen eigentlich ganz gut gelingen dürfte. Denn das Horoskop ist auf seine Art objektiv. Hier finden sich schwarz auf weiß alle Anlagen des Klienten, die im ganzheitlichen Denken die unterschiedlichsten Auslösungen im Leben haben. Wer sich ernsthaft mit Astrologie auseinandersetzt, kann die Verantwortung nicht mehr abgeben und muss einsehen, dass nur er selbst für sein Leben verantwortlich ist.

Wieder erkläre ich genau diesem Klienten, dass ich in seinem Horoskop wohl den Grund für den einen oder anderen misslichen Lebensumstand erkennen könnte, dass ich darin aber kein böses Schicksal oder andere Personen sehen würde, die dafür verantwortlich wären. Auch hier greift der Grundsatz klassisch orientierter Astrologie: Charakter ist gleich Schicksal. Das Schicksal ist nichts anderes als der Charakter, der durch das Horoskop gespiegelt wird, in seinem zeitlichen Ablauf. Keiner hindert uns daran, an uns selbst zu arbeiten, um unser Leben und Schicksal in eine bessere und glücklichere Richtung zu drängen.

Genau das müssen wir zu Beginn der Beratung dem Ausreden suchenden Klienten klar machen. Er ist für sein Leben verantwortlich, er ist aus seiner inneren Mitte geworfen, weil er bislang nicht bereit war, sich mit seinen Themen zu beschäftigen, die jeder gut geschulte Astrologe im Horoskop erkennen kann.

Hört er auf, Ausreden für seine schwierigen Lebensumstände zu suchen, werden sich diese auflösen, genauso wie seine inneren Blockaden und Versäumnisse, für die er bislang andere verantwortlich gemacht hat.

Ich habe gerade in solchen Beratungen oft enorme Aha-Erlebnisse und für meine Offenheit sehr dankbare Klienten erlebt, die tatsächlich raus in die Welt gegangen und ihr Leben allmählich verändert haben. Astrologische Beratungen können viel bewirken!

Der ständig Widersprechende

Sie kennen sicherlich auch diesen Typen aus Ihrem Leben: Männer oder Frauen, die Ihnen grundsätzlich widersprechen, egal, was Sie sagen. Es gibt immer eine Korrektur, ein Verneinen, ein Besserwissen. In Seminaren ist es mir schon passiert, dass genau dieser Typ mir vehement widersprach, um anschließend genau dasselbe zu behaupten, was ich eben noch von mir gegeben hatte.

Manchmal ist das Widersprechen dieser Menschen so tief in ihnen verankert, dass es zur Gewohnheit, zum Programm wird. Klar, diese Menschen debattieren gerne, verlieren sich oft in Wortgefechte, in denen es nur noch um das Rechthaben geht und zetteln ungewollt den einen oder anderen Streit an. Manche von ihnen leiden darunter, weil sie im Laufe ihres Lebens erkennen, dass so eine Streitbarkeit und Rechthaberei doch sehr einsam machen kann. Andere bleiben dabei: Sie wissen es besser, und wenn es Konflikte gibt, sind – soviel zum vorherigen Thema – die anderen dafür verantwortlich.

Das alles ist jetzt ein bisschen krass beschrieben, aber Sie wissen vermutlich, was ich damit meine und wen ich anspreche. Es sind Menschen, die oftmals eine Merkur-Mars-Spannung, also eine Konjunktion, ein Quadrat oder eine Opposition zwischen Merkur und Mars in ihrem Horoskop haben. Natürlich sei an dieser Stelle angemerkt, dass nicht jeder, der eine Merkur-Spannung hat, diese so hemmungslos in eine Richtung auslebt. Wir finden viele kluge, wenn auch immer kritisch denkende Menschen mit diesen Aspekten, die sich gerne gedanklich und geistig auseinandersetzen, ihre Neigung permanent zu widersprechen, aufgrund ihrer Reife aber zumindest im Griff haben. Ähnlich wie Merkur-Mars wäre Mars in Haus 3, Merkur im Widder, Merkur in Haus 1 oder Merkur direkt am Aszendenten.

Eine Schülerin, die mir einige Selbstbeherrschung abverlangte, als ich in einem Seminar über ihr Horoskop sprach, weil sie selbst bei den einfachsten Erklärungen und Interpretationen sofort „Nein, das stimmt nicht“ sagte, bevor ich überhaupt meinen Gedanken ausführen konnte, hat eine Sonne-Mars-Opposition, wobei ihr Mars über ihr 3. Haus herrscht (durch das Tierkreiszeichen Widder an der Spitze des 3. Hauses).

Gerade in Beratungen, wo es ja ganz speziell um die Kommunikation geht und das Ziel, gemeinsam auf einen Nenner zu kommen, kann der von Natur aus kämpferische, spaltende Mars etwas, wie bereits anhand mehrerer Beispiele dargelegt, sehr anstrengend sein. Es erfordert enorm viel Selbstbeherrschung und Geduld des Astrologen, nicht auf die Widersprüche, die mitunter sehr provokativ vorgetragen werden, einzugehen.

Ich versuche diesem Klienten-Typen zu erklären, dass er aufgrund seiner Anlage manches etwas zu kritisch sieht, dass er dazu neigt, „jedes Haar in der Suppe“ zu finden, was vielleicht nicht immer passt und angebracht ist. Es haben ja viele Juristen ähnliche Aspekte und Konstellationen, die sie beruflich natürlich gut gebrauchen können, um ihre Streitfälle durchzufechten. Im Privatleben oder auch im Umgang mit Kollegen führt diese Anlage jedoch immer wieder zu Streit oder Zerwürfnissen.

Wichtig ist, dass diesen, wie allen anderen Menschen auch, Respekt entgegengebracht wird. Merkur-Mars-Spannungen, Mars in Haus 3 etc. haben ja häufig sehr kluge Menschen, und das sollte man diesen Menschen auch sagen. Erst dann sind sie meist bereit, die schwierige Seite dieser Anlage anzuschauen und zu akzeptieren, was ja immer die Voraussetzung dafür ist, um damit umgehen zu lernen.

Der sich Versteckende

Es kann viele Gründe geben, sich vor anderen Menschen zu verstecken und sein wahres Ich nicht preiszugeben. Bei jedem Menschen gibt es Narben in der Seele, Verletzungen, an die er nicht erinnert werden möchte. Oftmals sind es aber auch einfach tief sitzende Unsicherheiten, die auf keinen Fall sichtbar werden sollen. Und natürlich können diese Menschen, die es gewohnt sind, das, was sie wirklich im Inneren bewegt, zu verbergen, nicht plötzlich umschalten und völlig aufmachen, wenn sie eine Beratung beim Astrologen buchen.

Meist handelt es sich hier um sehr sensible, feinfühlende Menschen, die vielleicht auch Angst haben, etwas falsch zu machen oder zu sagen, die immer gerne den anderen helfen und es ihnen recht machen wollen. Gerade beim Thema Helfen steckt hier unbewusst oft auch der Versuch dahinter, von sich selbst abzulenken.

Unsicherheit und mangelnder Selbstwert sind hier meist ein größeres Thema. Fast immer finden wir in diesen Horoskopen stärkere Neptun-Themen, etwa in Form von Fische-Aszendent, Sonne-Neptun-Konjunktion, -Quadrat oder Opposition so wie Neptun am Aszendenten oder in Haus 1 oder Sonne in Haus 12. Das sind Menschen, die sowieso nicht so genau wissen, wer sie eigentlich sind, da der Einfluss Neptuns hier das Ich entgrenzt, auflöst, nicht finden lässt. Versteckspielen ist hier nicht immer Absicht. Diese Menschen können sich in den verschiedensten Rollen wiederfinden, weshalb man solche astrologischen Vorzeichen auch relativ oft in Horoskopen von Schauspielern findet.

In Beratungen ist es sehr wichtig, diesen Menschen das Gefühl zu geben, dass sie auch von sich erzählen dürfen. Gleichzeitig erwarten diese Menschen meist vom Astrologen, dass er sie erkennt und versteht, ohne dass sie viel von sich preisgeben müssen. Der Astrologe sollte diesen Menschen Mut machen, sich mehr zu zeigen und die konkreten Herausforderungen des Lebens anzunehmen.

Neptunier haben häufig großartige Talente, die sie aber nicht verwirklichen, weil sie in ihrer Innenwelt gefangen sind, in die sie sich zurückziehen und unsichtbar machen. Sichtbar werden heißt, sich ins Leben konkret einzubringen und Anwendungsgebiete für die eigenen Talente und Fähigkeiten zu finden. Sich zum Tatmenschen entwickeln, nach außen gehen, sich zeigen, das Risiko einzugehen, auch einmal abgelehnt zu werden, sind die Botschaften, die diesen Klienten, die sich so stark im Rückzug befinden, mitgegeben werden sollten. Natürlich kann niemand über seinen Schatten springen, aber wenn jemand viel Rückzug, Unsichtbarkeit und Innenleben hat, dann muss er dem die Aktion, die Tat entgegensetzen, damit er beruflich wie privat etwas erreichen kann. Wir sollten darum bemüht sein, über unseren Schatten zu springen, auch wenn das nie wirklich gelingen kann.

Sich verstecken kann daneben aber auch Zeichen eines starken Pluto-Themas sein. Menschen, die etwa einen Skorpion-Aszendenten, mehrere persönliche Planeten im Skorpion oder 8. Haus, eine Sonne-Pluto-Konjunktion, -Quadrat oder -Opposition oder Pluto am Aszendenten oder in Haus 1 haben, laufen oftmals mit der berühmt-berüchtigten Hades-Tarnkappe durch die Welt. Sie haben eine immense Angst davor, ihr Inneres zu offenbaren, weil sie das angreif- und verletzbar machen könnte. Sie misstrauen dem Leben, das voller Gefahren ist und sind deshalb auch stets in einer „Habachtstellung“, woran man einen Plutonier auch ohne Horoskop erkennen kann.

Das Auftreten dieser Menschen ist nur manchmal etwas rauer, so wie man das von jemandem erwartet, der eben einen starken Pluto hat, bisweilen aber auch überaus freundlich und sympathisch. Dahinter steckt jedoch häufig das typische plutonische Ablenkungsmanöver, zu dem auch plötzliche Themenwechsel, Gegenfragen sowie heftiges Abwehrverhalten und plötzliche Gegenangriffe gehören.

Plutonische Menschen haben eine feste Vorstellung von dem, wie sie sind, lassen sich nur äußerst ungern in die Seele blicken und trauen deshalb gerade auch dem Astrologen nicht, der das versuchen könnte. Mit einem echten Plutonier über seine Anlagen und seinen Charakter zu diskutieren, dürfte mitunter ein schwieriges Unterfangen sein, vor allem wenn Seiten davon angesprochen werden, von denen er nichts hören will.

Knacken kann man einen Plutonier in der Beratung, indem man zunächst seine Vorzüge ausführlich darstellt, was ein gewisses Vertrauen schafft und seine „Habachtstellung" lockert. Jetzt weiß er, wir wollen ihn nicht angreifen oder gar demontieren, wir stehen voll und ganz hinter ihm. Erst an diesem Punkt angekommen, kann das Gespräch auf seine Fragen und Probleme im Leben gelenkt werden, die astrologisch ja immer auch mit seinen eher schwierigen Aspekten und Konstellationen im Horoskop verknüpft sind.

Die Kunst ist nun, sehr feinfühlig und vor allem nicht wertend über diese Aspekte und Konstellationen zu sprechen, indem neben ihren kritischen Seiten immer auch ihr großes Potenzial angesprochen werden sollte, das dann zur Geltung kommen kann, wenn die Bereitschaft besteht, mit den vermeintlichen Schwächen bewusst umgehen zu lernen. Eine Beratung darf niemals vernichtend sein. Wir sollten immer die Chance, den Lichtblick, die Möglichkeit bieten, eine Energie, die bislang destruktiv in Erscheinung trat, zu beherrschen, mit ihr umgehen zu lernen, sodass sie letztlich sogar zum Lebenserfolg im weitesten Sinne beitragen kann. Vertrauen brauchen vom Astrologen alle Klienten, der Plutonier aber ganz besonders.

Jede gute Beratung geht ohnehin vom Werten weg, spricht neben den Stärken aber ebenfalls Schwächen, Knack- und Triggerpunkte an, die jeder Mensch besitzt, über die normalerweise aber nicht gesprochen wird, allenfalls in Form von Vorwürfen und Kritik. Viele Menschen kommen dadurch innerlich zur Ruhe und entwickeln oftmals erst die Bereitschaft, sich selbst anzunehmen und so zu akzeptieren, wie sie sind. Ab hier wird das Leben spannend, ab diesem Moment des Sich-selbst-Verstehens sind wir in der Lage, uns persönlich schneller, besser und freier zu entwickeln.

Der Manipulierende

Natürlich gehört auch das Thema Manipulation zum Skorpion und Pluto. Letztlich hat aber jeder Mensch einen Pluto in seinem Horoskop und neigt bisweilen bewusst oder unbewusst dazu, in manchen Momenten seine Gegenüber in seinem Sinne durch geschicktes, undurchschaubares Argumentieren zu beeinflussen, um einen vermeintlichen Vorteil daraus zu ziehen. Klar, bei den klassischen Plutoniern können wir das besonders häufig beobachten.

Besonders schwierig gestalten sich Beratungen bisweilen mit Klienten, die eine Merkur-Pluto-Konjunktion, -Quadrat oder -Opposition, Pluto in Haus 3, Merkur im Skorpion oder in Haus 8 haben. Sie sind gedanklich meist tiefschürfende Menschen, neigen aber unter anderem dazu, Dinge von sich, ihrem Leben und ihren Problemen so eindrücklich und auch oft einseitig mit einer gewissen Leidenschaft, die oft an Fanatismus grenzt, zu erzählen, dass sie damit den wenig erfahrenen Astrologen stark beeinflussen, ja manipulieren. Das geschieht in Beratungen immer wieder. Es sind Männer wie Frauen, die zum Astrologen kommen und oftmals nur eine Bestätigung für ihre Überzeugungen und Wünsche suchen, die sie vehement vertreten und verteidigen.

Vor einiger Zeit hatte ich in regelmäßigen Abständen eine Frau in der Beratung, die unter anderem den Mond im Skorpion hat und die sich vor allem um ihre Angehörigen sorgte. In diesen Beratungen kam ich nur gelegentlich zu Wort, um meine Gedanken hinsichtlich der Horoskope darlegen zu können, denn diese durchaus sympathische Frau riss die Wortführung immer wieder an sich, sobald meine Aussagen von dem abwichen, was sie sich wünschte, wie sie sich den Werdegang von sich und ihren Familienmitgliedern vorstellte. Manchen meiner Worte, die vielleicht etwas kritischer und tiefschürfender waren in dem Bemühen, den Dingen etwas mehr auf den Grund zu gehen, wurde sofort entrüstet entgegnet: „Ja um Gottes willen, dann könnte ja dieses oder jenes geschehen …“. Meistens sprach ich aber irgendwie ins Leere, wenn ich irgendetwas ansprach, was ihr innerlich zuwiderlief. Ich konnte es damals schon erahnen, dass sie meine Worte später völlig verdrehen und in ihrem Sinne interpretieren sollte. So eröffnete sie eine spätere Beratung mit den Worten, ich hätte ihr doch dieses oder jenes versprochen … Jeder Astrologe kennt das: Ihm werden gelegentlich Aussagen unterstellt, die er niemals getätigt hat. Bis zu einem gewissen Punkt ist es sicher menschlich, das herauszufiltern, was man am liebsten hört oder gerne hören würde. Aus dem Kontext entrissen verfälscht sich das Bild der Beratung.

Diese Frau hat, wie schon erwähnt, den Mond im Skorpion sowie eine Merkur-Pluto-Konjunktion, was diese Beratung nicht einfach machte. Natürlich deutet allein der Mond im Skorpion meist schon auf ein Kontrollthema hin. Sie macht sich im Grunde genommen laufend große Sorgen um ihre Liebsten und will alles dafür tun (managen), dass es ihnen gut geht. Auch so etwas kann fanatische Züge annehmen, lässt uns aber auch Pluto und die Manipulation besser verstehen. Im Grunde genommen sind Plutonier ängstliche Menschen, die, weil sie nichts und niemandem vertrauen können, nichts dem Zufall überlassen können.

Ein Astrologe sollte sich nicht manipulieren lassen und sich immer ein eigenes Bild über das Horoskop machen, was leichter gesagt als getan ist. Denn manche Menschen manipulieren und beeinflussen unheimlich geschickt. Erfahrung ist hier wieder einmal alles. Je nach Menschenkenntnis und astrologischem Wissensstand wird der eine früher lernen, mit Manipulation umzugehen, der andere später.

Der, der nichts verändern kann

Es ist für jeden Astrologen spannend zu sehen, welchen Einfluss eine gute Beratung auf seinen Klienten hat und wie sich im Laufe der Zeit sein Leben verändert hat. Häufig sind es ja größere Probleme, mit denen Menschen beim Astrologen erscheinen und deren Bewältigung viele bedeutende Lebensprozesse in Gang setzt. Wenn diese Klienten wieder einmal eine Beratung buchen und dem Astrologen freudig von einer positiven Entwicklung berichten, dann ist das natürlich auch eine besondere Auszeichnung für seine gute und erfolgreiche Arbeit.

Daneben gibt es aber auch Klienten, bei denen astrologische Beratungen wenig bis gar nichts auszurichten scheinen. Oft ist nach vielen Jahren immer noch alles beim Alten, wenn diese Menschen wieder bei ihrem Astrologen auftauchen. Ich habe das schon mehrmals erlebt, und natürlich hat das häufig mit großen inneren Blockaden zu tun, die auch mit den treffendsten Worten einer astrologischen Beratung einfach nicht mehr gelöst werden können. Bisweilen sind es aber auch handfeste Anlagen, die größere Bewegungen und Veränderungen im Leben erschweren.

So können sich manche Menschen nur schwer und unter größten Mühen verändern, weil sie einfach unbeweglich sind, wie es z. B. bei einer starken Betonung der fixen Zeichen Stier, Löwe, Skorpion und Wassermann der Fall ist. Speziell bei einer starken Skorpion- oder 8.-Haus-Besetzung finden wir auch häufig eine große Furcht vor dem Ungewissen, vor dem neuen Leben, was in eine starre Haltung führen kann.

Bei einer starken Stier- oder 2.-Haus-Besetzung sind oft materielle Erwägungen und Sicherheiten wichtiger als nötige Umbrüche. Bei starker Löwe-Betonung ist es meist eine gewisse Bequemlichkeit, die Veränderungen verhindert sowie die geringe Bereitschaft, das aufzugeben, was man sich erobert hat. Bei einer starken Löwe- oder 5.-Haus-Besetzung hängen Menschen häufig auch an Luxus und anderen das Leben versüßenden Dingen, die nicht unbedingt aufgegeben werden wollen. Und Menschen mit einer starken Wassermann-Betonung machen zwar viel Wind in ihrem Leben, belassen letztlich aufgrund einer gewissen Sturheit, innerem Auflehnen und Verkrampfung gegenüber Veränderungen doch alles beim Alten. Sie streben oft viel Neues an, ohne sich innerlich wirklich zu verändern. Bei einer größeren Wassermann- oder 11.-Haus-Betonung kann außerdem häufig eine starke Verbundenheit mit dem sozialen Umfeld beobachtet werden, die Umbrüche und Veränderungen erschwert.

In meiner Beratung hatte ich einst eine Frau mit Wassermann-Aszendent und Sonne in Haus 1 im Wassermann, die, obwohl sie allein schon mit Wassermann-AC einen großen Freiheitsdrang besitzt, nicht in der Lage war, ihre Ehe, die die Hölle war, aufzugeben und ihr Leben zu verändern. Innerlich mit der Beziehung schon lange abgeschlossen, hatte sie die fixe Idee, dieses Ehe-Leid durchstehen zu müssen (im Wassermann herrscht neben Uranus auch Saturn als zweiter Herrscher). Sie entwickelte nicht nur einen beträchtlichen inneren Widerstand und eine Rebellion gegen ihren Partner, sondern auch gegen den Gedanken, freiwillig, von sich aus, das Feld zu räumen.

Um nötige Lebensumbrüche anzugehen, indem man sich aus Abhängigkeiten befreit, einen neuen Job angeht etc., braucht ein gewisses Maß an Selbstvertrauen. Menschen, die das nicht haben, wagen nicht oder zögern den nächsten nötigen Schritt in ihrem Leben unendlich lange heraus. Besonders krass taucht dies häufig bei Saturn in Haus 2 auf, der hier nicht nur große Selbstzweifel anzeigt, sondern zudem die gesamte Verwirklichungsebene blockieren kann, um nur ein Beispiel zu nennen.

Schließlich gibt es auch Menschen, die nicht nur fix betont sind, sondern alle oder nahezu alle persönlichen Planeten auf der Westseite haben (in der Horoskopgrafik die rechte Hälfte!), also sehr dem Du zugeneigt sind, was im gewissen Sinne unselbstständig macht. Diese Menschen wollen ihrer Natur nach alle größeren Entscheidungen und Umbrüche gemeinsam bewerkstelligen und haben meist massive Probleme, ganz allein einen Neustart im Leben zu wagen bzw. durchzuziehen.

In Beziehungen kann sich vor allem Mars in Haus 7 in dieser Hinsicht fatal auswirken. Obwohl betroffene Menschen zwar häufig unter dem vielen Streit und den Spannungen mit ihrem Partner leiden, ändern sie nichts bzw. sehr lange nichts, da sie mit Mars in Haus 7 die großen Lebensentscheidungen an ihren Partner abgegeben haben. Überhaupt kann ein schwach gestellter, isolierter oder blockierter Mars größere Entscheidungsschwäche und mangelnde

Initiative anzeigen, die nötige Veränderungen verzögern oder erst gar nicht zustande kommen lassen.

Kontrollsucht, Verlustängste, Krankheiten, Alter, (falsche) Rücksichtnahme, Ängste, was andere denken könnten usw. Es gibt am Ende viele Gründe, nichts zu verändern, was das einzelne Horoskop bisweilen sehr deutlich widerspiegelt. Wer Neues angehen und sich verändern will, braucht nicht nur ein Quantum Mut, sondern auch die innere Bereitschaft, das Alte loszulassen.

Um das mit dem Loslassen besser verstehen zu können, hilft Ihnen möglicherweise folgendes Bild: Tarzan, eine vom Buchautor Edgar Rice Burroughs im Jahr 1912 erdachte Figur, später Dschungelheld aus den Disney-Filmen und dem gleichnamigen Musical, muss, um sich im Urwald seinen Weg zu bahnen, von einer Liane zur nächsten schwingen. Das Ganze funktioniert nur, wenn er die jeweils neue Liane mit einer Hand fasst und die alte mit der anderen Hand loslässt. An beiden festzuhalten, geht nicht. Die Bewegung würde abrupt stoppen und er käme, an zwei Lianen hängend, nicht mehr vom Fleck. Bleibt er im Schwung (= Flow), kann er sogar die erste Liane loslassen, bevor er die nächste erreicht hat im Vertrauen, dass diese rechtzeitig auftauchen und im Selbstvertrauen, dass er zum richtigen Zeitpunkt zugreifen wird. Das Geheimnis des Loslassens besteht also aus dem richtigen Flow, dem inneren Mitbewegen im Fluss des Lebens und dem Vertrauen, das alles so kommen wird, wie es gut und richtig ist. Kontrolle und Widerstand sind die Blockaden, die dem am meisten im Weg stehen.

Wenn wir durch das Horoskop oder aufgrund der Erfahrung von mehreren Beratungen der gleichen Person erkannt haben, dass bestimmte Menschen einfach keine größeren Veränderungen bewerkstelligen können, gilt es in der Beratung umzudenken. Kleine Schritte gemeinsam in der Beratung herauszuarbeiten und zu empfehlen, wären eine Möglichkeit. Wenn dies aber auch nicht fruchtet und der Klient immer wieder vor demselben Problem steht, spätestens dann sollte der Astrologe die Sache an einen Therapeuten abgeben, der die entsprechenden Widerstände, Kontrollthemen, Selbstzweifel, Ängste etc. auflösen kann.

Der an sich selbst Zweifelnde

An sich zu zweifeln und manchmal vielleicht auch verzweifeln kann viele Hintergründe und Querverbindungen haben. Einerseits finden wir unter den Menschen, die an sich zweifeln, häufig den bereits angesprochenen sensiblen Typ. Dieser feine, oft überängstliche Typ, der sich nichts zutraut, hat wie alle Menschen, die in einem ungesunden Maße an sich selbst zweifeln, ein größeres Selbstwertproblem. Ursachen dafür kann es viele geben, etwa in Form von Eltern, die ihrem Kind, weil es so feinfühlig und verletzlich war, versucht haben, alles abzunehmen. Sie haben ihm sozusagen nichts zugetraut, ihm nicht Mut gegeben, sich zu trauen. Das sind die Ursachen, die zumindest der Psychologe aufdecken wird. Im späteren Leben fehlt diesen Menschen oft die Durchsetzungskraft, da es ihnen verwehrt wurde, an Problemen zu wachsen, die sie selbst bewältigen konnten.

Diese feinen, sensiblen Menschen haben, wie gesagt, immer ein größeres Neptun-Thema, was aber nicht unbedingt heißt, dass sie kein großes Ego haben können, auch wenn sie nach außen hin oft unheimlich hilfsbereit sind, sich für andere regelrecht aufopfern.

Hinter ihrem Drang zu helfen, steckt jedoch nicht immer nur der Wunsch des Helfens, sondern eben auch der meist unbewusste Versuch, sich beliebt zu machen, bei anderen anzukommen. Insgeheim ist der Glaube an sich selbst nicht besonders groß.

Ähnlich und doch ganz anders ist es bei den Menschen, die durch ihr extremes Pflichtbewusstsein auffallen, die sich überall nützlich machen und bereitwillig Verantwortungen übertragen lassen. In diesem Typ von Menschen steckt in aller Regel ein ausgesprochen heftiges Saturn-Thema, das ihm das Gefühl verleiht, nichts wert zu sein, wenn er nichts leistet und, oft aus einem Schuldgefühl heraus, zu viel Verantwortung für andere zu übernehmen.

Beide Typen haben häufig das Gefühl, nicht nein sagen bzw. sich nicht abgrenzen zu können. Sie müssen deshalb unbedingt erkennen, wo ihr eigentliches Problem liegt, nämlich in ihrem schwachen Selbstwert.

Geht es um den Wert eines Menschen, spielt natürlich auch Venus im Horoskop stets eine größere Rolle. So kann eine etwa durch

Saturn angegriffene Venus anzeigen, dass ein Mensch sich selbst nicht schön findet oder von anderen nicht geliebt fühlt, wofür mit Sicherheit auch wieder Gründe in der Kindheit gefunden werden können, wird das Ganze rein psychologisch gesehen. Ähnliche Auswirkungen können Saturn in Haus 2 und Haus 7 haben. Diese Menschen fühlen sich häufig abgelehnt und ziehen dadurch die Ablehnung von anderen erst an. Wer nicht wirklich zu sich selbst stehen kann, darf nicht die Erwartung haben, dass dies die anderen für ihn tun. Eine harte Wahrheit.

Es gibt letztlich viele Gründe, an sich selbst zu zweifeln, die im Horoskop, wie gesagt, sehr unterschiedlich angelegt sein können. Selbstzweifel kann daneben auch ein wichtiges, zeitlich begrenztes Thema sein, wenn etwa Saturn im Transit durch das 2. Haus oder über die Geburts-Venus läuft. Der Lehrer des Lebens spricht in dieser Zeit nicht nur das Thema Geld an, sondern er erkundigt sich auch nach unserem Selbstwert und fragt uns außerdem, was wir bisher im Leben geschaffen und verwirklicht haben. Er prüft unseren Selbstwert, damit wir erkennen, ob er auf festen Füßen steht oder vielleicht nur oberflächlich gespielt ist.

Größere Unsicherheiten und manchmal auch Selbstzweifel können z. B. durch schwierige Transite des Neptun zu unserem Geburts-Saturn auftauchen, da unser Geburts-Saturn stellvertretend für das steht, was wir bisher erreicht haben, was uns Sicherheit im Leben gibt, worüber wir uns definieren und woran wir festhalten. Neptun in Konjunktion, Quadrat oder Opposition zu Saturn untergräbt diese Sicherheiten, was zutiefst verunsichern kann. Selbiges gilt natürlich umso mehr bei Neptun-Saturn-Spannungen im Geburtshoroskop.

Die Frage in Beratungen ist immer wieder, wie mit einem geschwächten Selbstwert bzw. übertriebenen Selbstzweifeln umgehen? Es gibt hier keine Anleitung, die einfach nur umgesetzt werden muss. Dafür ist das Leben viel zu komplex. Und bei jedem Menschen ist Selbstzweifel ein persönlicher Ausdruck mit einer persönlichen Geschichte, auch wenn sich astrologische Vorzeichen, die auch bei anderen „Selbstzweiflern“ im Horoskop auftauchen, wiederholen. Eine Sache sollten wir uns vergegenwärtigen:

Selbstwert bauen wir vor allem dadurch auf, indem wir uns verwirklichen, unsere speziellen Fähigkeiten und Talente ins Leben einbringen, wenn wir das tun, was wir möchten, wenn wir authentisch sind. Der Erfolg am Ende dieses Prozesses, wie immer dieser auch aussehen mag, macht uns stark, schenkt uns neues Selbstbewusstsein.

Der Selbstbewusste und Erfolgreiche

Selbstbewusste Menschen sind sich ihrer selbst bewusst, das heißt, sie haben eine eigene Meinung, stehen zu ihren Gefühlen, stellen sich ihren Ängsten, kennen ihre Fähigkeiten, mögen sich und ihren Körper und sind außerdem auf ihre Art meist sehr erfolgreich.

Es gibt selbstbewusste Menschen, die sehr konzentriert, ruhig und bescheiden auftreten und meist ein prominentes Saturn-Thema in ihrem Horoskop haben. Und es gibt selbstbewusste Menschen, die weniger bescheiden auftreten, die oft etwas Glamouröses ausstrahlen, ein starkes Sendungsbewusstsein besitzen, stets größere Visionen und Pläne haben und auch in größeren Dimensionen denken. Sie haben auf jeden Fall ein bedeutendes Jupiter-Thema in ihrem Horoskop.

Beide Typen, der saturnische wie der jovial Jupiter-betonte, tauchen immer mal wieder beim Astrologen auf, um sich einen Rat zu holen. In meiner astrologischen Praxis handelt es sich dabei gelegentlich um prominente, in der Öffentlichkeit bekannte und sehr erfolgreiche Menschen. Diese Menschen, bei den es sich meist um Freiberufler und Unternehmer handelt, planen eigentlich immer ihre Zukunft, da sie ja auf dem Erfolgstrip sind, und suchen beim Astrologen günstige Zeitpunkte, Transite und strategische Tipps für ihr weiteres berufliches Vorgehen und das Erreichen ihrer Ziele.

Vor allem diese erfolgreichen und von vielen bewunderte Menschen wollen oft weniger über sich selbst, ihren Charakter und Anlagen erfahren, derer sie sich ja meist schon sehr bewusst sind. Und trotzdem, denke ich, ist es wichtig, in solchen Beratungen nicht nur pragmatische astrologische Ratschläge zu geben, die die Klienten noch erfolgreicher als bisher machen. Menschen beraten heißt für mich, immer auch den gesamten Menschen im Auge zu behalten, denn auch diese erfolgreichen Typen haben ihre Trigger- und Knackpunkte, die das Horoskop deutlich offenbart und die sie früher oder später zum Fall bringen können, wenn sie nicht beachtet bzw. reflektiert werden. Deshalb sollten wir immer darum bemüht sein, nicht nur das berufliche Thema anzuschieben und etwa nach besten Transiten zu fahnden, vorteilhafte Tagesqualitäten auszusuchen und Ereignishoroskope aufzustellen. Wir sollten zudem immer auch die Anlagen und vor allem die aktuell persönlichen Themen des Horoskop-Eigners miteinbeziehen, die ja in das Berufliche mithineinspielen und es stark beeinflussen können. Erst das macht zumindest eine erste Beratung meiner Meinung nach komplett. In Folgeberatungen kann es dann durchaus vorwiegend um berufliche Ratschläge aus astrologischer Sicht gehen, bei denen wir aber auch das gesamte Horoskop niemals aus den Augen verlieren sollten.

Der, der eine andere Wahrnehmung hat

Klar, jeder von uns hat mehr oder weniger große Probleme, sich selbst zu reflektieren. Und jeder Mensch hat seine eigene Wahrnehmung, so wie er sich und die Welt versteht. Wir müssen allein schon deshalb gegenüber anderen tolerant sein, weil wir selbst nicht perfekt sind und unsere eigenen Baustellen haben.

Dennoch kann es dem Astrologen passieren, dass er allein mit Toleranz, Achtsamkeit und Verständnis für die Situation und die Probleme seines Klienten keinen Millimeter vorankommt. Das ist oft dann der Fall, wenn sein Klient eine völlig andere Wahrnehmung hat, als etwa sein Horoskop darstellt. Einige unter Ihnen kennen so einen Typ von Menschen vielleicht aus Ihrer näheren Umgebung: Jemand, der an einem einmal kreierten Bild von sich selbst so lange festgehalten hat, bis es für ihn zur Realität geworden ist. Wenn Sie dann einen Klienten vor sich haben, der Pessimismus nicht nur spürbar ausstrahlt, sondern auch fest in seinem Horoskop verankert hat und Ihnen dann erzählt, er wäre der optimistischste Mensch überhaupt. Oder der Klient erzählt ihnen, er wäre ein Mensch voller innerer Ausgeglichenheit und Harmonie, obwohl er ein Typ ist, dessen Horoskop eindeutig zeigt und von dem Sie ebenfalls deutlich spüren, dass er unter Dauerspannung steht, dann wissen Sie, diese Beratung wird nicht einfach.

Ausdrücklich will ich an dieser Stelle erwähnen, dass ich hier nicht von Menschen mit Psychosen oder Wahnvorstellungen spreche, die sich etwas einbilden zu sein und jeden Bezug zur Realität verlieren. Nein, ich meine die „ganz normalen Menschen", die eine mehr oder weniger verklärte, idealisierte Wahrnehmung von sich selbst haben. Dieser Klienten-Typ wird schon im Ansatz alles abstreiten, was der Astrologe an schwierigen Punkten seines Horoskops ansprechen könnte, weil es für ihn diese „Knackpunkte" nicht gibt bzw. nicht geben darf, weil sie in sein Weltbild nicht hineinpassen. Das Bild, dass diese Menschen von sich haben, ist vergleichbar mit einer Lüge, die man so oft wiederholt, bis man sie selbst glaubt und sie schlussendlich Realität wird.

Natürlich steckt hinter so einer Haltung meist eine große Unsicherheit bzw. der Versuch, eine Person darzustellen, die über den Dingen steht und die es auf ihre Art geschafft hat. Dahinter steckt nicht zuletzt der Versuch, sich unangreifbar zu machen, weil sie große Furcht davor hat, dass der Astrologe etwas aufdecken oder sehen könnte, das sie zutiefst verunsichert.

Oft verbergen sich sehr sensible Seelen hinter diesen souverän erscheinenden Menschen, die unter so einer Selbstwahrnehmungsverschiebung zu leiden scheinen. Möglicherweise sind sie in ihrer Kindheit und Jugend oft getriezt, bloßgestellt, beschämt worden, was dazu geführt hat, dass sie einen starken Widerstand gegen alles aufgebaut haben, was sie im Jetzt in irgendeiner Art und Weise verletzten, verunsichern oder bloßstellen könnte. Sie lassen keine Verletzungen und Grenzüberschreitungen mehr zu und haben sich dafür eine ganz bestimmte Selbstdarstellung zurechtgezimmert.

Natürlich, so eine Beratung könnte auch eine Aufgabe für einen guten Therapeuten sein. Letztlich ist es aber so, dass die meisten modernen Astrologen auf ihre Art auch psychologisch denken und versuchen, Hintergründe von Verhalten und Handlungen ihrer Klienten zu erkennen.

Menschen mit einer Wahrnehmungsverschiebung sollten wir Astrologen zunächst mit viel Verständnis begegnen, denn wir dürfen eben davon ausgehen, dass wir hier „gebrannte Kinder“ vor uns haben, die wenig Vertrauen in andere Menschen haben. Diesen Klienten versuchen zu entlarven, wäre der falsche Weg und würde vermutlich auf eine Konfrontation herauslaufen. Wir müssen ihm vielmehr klarmachen, dass wir Astrologen nicht werten, sondern nur harmonische wie disharmonische Kräfte und Energien im Horoskop erkennen, die alle ihre Geschichte, ihre Chancen und Risiken haben.

Wenn so ein Klient etwa ein Sonne-Mars-Quadrat hat und wir ihm sagen, dass er ein großer Kämpfer ist, der sich manchmal zu sehr in Auseinandersetzungen hineinsteigert, dann wird er vielleicht erzählen, dass er ja das ganze Leben gezwungen war zu kämpfen und sich gegen Ungerechtigkeiten zur Wehr zu setzen. Sicher ist das nicht die ganze Wahrheit dieses Aspekts. Immerhin haben Sie damit schon einen kleinen Zugang zu diesem Klienten geschaffen, auf dem sich aufbauen lässt.

Ich für meinen Teil verkneife mir bei Menschen mit größeren Wahrnehmungsverschiebungen gelegentlich nicht die Bemerkung, dass ich ihr Horoskop ja nicht gemacht hätte, sondern nur versuche, das wiederzugeben, was da drinsteht. Und gemeinsam gilt es nun zu ergründen, wie sich dieser oder jener Aspekt und die damit verbundene Eigenschaft im Leben widerspiegeln könnte und was das mit ihnen selbst unter Umständen zu tun hat usw.

Manche Klienten werden durch solche Gespräche das erste Mal mit psychologisch-spirituellem Denken konfrontiert, was im besten Falle eine Art Erwachen bringen kann. Schwieriger erscheint die Unterredung mit Klienten, die sich nach eigener Aussage schon länger mit Spiritualität beschäftigen und sich ganz offensichtlich selbst und ihre Fähigkeiten stark idealisieren. Bei diesen Menschen finden wir oft die krasseste Form der Wahrnehmungsverschiebung. Die Spiritualität wird hier genutzt, um in eine Scheinwelt abzudriften, in der man sich der Realität entziehen und wiederum unangreifbar zu machen versucht. Damit hat überhaupt die spirituelle und teilweise auch astrologische Szene zu kämpfen.

Der Schicksalsgläubige

Obwohl der aufgeklärte Mensch weitgehend von der Willensfreiheit ausgeht, mit der wir unser Leben selbst gestalten, und der reine Determinismus in der modernen Astrologie, der von einem unausweichlichen Schicksal spricht, nichts mehr zu suchen hat, sind sich doch viele Menschen uneinig darüber, ob es neben der Willensfreiheit nicht doch so etwas wie ein Schicksal gibt, das positiv wie negativ zuschlägt. Ein Geheimnis, das wir wohl niemals vollständig ergründen können.

Im Ansatz können wir alle beobachten, dass sich Inneres im Äußeren auswirkt. Wer z. B. im Garten arbeitet und dabei innerlich sehr angespannt ist, weil er sich über irgendetwas in seinem Leben aufregt, haut sich plötzlich mit dem Hammer auf den Daumen, fliegt von der Leiter oder durchtrennt beim elektrischen Rasenmäher das Kabel etc. Innere Anspannung kann gefährliche Auswirkungen haben. Ich habe noch keinen Unfall astrologisch betrachtet, der nicht in Form eines spannungsgeladenen Transits oder durch einen entsprechenden Wiederholungsaspekt angezeigt gewesen wäre.

„Wie oben, so unten, wie innen, so außen" lautet das hermetische Gesetz, das wir auf unser gesamtes Leben ausdehnen können. Wir können aus unserem Inneren heraus manifestieren, was wir wollen, im Positiven wie im Negativen, wobei Letzteres vor allem durch eine unbewusste Haltung geschieht. Wer etwa seine Denkmuster nicht im Griff hat und seine Gedanken immer ins Dunkle richtet, wird am Ende auch das Düstere, Negative anziehen und verwirklichen. Wir alle machen vermutlich beides – Positives wie Negatives anziehen. Das Drama ist sehr komplex.

Die Astrologie hilft uns, hinter die Dinge zu schauen und innere Zusammenhänge von Ereignissen zu erkennen. Ganzheitlich gesehen hat jeder Unfall, jede Krankheit, jede Krise, aber auch jeder Erfolg und Glücksfall, eine Vorgeschichte. Alles hat mit uns und unserem Leben zu tun. Im Horoskop können wir vor allem anhand der Transite der langsam laufenden Planeten erkennen, was wir gerade für Aufgaben haben. Die Astrologie lässt uns nicht im Stich, hilft uns, unser Leben in jeder Phase besser zu verstehen. Astrologie verbindet uns mit dem Himmel, ist die Königin der Wissenschaften. Und dennoch gibt es bisweilen Schicksalsschläge, die wir einfach nicht verstehen können und die Leid über Menschen bringen, etwa durch einen Krieg, die alles, woran wir geglaubt haben, sprengen können.

So sagte einmal der große Staatsmann Helmut Schmidt: „Gott sei gerecht, heißt es, aber ich habe dieses Wort nie wirklich akzeptieren können. Gott hat zu viele und zu große Verbrechen zugelassen.“ Helmut Schmidt dachte dabei sicher auch an Auschwitz. An diesen Punkten angelangt, an denen wir nichts mehr ertragen und verstehen können, spüren wir ein unberechenbares Schicksal, das außerhalb aller Erklärungen, wie das Leben „funktioniert“, liegt. Und ja, vor diesem ungewissen Schicksal, das so extrem eskalieren kann, haben wir gehörig Respekt, manche Menschen große Angst, ja sogar Panik.

Diese Menschen kommen natürlich auch in die Beratung, in der Hoffnung, dass der Astrologe etwas wüsste, was ihnen mehr Sicherheit geben und ihre Ängste verscheuchen könnte. Für einige unter ihnen ist einfach alles Schicksal, wohinter sich natürlich auch die unbewusste Absicht verbirgt, jede Verantwortung im Leben abzuschieben. Der Astrologe wird schon sagen, wie das Leben laufen wird und was ich zu tun habe.

Der Hinweis und der Rat des Astrologen, sein Leben selbst in die Hand zu nehmen und auch große Entscheidungen selbst zu treffen, sind hier nicht unbedingt das, was diese Klienten erwarten. Und dennoch ist es wichtig, dass diese Aussagen vom Astrologen kommen. Gute Sterne lassen sich nur dann nutzen, wenn wir die Initiative ergreifen, und eher ungünstigen Sternen sollten wir uns auch nicht tatenlos ergeben. Das muss rüberkommen. Der schicksalsgläubige Klient, für den vielleicht alles schon vorgesehen ist, muss wissen, dass wir keine Glaskugelleser sind.

Dem Klienten, der panische Angst vor einem ungewissen Schicksal hat, weil er es vielleicht schon öfter durchlitten hat, müssen wir ebenfalls erklären, dass er, indem er seinen Weg geht und bewusster lebt, sein Schicksal zumindest bis zu einem gewissen Punkt selbst gestalten kann. Darüber hinaus bleibt nur Vertrauen. Hier kommen Jupiter und das 9. Haus, der Bereich der Bildung und der höheren geistigen Entwicklung ins Spiel, was sich im einzelnen Horoskop immer lohnt, näher zu betrachten.

Es bleibt uns nichts anderes, wir sollten uns darum bemühen, uns unserer eigenen inneren Führung anzuvertrauen, um unseren ureigenen Weg gehen zu können. Dabei seinen inneren Blick nach oben zu richten und zu vertrauen, ist das, was wir tun können, worin vermutlich unsere größte Chance liegt. Möglicherweise kann auch in diesem Fall das zuvor beschriebene Tarzan-Sinnbild hilfreich sein, siehe Kapitel „Der, der nichts verändern kann“.

Der die ganze Welt Anklagende

„Alles ist furchtbar, ich bin betrogen, hintergangen, verlassen worden, beruflich wurden mir stets andere, die weniger als ich geleistet haben, vorgesetzt. Ich kann nichts mehr glauben und niemanden mehr vertrauen, ich hatte immer nur Pech, wenn ich mich einmal gefreut habe, kam gleich wieder ein Tiefschlag …“ Eine Litanei der Anklage gegen das ganze Leben. Immer wieder einmal kommt ein solch zutiefst frustrierter Mensch zum Astrologen. Und auch dieser Typ ist nicht wirklich leicht zu beraten. Er wünscht sich jetzt nicht unbedingt, dass wir ihm anhand seines Horoskops erklären, dass er für sein Leben und sein Leid selbst verantwortlich ist. Das wäre zwar richtig, würde diesen Klienten vermutlich aber sehr ärgern, da er ja für alles Trostlose und Missliche die anderen Menschen, die Umstände und letztlich sogar das böse Schicksal verantwortlich macht.

Was aber erwartet er wirklich vom Astrologen, welche Antworten sucht er? Vielleicht irgendeinen Lichtblick oder gar ein großes Versprechen, dass ab jetzt in Zukunft alles anders wird? Am Ende würde doch wieder nur großer Frust einkehren, weil sich nichts verändern kann, solange nicht den Ursachen dieses speziellen Schicksals auf den Grund gegangen wird.

Offensichtlich haben wir es hier mit einem Menschen zu tun, der ein riesengroßes Enttäuschungsthema vor sich herschiebt, das wir mit Sicherheit nicht auslöschen können. Das wäre die Aufgabe einer Therapie oder einer Astrologischen Seelenaufstellung, in der sich die Enttäuschung in Form eines Seelenanteils vielleicht selbst zu Wort meldet. Wir Astrologen können wie immer im besten Falle „nur" zu wichtigen Erkenntnissen unseres Klienten beitragen. Erkenntnisse, die aber durchaus das Potenzial haben, das Leben zu verändern, sofern sie angenommen werden.

Enttäuschungen hängen immer mit übersteigerten Erwartungen im Leben zusammen. Ich kenne eine Frau, die eine Jupiter-Pluto-Konjunktion am Löwe-Aszendenten hat. Hier ist also von Natur aus ein sehr starkes Bedürfnis angelegt, im Mittelpunkt zu stehen, etwas Großes zu bedeuten, überhaupt in zwischenmenschlichen Beziehungen den Ton anzugeben und zu dominieren. Der Einbruch, die Enttäuschung findet sich bei dieser Frau in ihrem 4. Haus, in dem sich eine Venus-Saturn-Konjunktion im Skorpion befindet. Tatsächlich ist sie so etwas wie das schwarze Schaf der Familie, die von allen irgendwie ausgegrenzt wurde, weil niemand ihre Eifersucht und ihr übertriebenes Geltungsbedürfnis ertragen konnte. Das Ganze weitete sich auf Liebesbeziehungen, auf Freundschaften und auf das Verhältnis mit Arbeitskollegen aus, weil sie einfach überall aneckte. Die wenigen Menschen, die ihr helfen wollten, wendeten sich ebenfalls von ihr ab, weil sie eben diese Mischung zwischen übersteigertem Ich auf der einen Seite sowie plötzlicher Gefühlskälte auf der anderen Seite nicht ertragen konnten. Das Gefühl der Enttäuschung und des Nichtgeliebtwerdens steigerte sich von Jahr zu Jahr, sodass sich diese Frau immer mehr zurückzog und sehr einsam wurde.

Zutage tritt das Enttäuschungsthema letztlich immer bei Menschen, die, wie gesagt, sehr hohe Erwartungen an sich, andere und das Leben haben, die nicht erfüllt werden können. Oft erwarten diese Menschen in der Folge immer wieder die Enttäuschung, können sich von ihrem Frust nicht mehr befreien und bleiben so in der Enttäuschungsfalle gefangen. Am Ende wird alles schlimm und furchtbar.

Wir Astrologen haben nun in der Beratung die Aufgabe, diesen Enttäuschungen auf den Grund zu gehen, zu analysieren, mit welchen Lebensbereichen und welchem persönlichen Verhalten sie verbunden sind. Wenn wir unserem Klienten diesen Sachverhalt so darlegen können, dass er sich innerlich berührt und angesprochen fühlt und ihm gleichzeitig versichern, dass sich sein Leben total zum Positiven verändern kann, sofern er bereit ist, an seiner Lebenshaltung und seinem Verhalten gegenüber anderen zu arbeiten, dann kann es eine gute Beratung werden.

Einiger dieser Menschen, die alles und jeden anklagen, befinden sich in einem nicht endenden „Jammermodus", der zum Programm in ihrem Leben geworden ist. Es gibt permanent einen Grund, sich zu beklagen und sich über irgendetwas aufzuregen, selbst wenn es sich dabei nur um eine unbedeutende Nichtigkeit handelt. Sehr präsent ist bei diesen Menschen stets die Vergangenheit, in denen ihnen das eine oder andere Unrecht geschehen ist. Sie kommen vom Hundertsten ins Tausendste, die Klage will kein Ende finden. Sie wollen vom Astrologen keine bestimmte Antwort, was sie von anderen, sehr enttäuschten Menschen unterscheidet. Es geht ihnen im Grunde genommen nur ums Zuhören. Dieser Klienten-Typ will Luft ablassen, seinen Frust von der Seele reden, Energie saugen, Zustimmung bekommen. Es ist wie eine Art Gesprächstherapie, in der es nicht um spezielle Lösungen geht. Das Geld, das der Astrologe dafür bekommt, ist dennoch wohlverdient. Denn diese jammernden Menschen sind wahre Energievampire, und es ist anstrengend und eben kräftezehrend, ihnen lange zuzuhören.

Der Sinnsuchende

Jeden ernsthaften Astrologen freut es, wenn ein Mensch zu ihm in die Beratung kommt, der nach seinem persönlichen Weg, seinen Lebensaufgaben und vielleicht auch nach seinem Beruf im Sinne der Berufung sucht. Solche Menschen haben meist schon eine größere persönliche Entwicklung hinter sich, unabhängig vom Alter. Diesen Klienten kann der Astrologe wirklich viel mitgeben. Das Geburtshoroskop des Klienten bietet alles, was zählt im Leben. Anhand der Mondknoten können wir etwa altes und belastendes Karma, dessen Möglichkeit der Bewältigung sowie neue große Perspektiven im Leben erkennen, die durchaus zur Lebensaufgabe gehören und auch in Form eines entsprechenden Berufs ihren Ausdruck finden können. Steht der aufsteigende Mondknoten, der nach alter

Lehre immer Jupiter- und Sonnen-Charakter hat, z. B. in Haus 7, kann ein Beruf, der im weitesten Sinne mit Menschen zu tun hat, bedeutsam werden.

Große Berufs- und Lebensziele finden wir anhand der Tierkreiszeichen-Stellung des Medium Coeli sowie durch die Stellung seines Herrschers in den jeweiligen Häusern. Und auch die Häuserstellung des Saturns gibt uns sehr wichtige Hinweise auf unsere Lebensaufgabe, die ebenfalls mit einem Beruf gekoppelt sein kann. Und natürlich weisen auch Planetenballungen in dem einen oder anderen Haus auf sehr wichtige Lebensfelder hin, die ein Schwerpunkt in unserem Leben sind und die es zu bewältigen gilt.

Was den Lebenssinn und die großen Ziele eines Menschen betrifft, bietet jedes Horoskop eine ganze Menge an wunderbaren Inhalten, die es mit dem Klienten zu erforschen gilt. Manche Menschen haben Fähigkeiten oder auch Berufswünsche, die sie sich bisher einfach noch nicht zugetraut haben und die nun durch das Horoskop aufgedeckt werden. Alles ist möglich. Jedes Horoskop, das von seinem Potenzial erkannt wird, kann einem sinnsuchenden Menschen völlig neue Räume öffnen.

Sucht ein junger Mensch oder einer, der das Gefühl hat, im falschen Beruf zu stecken, etwa nach einem Lebens- oder Berufsziel, ist es wichtig, dass wir ihm erklären, dass wir Astrologen im Horoskop Energien und Anlagen sehen, für die wir selbst erst eine Form, einen möglichen Beruf in unserem Kopf finden müssen. Im Horoskop steht natürlich nicht drin, Sie werden Rechtsanwalt oder Automechaniker. Das Forschen, das Nachspüren von möglichen Zielen in Verbindung mit Fähigkeiten, Wünschen und Sehnsüchten sollte hier immer zusammen mit dem Klienten stattfinden. Selbst wenn wir einen Klienten vor uns haben, der vielleicht nur eine einzige prominente Planetenstellung oder einen Aspekt besitzt, der förderungswürdig erscheint, können wir damit eine Zukunftsvision, eine Art Lebensplan entwickeln.

Auf jeden Fall sollten wir in dieser Beratung immer darum bemüht sein, dem Sinnsuchenden anhand des Horoskops Möglichkeiten und realistische Ziele aufzuzeigen, an die er bisher vielleicht noch nicht gedacht hat.

Darüber hinaus können sich wichtige Inhalte, die einem Menschen Sinn im Leben verleihen, natürlich auch abseits von irgendwelchen beruflichen Zielen und Inhalten befinden. Für manchen Menschen findet sich der größte Lebenssinn im privaten Bereich, in Liebesbeziehungen, in der Elternrolle, im sozialen Denken, im freiwilligen, unentgeltlichen Helfen, im Zusammenhalten von Freunden und der Familie, in einem Hobby, einer ganz besonderen Leidenschaft oder ganz einfach in der persönlichen Entwicklung, die durch die Beschäftigung mit geistig-spirituellen Inhalten vorangetrieben wird.

Ich habe in der Beratung Menschen kennengelernt, die z. B. eine starke 9.-Haus-Besetzung haben und deren größter Lebenssinn darin besteht, sich permanent fortzubilden. Nicht jeder Mensch will sich nur über den Beruf definieren und hier seinen größten Lebenssinn finden. Für viele dient er lediglich dem Geldverdienen.

Der Astrologe als Coach, die entwicklungsorientierte Astrologie und die Astrologische Seelenaufstellung

Mit dem Wandel der Zeit verändern sich die Menschen und ihre Erwartungen an den Astrologen, der nicht länger nur pragmatische Beratungen abhält, sondern mithilfe des Horoskops zudem versucht, den Klienten sich selbst erkennen zu lassen und mit ihm gemeinsam neue Lebensperspektiven und Visionen zu entwickeln. Damit wird die astrologische Beratung auf ein höheres Level gehoben.

Das Coaching boomt, und es scheint kein zeitlich begrenzter Trend zu sein. Coaching erfüllt ein elementares Bedürfnis der modernen Zeit, in der es um Selbstverwirklichung, das Leben persönlicher Talente und Fähigkeiten, Bewusstseinserweiterung, um eine Erfolg versprechende Lebenshaltung, kreative Lösungen von Problemen, Geld machen durch gute Ideen etc. geht. Ganz sicher hat das Ganze etwas mit dem Wassermannzeitalter zu tun, noch mehr jedoch mit der sogenannten Luftepoche, die am 21. Dezember 2020 mit der großen Konjunktion zwischen Jupiter und Saturn im Wassermann startete und die 2159 mit der Konjunktion zwischen Saturn und Jupiter im Wasserzeichen Skorpion endet. Bis zu diesem Zeitpunkt finden alle großen Konjunktionen zwischen Jupiter und Saturn in Luftzeichen statt. Jupiter-Saturn-Konjunktionen finden etwa alle zwanzig Jahre statt und werden in der Astrologie sehr prominent bewertet, da es sich hier um den klassischen Königsaspekt, lat. conjunctio aurea, die goldene Konjunktion, handelt, der einen großen Einfluss auf Zeit und Geschichte hat.

Mit der dreimaligen Jupiter-Saturn-Konjunktion, dem Stern von Bethlehem, startete nicht nur das Fischezeitalter, es war auch die Geburt von Jesus Christus und dem Christentum, das der Menschheit ein völlig neues Bewusstsein einhauchte und ihm neue Perspektiven schenkte.

Die kommende große Konjunktion findet 2040 in der Waage statt, 2120 in den Zwillingen und 2140 erneut im Wassermann, um dann, wie gesagt, zu enden. Sie bewegt sich in dieser Zeit rückwärts durch den Tierkreis in den Luftzeichen, deshalb Luftepoche. Luft steht astrologisch für Kontakte, den Intellekt und geistige Erkenntnisse. Speziell im Wassermann, der von Uranus, der höheren Oktave von Merkur, dem Planeten des Intellekts, beherrscht wird, ist die Intuition, die geniale Erfindung, das soziale Miteinander und das Betrachten von Problemen von völlig unterschiedlichen, auch ungewöhnlichen Perspektiven aus, ein großes Thema.

Astrologie ist zeitlos, ist die älteste Wissenschaft überhaupt und wird allenfalls in manchen Jahren weniger und in anderen mehr gefragt sein. Sie wird jedoch niemals ganz aus dem Bewusstsein der Menschen verschwinden, man wird im Gegenteil gerade in unserer Zeit auf breiterer Ebene ihr unfassbares Potenzial und Wahrheitsgehalt erkennen.

Coaching ist ein Kind der modernen Zeit und hat ähnliche Ziele wie die moderne astrologische Beratung, bei der es vor allem um die persönliche Weiterentwicklung, das Leben und die Verwirklichung von Talenten und Fähigkeiten wie das Erkennen von Verhaltensweisen geht, die abgestellt werden müssen, um Erfolg zu haben.

Hier tun sich einige Schnittstellen zwischen dem modernen Astrologen und dem Coach auf, der in der Luftepoche und im Wassermannzeitalter auch weiterhin eine wichtige Rolle spielen wird, wenn es darum geht, sein Leben zu planen und in den Griff zu bekommen.

Der erfolgreichste Coach könnte der werden, der auch die Astrologie beherrscht. Und umgekehrt könnte der beste Astrologe der werden, der auch in der Lage ist, seine Klienten zu coachen, zu motivieren, ihnen dabei zu helfen, eine neue persönliche Einstellung zu finden etc. Ob es um Beratungen und Coaching in Partnerschaften, Beruf, Gesundheit, Lebensführung etc. geht, die Inhalte zwischen astrologischer Beratung und Coaching sind nahezu gleich.

Ein guter Coach überrascht im uranischen Sinne seine Klienten mit völlig neuen Gedankenansätzen. Ihn zeichnen die Fähigkeiten, genau zu beobachten, ein Gespräch zielorientiert zu steuern, Menschenkenntnis, Empathie, aktives Zuhören und natürliche Neugierde aus, die jeder Mensch braucht, der seinem Gegenüber Geheimnisse entlocken will.

Die Aufgabe des Coachs ist es, gemeinsam mit seinem Klienten Lösungen für dessen Probleme zu finden. Und genau diesen Ansatz verfolgt auch der moderne Astrologe, der sich entwicklungsorientierte Astrologie und Beratung an seine Fahne heftet. Der Astrologe hat dabei aber einen wesentlichen Vorteil: Er kann auf das Horoskop, das Charakterbild seines Klienten zurückgreifen und deshalb schon manches von den Zielen des Klienten ausschließen und gleichzeitig konkretisieren. Der Coach braucht in jedem Fall Menschenkenntnis, der Astrologe darf und sollte sich vor allem auf das Horoskop verlassen, das ihm wichtige und vor allem wesentliche Erkenntnisse über seinen Klienten vermittelt.

Natürlich wollen wir den Vergleich zwischen Coach und Astrologe nicht werten. Aber: Ein geschulter und erfahrener Astrologe hat mit dem Horoskop noch sehr viel bessere Voraussetzungen für eine erfolgreiche Beratung. Auf der anderen Seite gibt es natürlich auch Astrologen, die das Horoskop, das vor ihnen liegt, ganz und gar nicht im Griff haben und dadurch falsch beraten.

Was der Arbeit des Astrologen sicherlich guttut und sie enorm befruchten kann, ist das strukturierte, methodische Vorgehen eines Coachs. Eine der beliebtesten Methoden zur Erforschung von lohnenden und richtigen Zielen, die authentisch sind und zu dem Klienten passen, ist die sogenannte SMART-Methode, die davon ausgeht, dass jedes Ziel spezifisch, messbar, realistisch und in einem bestimmten Zeitraum erreichbar sein sollte. SMART bedeutet nach den Anfangsbuchstaben spezifisch, messbar, attraktiv, relevant und terminiert.

Das Ziel zu formulieren und klar zu umreißen, ist der erste Schritt in jedem Coaching, in dem es um Berufliches, aber auch Privates oder Gesundheitliches im weitesten Sinne geht.

Ich persönlich finde es enorm wichtig, gerade in beruflichen astrologischen Beratungen, die heutzutage einen großen Raum einnehmen, besonders realistisch vorzugehen. Es ist zwar wichtig, zusammen mit seinem Klienten Ziele und Visionen zu entwickeln, diese müssen aber auch machbar und keinesfalls abgehoben sein. Jeder Traum muss in der Wirklichkeit umsetzbar sein, sonst wird er zu einem Irrweg.

Man kann zwar als Astrologe gemeinsam mit seinem Klienten träumen, und er wird vielleicht auch gerade deshalb freudig nach Hause zurückkehren, letztlich hinterlassen unrealistische Ziele aber nur Enttäuschungen (siehe Kapitel „Der die ganze Welt Anklagende“). Jedes Ziel muss mit persönlichen Fähigkeiten übereinstimmen, die der Astrologe im Gespräch wie in der Analyse des Geburtshoroskops klären sollte, das die Aussagen des Klienten, wie gesagt, unter Umständen noch einmal deutlich korrigieren wie konkretisieren kann.

Mein Vater Kurt Allgeier sagte einmal in fortgeschrittenem Alter zu mir: „Würde ich noch einmal mit der Astrologie als Beruf von vorne beginnen, würde ich vor allem gerne jüngere Menschen beraten, die noch nicht ihren Weg gefunden haben.“ Tatsächlich ist es immer wieder schön, wenn wir junge Erwachsene, die gerade ihre Schule hinter sich haben, dazu anstoßen können, ihren Weg zu gehen.

Besonders gut kann ich mich in dieser Hinsicht an die Beratung eines jungen Mannes erinnern, der sehr intelligent ist und dennoch nur einen einfachen Schulabschluss hatte, wie das gerade bei jungen Männern häufig vorkommt. Ich riet ihm, Tontechniker zu werden, da er aus astrologischer Sicht musisch wie technisch unglaublich begabt ist. Er hat Neptun, Uranus, Venus und Merkur im Wassermann und in Haus 5. Merkur ist außerdem Herrscher über sein 10. Haus. Er konnte mit meinem Ratschlag zunächst wenig anfangen. Vor allem wollte er nicht so werden wie sein Vater, der sich mit Technik und Computern auseinandersetze. Beim Blick auf sein Horoskop war auch das klar: Er hat eine sehr enge Sonne-Saturn-Konjunktion in den Fischen und in Haus 6, weshalb der Vater, der tatsächlich auch eine sehr große Belastung für ihn darstellte, nicht als Vorbild dienen konnte. So startete er eine Lehre als Handwerker, die frühzeitig scheiterte. Es folgte eine Ausbildung als Physiotherapeut, die er abbrach. Er fand einfach nicht seinen Weg, bis er sich, nachdem er sich eine Zeit lang hobbymäßig als DJ durchgeschlagen hatte und in diesem Metier immer erfolgreicher wurde, auf den Tontechniker besann und diesen nun sogar in einem Studium durchzog. Er fand endlich Anerkennung, war sogar der beste Student, weil ihn dieses Lernen und diese Arbeit faszinierten und weil er einfach die Fähigkeit dafür besaß.

Gerade in Beratungen, in denen es um den Beruf im Sinne der Berufung geht, braucht der Astrologe natürlich einen inneren Zugang zu dem Menschen, den er berät und zu seinem Horoskop. Wir finden im Horoskop alle möglichen Energien und Begabungen, für die es eine Form, das heißt einen Beruf zu finden gilt, was nur mit dem Klienten gemeinsam geschehen kann.

Der Astrologe braucht bei den vielen Informationen, die das Horoskop gibt, auch eine gute Intuition. Ähnlich geht es einem Coach, der durch konsequentes Nachfragen versucht, seinen Klienten zu verstehen, was, an einem gewissen Punkt der Gesprächsvertiefung angelangt, zu plötzlichen Einsichten und Erkenntnissen führen kann. In den Horoskopen prominenter Astrologen sowie erfolgreicher Coaches finden wir deshalb oft nicht nur einen stark gestellten Merkur, sondern auch einen entsprechend einflussreichen Uranus, den Planeten der Intuition. Daneben finden sich hier auch häufig bedeutende Neptun- wie Pluto-Stellungen, die geistig anregen sowie in die Tiefe führen.

In den mittlerweile sehr bekannten Astrologischen Seelenaufstellungen haben neben Jupiter und Saturn gerade die überpersönlichen Planeten Uranus, Neptun und Pluto eine herausragende Bedeutung, weil sie mit den höchsten kosmischen Kräften verbunden sind und deshalb auch den größten Einfluss auf unsere Entwicklung haben. Sie können in diesen Astrologischen Seelenaufstellungen zu gewaltigen Lebensveränderungen und Transformationen anstoßen. Natürlich hat es deshalb auch eine größere Bedeutung, wenn Berater, ob sie Coach, Astrologen, Psychologen oder Aufsteller sind, selbst mit diesen Planeten in besonderer Stellung ihres Horoskops verbunden sind.

Astrologische Seelenaufstellungen werden zusammen mit dem Coaching die astrologische Beratung revolutionieren. Zuvor gelang dies der Psychologie, die im 20. Jahrhundert letztlich unser gesamtes Denken revolutioniert hat, weil sie uns das Verhalten von Menschen durch ihre inneren Beweggründe erklärbar gemacht hat. Durch dieses „Verstehen" sind Menschen toleranter geworden und haben auch in der Astrologie aufgehört zu werten und den Menschen und die Welt in Gut und Böse zu unterteilen. Die psychologische Astrologie kam auf den Plan und veränderte sowohl die Sichtweise der Astrologen auf das Horoskop wie auch die Erwartungshaltung vieler Klienten an die Astrologie. Es ging Rat suchenden Menschen jetzt auch darum, sich selbst besser zu verstehen und zu erkennen.

Die rein psychologische Astrologie kam jedoch auch an ihre Grenzen, weil sie sich größtenteils gegen jede Art von Prognostik wendet, die in der klassischen Astrologie immer schon ein fester und wichtiger Bestandteil war. Klar ist auch für uns, dass es kein fest gefügtes Schicksal gibt, da der Mensch gemäß seiner Anlage über Willensfreiheit verfügt und sein Leben und sein Schicksal im Wesentlichen selbst gestalten kann. Auf der anderen Seite gehört die Prognostik aber nun einmal zur Astrologie, und wir können vorwiegend anhand von Transiten erkennen, welche Themen auf

Menschen zukommen. Diese Themen können wir allgemein erkennen. Ein erfahrener Astrologe, der das Horoskop seines Klienten in seiner Tiefe begreift, wird jedoch diese Themen noch konkreter fassen und wahrscheinliche Auslösungen erkennen.

Diesen Ansatz haben viele moderne Astrologen, die sich um entwicklungsorientierte Astrologie bemühen und deren Beratungen zunehmend inspiriert sind vom Coaching, das, wie gesagt, keine Modeerscheinung ist, weil es die Bewusstseinserweiterung der modernen Zeit aufnimmt.

Einen weiteren großen Einfluss auf die Qualität der astrologischen Beratung wird, wie gesagt, mit Sicherheit die Aufstellungsarbeit und somit die Astrologische Seelenaufstellung in Zukunft haben. Wer einmal so eine Aufstellung erlebt hat, in der die Planeten als eigenständige Seelenanteile auftauchen, die in unserem Leben eine sehr konkrete Rolle spielen, fängt automatisch an, das Horoskop und seine Planeten noch einmal mehr von innen heraus zu betrachten und zu erfühlen. Letzteres ist in der modernen Astrologie des 20. Jahrhunderts, in dem die Astrologie noch vorwiegend von intellektuellen Männern geprägt war, eindeutig zu kurz gekommen. Horoskope ausschließlich analytisch zu erfassen, gleitet sehr schnell in Beliebigkeit von Deutungen ab und führt meist zu wenig klaren Aussagen.

Gewiss ist in diesen rein theoretischen Abhandlungen über die Astrologie meist nur, dass nichts gewiss ist. In Beratungen können wir so etwas nicht bauchen. Menschen suchen konkrete Antworten, keine geistigen Ergüsse. Sie wollen sich und ihr Leben besser verstehen. Und gerade deshalb ist es für den modernen Astrologen wichtig, das Horoskop und die Planeten auch über das Erspüren und Erfühlen zu verstehen. Astrologische Aufstellungen und die Erfahrungen damit können letztlich durch das tiefere Eintauchen in die Wesenheiten der Planeten zu besseren, tieferen Beratungen führen.

Systemische Familienaufstellungen wie auch die Astrologischen (Seelen-)Aufstellungen haben eine große Besonderheit: Sie schaffen eine Brücke zwischen der Psychologie und der Spiritualität. Immer mehr Menschen, die sich in unserer Zeit enttäuscht von der

Kirche abgewandt haben, suchen nach einer Verbindung mit der geistigen Welt und betrachten dabei auch die Astrologie zunehmend mit anderen Augen.

Die moderne Astrologie blühte bislang vor allem durch die Psychologie auf, die ihr ein neues Selbstverständnis einhauchte. Es ging in der psychologischen Astrologie nicht länger nur darum, pragmatische Ratschläge zu geben und Schicksalstendenzen zu erkennen, ihr ging es vor allem darum, innere Vorgänge zu verstehen, die wiederum einen Einfluss auf persönliche Verhaltensweisen und äußere Geschehnisse haben. Dieses Wissen nehmen wir mit in die Zukunft, in der nun aber auch die erwachende Spiritualität vieler Menschen einen größeren Einfluss auf die Astrologie haben wird.

Es gibt einen großen Hunger nach geistigen Inhalten, die Menschen wollen etwas über ihre früheren Leben, über ihre Lebensaufgabe und möglichst auch etwas über ihre Zukunft erfahren. Hier sind der reinen psychologischen Astrologie Grenzen gesetzt, weshalb es auch wieder wichtig ist, das ungeheuer große Potenzial klassischer Astrologie zu erkennen und wieder auf die Neuzeit bezogen zu aktivieren.

Vielleicht wird man in Zukunft auch einmal erkennen, dass es nur die eine Astrologie gibt und dass die heutigen unterschiedlichen Richtungen einfach nur Teile einer gesamten Astrologie sind, die es von ihren unterschiedlichen Perspektiven aus zu verstehen gilt. Ein moderner Astrologe spricht heutzutage ohnehin psychologische, innere Zusammenhänge und Anlagen im Horoskop an, um diese gleichzeitig mit dem realen Leben seines Klienten in Verbindung zu stellen. Die Astrologie ist nicht nur psychologisch oder klassisch-schicksalsschwanger, sie ist für sich betrachtet unfassbar spirituell und besitzt das Potenzial, große und wichtige Menschheitsfragen in Zukunft zu beantworten.

Man wird in Zukunft nicht mehr nur darüber erstaunt sein, wie treffend ein Horoskop etwa einen Menschen in seiner Gesamtheit beschreiben kann, man wird sich vermehrt darüber Gedanken machen, welche geistigen Kräfte etwa hinter den Planeten stehen, die von früheren Astrologen schon als Wesenheiten bezeichnet wurde. Und man wird mit Sicherheit den Gedanken des großen Kirchenmanns Thomas von Aquin (1225 bis 1274) wieder aufgreifen, der die Sterne und ihre Bedeutung für uns als die Gesetze Gottes bezeichnete.

Die rein klassische Astrologie passt in das 21. Jahrhundert ebenso wenig hinein wie die rein psychologische Astrologie. Beide aber haben wesentliche und wichtige Erkenntnisse und Inhalte, die der moderne Astrologe, der gleichzeitig Coach und gelegentlich zusätzlich Aufstellungstherapeut ist, in seiner Horoskopinterpretation und Beratung mit aufnimmt. Und auch spirituelle Inhalte und Fragen sind jetzt schon und noch mehr in Zukunft ein Thema in der astrologischen Praxis.

Die Astrologie muss letztlich noch freier in ihrer Anwendung werden, ohne dabei ihre Grundlagen und Überlieferungen, die immer die Basis bilden müssen, zu verleugnen.

Astrologie – ein heißes Eisen. Warum es so wichtig ist, wie wir mit ihr umgehen

Für Menschen, die sich ernsthaft mit Astrologie beschäftigen, ist die Astrologie nach wie vor die Königin der Wissenschaften. Nach heutigen Maßstäben ist sie allerdings nur eine Pseudowissenschaft. Die Frage ist: Wie vertreten wir Astrologen die Astrologie und wie gehen wir mit ihr um?

Glücklicherweise geschieht es in unserer Zeit nicht mehr allzu oft, dass Menschen zum Astrologen kommen und davon ausgehen, dass dieser vor eine Art Glaskugel sitzt und ihnen die Zukunft voraussagt. Dennoch, manchmal werden wir mit seltsamen Fragen konfrontiert: „Werde ich umziehen?“, „Werde ich meinen Mann verlassen?“, „Werde ich den Beruf wechseln?“ etc. Normalerweise antworte ich darauf: „Wie bitte soll ich wissen, was Sie tun werden?“ Um den Klienten nicht weiter vor den Kopf zu stoßen, sollte man ihm anschließend klarmachen, dass die Sterne zwar Neigungen, Möglichkeiten, Konflikte, Wahrscheinlichkeiten anzeigen, dass wir aber immer noch einen eigenen Willen haben, der uns mehr oder weniger freie Entscheidungen treffen lässt. Den eigenen Willen beim Astrologen abzugeben, um sich fatalistisch von einem unabwendbaren Schicksal berichten zu lassen (siehe Kapitel „Der Schicksalsgläubige“), ist nicht im Sinne des modernen, aufgeklärten Astrologen, und diesen Standpunkt gilt es natürlich immer dann unserem Klienten klarzumachen, wenn dieser noch kaum oder keine Erfahrung mit Astrologie hat. Letztlich übermittelt der Astrologe seinem Klienten durch seine Art der Beratung immer auch seine persönliche Einstellung und Haltung gegenüber der Astrologie, auch ohne Statements abzugeben.

Ein Astrologe, der selbst Angst vor schwierigen Transiten wie die von Saturn, Uranus, Neptun oder Pluto hat, wird diese Angst unter Umständen auch auf seinen Klienten übertragen.

Ich hatte einst viel Kontakt mit einem sehr bekannten Astrologen, der relativ jung gestorben ist und der mir einst voller Sorge erzählte, dass viele große Astrologen der Geschichte eines unnatürlichen Todes gestorben sind. Als ängstlicher Mensch könnte man angesichts solcher Aussagen den Schluss ziehen, dass der Umgang mit Astrologie nicht wirklich gesund ist, vor allem, wenn man ein fortgeschrittenes Wissen hat und bereits viele Erfahrungen mit der Astrologie gemacht hat. Ein solcher Astrologe könnte vielleicht mit der Zeit sogar etwas paranoid werden und einer „selbsterfüllenden Prophezeiung" erliegen. Sicher hat dieser Konflikt mit der Art der Astrologie und ihrem Umgang mit ihr zu tun, wie das in früheren Zeiten der Fall war. Das Beurteilen von Horoskopen war häufig ein unumstößliches Urteil. Natürlich gibt es aber heute noch Astrologen, vor allem, wenn sie weniger reif und erfahren sind und hart werten, urteilen und spekulieren, sobald sie ein Horoskop mit vielen Spannungen und/oder schwierigen Transiten sehen. In ihrem Kopf haben diese Horoskopeigner oft keine Chance. Diese Haltung ist insofern fatal, da diese unumstößlichen Urteile letztlich auf sie selbst zurückfallen, etwa dann, wenn sie irgendwann einmal einen ähnlich schwierigen Transit oder eine Direktion in ihrem Leben bekommen, die sie innerlich einst als aussichtslos gewertet haben.

Astrologie ist also ein heißes Eisen, nicht nur für den Klienten, sondern auch für den Astrologen selbst, der, wenn er eine deterministische Haltung besitzt oder etwa selbst ein ängstlicher Mensch ist und gar Panik vor größeren Herausforderungen in Form von Transiten hat, möglicherweise dramatisch an der Astrologie scheitert.

Ein Astrologe, der allerdings alles in seinem Horoskop verharmlost, was doch kritischer gesehen werden darf, kommt auch nicht wirklich weiter, weder mit der Astrologie noch in seiner persönlichen Entwicklung.

Ein Astrologe braucht meiner Meinung nach immer ein möglichst stabiles Inneres. Er sollte keine allzu ängstliche Natur sein, die etwa nicht mehr aus dem Haus geht, wenn er ungünstige Sterne hat oder der die Verbindung mit Menschen meidet, nur weil die vielleicht so manche Spannung im Horoskopvergleich mit ihm haben. Wer so denkt und so mit der Astrologie umgeht, fängt an, das Leben zu vermeiden, und das ist kontraproduktiv im Sinne der persönlichen Entwicklung. Es ist wichtig, gerade für den Astrologen, das Leben, das immer in Bewegung ist und niemals stillsteht, als eine stetige Herausforderung zu betrachten, die uns persönlich weiterbringt. Ohnehin kommen wir als spirituell denkende Menschen im Laufe unseres Lebens immer mehr zu der Überzeugung, dass vielleicht die größte Chance und der höchste Sinn des Lebens in seelischem und geistigem Wachsen bestehen. Warum müssten wir uns sonst mit all den schwierigen Transiten im Leben herumschlagen, warum Karma abbauen, warum uns ständig wandeln und immer wieder von vorne beginnen?

Ein Astrologe mit hohen Idealen, der Respekt und Achtung vor anderen Menschen hat und für den überhaupt das Leben ein kostbares Gut ist und der darum bemüht ist, seiner inneren Führung zu folgen, dem kann die Astrologie niemals schaden, dem kann sie nur wertvolle Erkenntnisse und einen tieferen Einblick in Menschen und das Leben vermitteln.

Überhaupt kann auch der Glaube eine wichtige Basis sein, um nicht aus der inneren Balance zu geraten, wenn man durch die Astrologie Erkenntnisse erhält, die einem unter Umständen Angst machen. Der indische Yogi Sri Yukteswar, der unter anderem durch das Buch „Die Heilige Wissenschaft" bekannt wurde und der, wie viele andere Yogis, der Astrologie kundig war, sagte einmal: „Es gibt nur eine Kraft, die über den Sternen steht, und das ist Gott." Wie recht er hatte. Jeder Mensch kann durch die Kraft seines Glaubens auch die misslichsten Situationen in seinem Leben verändern. Er steht über allem.

Die schwierigen Sterne, die heftigen Transite der langsam laufenden Planeten von Saturn und Pluto wollten noch nie Böses, genauso wenig, wie es einen strafenden Gott gibt. Schwierige Transite zeigen wie keine andere Prognosemethode nur die Realität an und sind nur deshalb so schwierig, weil sie Triggerpunkte, Schwächen von uns aufdecken und uns mächtig herausfordern, damit wir innerlich wachsen können. Ohne die Stürme des Lebens gibt es keine großen Erfolge. Wir brauchen ihre Energie, um uns und unsere Vorhaben in Bewegung zu setzen, um unsere Kräfte zu entdecken. Nur wenn wir stehen bleiben, uns dem Leben verweigern, gegen jede Einsicht handeln, drohen Krankheiten oder Unfälle. Trotzdem können wir auch mit den besten Absichten nicht immer alles richtig machen, haben Krisen, leben gegen uns. Deshalb ist das Leben auch ein ganz natürliches Auf und Ab. Dem Leben wie der Astrologie sollten wir mit Demut und Achtung begegnen. Das ist der richtige Weg!

Wie funktioniert die Astrologie? Die Einfluss-, Projektions- und Himmelsuhr-Theorie

Möglicherweise wird der eine oder andere wissbegierige Klient am Ende der Beratung danach fragen, wie die Astrologie überhaupt funktionieren kann. Haben die Planeten einen Einfluss auf uns, wie etwa der Mond auf unser Wohlbefinden und unsere Stimmungen? Oder zeigen die Planeten nur an, was auf der Erde geschieht? Möglich auch, dass wir nur kollektives Wissen in die Sterne hineinprojizieren. Was ist wahr?

Wir leben in einer Zeit, in der wir meist versuchen, jedes Phänomen wissenschaftlich zu erklären. Doch nicht alles ist fassbar, schon gar nicht die Astrologie, die allein schon durch ihr senkrechtes Weltbild weder naturwissenschaftlich bewiesen noch abgetan werden kann. Und so fristet die Astrologie weiter ein Außenseiterdasein. Am besten, man setzt sich erst gar nicht mit ihr auseinander, was schon deshalb merkwürdig ist, weil sie als die älteste Wissenschaft der Menschheit gilt und auch in den aufgeklärtesten Zeiten niemals völlig von der Bildfläche verschwunden ist.

Die Astrologie wird jedoch nicht nur von der Naturwissenschaft attackiert, sie hat gerade auch in unserer modernen Zeit das Problem der unterschiedlichen Richtungen und Schulen, was nicht unbedingt für ihre Außendarstellung förderlich ist. Gibt es nun die eine Astrologie oder gibt es zahlreiche Astrologien? Natürlich befinden wir uns, wie gesagt, in einer Zeit, in der wir durch unser naturwissenschaftlich geprägtes und beeinflusstes Weltbild alles rational, gedanklich begreifen wollen, selbst die Liebe. Und warum nicht auch das Phänomen Astrologie? Es verwundert bei diesem Hintergrund nicht, dass die Astrologie so viel erforscht wird wie noch nie, was ja auch sein Gutes hat, solange man dabei nicht vergisst, die Astrologie und ihr überliefertes Wissen zu verstehen und in die moderne Zeit zu übersetzen.

Die Außenseiterrolle der Astrologie hat im Weiteren sicherlich einen großen Anteil daran, dass sich die Astrologie in unterschiedliche Richtungen gespalten hat, da jede Gruppierung sich im Bemühen, akzeptiert und anerkannt zu werden, definieren will.

Manche Astrologen kümmern sich wenig bis gar nicht um die Kritik von Naturwissenschaftlern, die meist alles, was mit Astrologie zu tun hat, anzweifeln und oft genug ins Lächerliche ziehen. Mein guter Freund Winfried Noé, einer der bekanntesten deutschen Astrologe überhaupt, der erstmals Ende der 90er-Jahre, als die Astrologie das letzte Mal boomte, versuchte, in seiner langjährigen Kultsendung „Sternenhimmel" anspruchsvollere Astrologie einem größeren Publikum zu vermitteln, meinte bei einem öffentlichen Auftritt vor großem Publikum einst gewohnt selbstbewusst: „Ich weiß nur, dass die Astrologie funktioniert. Wie und warum? Ich weiß es nicht." Das war sehr ehrlich, denn im Grunde genommen weiß kein Astrologe wirklich genau, warum ein Horoskop seinen Eigner so treffend beschreibt und warum die Transite, die Planeteneinflüsse auf das jeweilige Geburtshoroskop, so unglaublich konkret vergangene, aktuelle wie künftige Themen anzeigen.

Ich denke auch nicht, dass es unbedingt wichtig ist, zu wissen, wie und warum die Astrologie funktioniert. Die meisten Astrologen sind Innenmenschen, Künstler, die sich wenig um naturwissenschaftliche oder astronomische Dinge scheren und die froh sind, dass sie heute nicht mehr selbst ein Horoskop berechnen müssen, da dies der Computer für sie erledigt. Warum sollten sie sich mit etwas beschäftigen, was sie im Grunde genommen langweilt? Sie sind fasziniert vom Inhalt der Astrologie. Es genügt ihnen die Tatsache, dass sie funktioniert. Sie machen ja tagtäglich Erfahrungen mit der Astrologie, und sie sehen es als völlig normal an, dass sie etwas gereizter sind, wenn etwa der Mond über die Stellung ihres

Geburts-Mars läuft. Astrologie muss gelebt werden, um sie zu spüren, zu begreifen.

So möchte der praxiserfahrene Astrologe die Astrologie meist gar nicht beweisen, das ist auch bestimmt nicht seine vordergründigste Aufgabe. Goethe ließ einst einen weisen Satz fallen, der die Eingangsfrage schlicht und einfach beantwortet: „Wirklichkeit ist, was wirkt."

Es ist eigentlich eine spirituelle Frage, die Frage nach der wirklichen Bedeutung der Planeten unseres Sonnensystems. Der heilige Thomas von Aquin (geboren um 1225 auf Schloss Roccasecca bei Aquino in Italien, gestorben am 7.3.1274 in Fossanova) sah sich als Kirchenmann und Astrologie-Kundiger zu seiner Zeit mit der Kritik der Kirche konfrontiert, dass Astrologie ein heidnischer Götterglaube ist, da die Planeten nach griechischen und römischen Gottheiten benannt sind. Götterglaube widersprach zutiefst dem christlichen Glauben von einem einzigen, allmächtigen Gott. Thomas von Aquin versöhnte diesen Konflikt mit dem Hinweis, dass die Sterne die Gesetze Gottes anzeigen und ausführen.

Ptolemäus (geboren um 100, gestorben nach 160, vermutlich in Alexandria), der das ptolemäische, geozentrische Weltbild prägte, das von der Erde als Mittelpunkt der Welt ausgeht und für die Astrologie bis heute von Bedeutung ist, da wir die Planeten in Bezug zur Erde stellen, dachte viel früher schon ganz ähnlich: „Natürlich drückt sie (die Astrologie) den Willen göttlicher Kräfte aus, doch hängt es vom Menschen ab, „interkurrente" Kräfte ins Spiel zu bringen, um die vorher bestehenden Kräfte seines Horoskops und somit sein Schicksal zu ändern." Thomas von Aquin tätigte den berühmten Spruch: „Die Sterne machen geneigt, doch sie zwingen nicht." Das heißt, wir können uns gegen ihren Einfluss und persönliche Neigungen, die destruktiv sind, zur Wehr setzen. Wir müssen uns nicht irgendeinem Schicksal ergeben, sondern können es selbst ändern. Schließlich sind wir Menschen bewusste Geschöpfe, die je nach Reife, Einsicht und Entwicklung eine mehr oder weniger starke Willensfreiheit besitzen.

Die Sterne machen also geneigt, wohinter sich die erste und älteste Theorie, wie Astrologie funktioniert, verbirgt, die sogenannte Einfluss-Theorie. Wie der Begriff Einfluss-Theorie schon sagt, wird hier davon ausgegangen, dass die Gestirne am Himmel nicht nur anzeigen, was auf der Erde passiert, sondern direkt auf uns einwirken, uns mit Kräften und Themen konfrontieren, die uns in Bewegung halten und so die persönliche Entwicklung von uns ankurbeln. Man könnte jetzt spekulieren, dass die Planeten feinstoffliche Kräfte aussenden, wie etwa der Mond, dessen unglaublich großer Einfluss auf den Menschen und unsere Natur hinreichend bekannt ist.

Bisher fehlen von naturwissenschaftlicher Seite konkrete Beweise für diese Theorie. Parallelen zur Homöopathie, in der bei hochpotenzierten Gaben ebenfalls keine Substanzen mehr festgestellt werden und doch eine Wirksamkeit nachgewiesen werden können, tun sich auf. Je weiter ein Planet in unserem Sonnensystem von der Sonne entfernt steht, desto feinstofflicher und geistiger sind seine Schwingungen und desto gewaltiger kann seine Auswirkung auf das irdische Geschehen sein. Die meisten Anhänger der „Einfluss-Theorie" dürften sich im klassisch orientierten Kreis der Astrologen befinden. Wer tagtäglich mundane Aspekte und Transite auf Horoskope verfolgt, könnte zu der Ansicht kommen, dass die Einfluss-Theorie die einzig richtige ist. Viele Astrologen können neben der Mond-Stellung auch Mond-Aspekte fühlen, ohne vorher in die Ephemeriden oder ein Computerprogramm geblickt zu haben. Von meiner Seite aus kann ich z. B. sagen, dass ich regelmäßig Mond-Uranus-Spannungen (Konjunktion, Quadrat, Opposition) wahrnehme, die sich am Himmel bilden, auch wenn ich etwa im Urlaub bin und mir den aktuellen Sternenhimmel gerade nicht anschaue. Ich spüre dann immer eine gewisse Unruhe, die ich nicht nur in mir, sondern häufig auch im Außen wahrzunehmen meine. Man könnte jetzt sagen, natürlich der Mond, den spüren wir – nicht unbedingt aber seine Aspekte. Ich nehme diese jeweils auftauchenden Mond-Uranus-Spannungen sicher auch deshalb wahr, weil ich selbst ein Mond-Uranus-Quadrat im Horoskop habe. Dennoch, es fühlt sich wie eine Kraft, eine Energie an, die der Himmel nicht nur anzeigt, sondern tatsächlich sendet. Ähnlich ist es, wenn etwa Mars als

Transit meinen oder Ihren Geburts-Merkur überquert. Ein halbwegs bewusster Mensch, der sich reflektierten kann, wird dies wahrnehmen in Form einer gesteigerten geistigen Regsamkeit, meist aber auch Reizbarkeit etc. Wir können letztlich nicht nur den Mond, sondern auch Planetenbewegungen spüren, sobald sie sensible Stellen unseres Horoskops berühren, was deutlich für die Einfluss-Theorie spricht.

Die Himmelsuhr-Theorie, die in der modernen Astrologie die vielleicht größte Anhängerschaft besitzt, geht davon aus, dass die Sterne anzeigen, was auf der Erde passiert, aber eben keinen direkten Einfluss auf unser Leben und Schicksal haben. Vergleichbar mit der Uhr, die nur die Zeit anzeigt, sie aber nicht macht. Zur Untermauerung dieser Theorie wird heutzutage gerne der von dem Psychiater und Tiefenpsychologen C. G. Jung (geboren am 26.7.1875 in Kesswil, Schweiz, gestorben am 6.6.1961 in Küsnacht) geprägte Begriff Synchronizität herangezogen. Ihm liegt die Idee zugrunde, dass es gleichzeitig auftretende Ereignisse gibt, die sich nicht gegenseitig bedingen und in einem nicht-kausalen Zusammenhang stehen. Vertreten wird diese Himmelsuhr-Theorie vorwiegend von Astrologen, die sich in rein psychologischen Horoskopdeutungen versuchen.

Eine weitere Gruppe vertritt die sogenannte Projektions-Theorie, die besagt, dass der Mensch seine inneren psychischen Vorgänge unbewusst in den Himmel bzw. in ein Horoskop hineinprojiziert. Die Verfechter dieser Theorie sehen vor allem den Zusammenhang zwischen logischer Grundform des Tierkreises und seiner Symbole und den Strukturen der menschlichen Psyche. Diese Theorie wird vielfach von Kritikern der Astrologie vertreten, die damit aber immerhin zum Ausdruck bringen, dass es mit der Astrologie etwas auf sich haben muss.

Die Projektions-Theorie stammt ebenfalls vorwiegend von C. G. Jung, der über fundierte Astrologie-Kenntnisse verfügte und einst anmerkte: „Bei schwierigen psychologischen Diagnosen lasse ich meist ein Horoskop stellen ..." Lange schwankte er in seiner Auffassung, ob der Wirkungszusammenhang der Astrologie kausal (Projektions-Theorie) oder synchronistisch (Himmelsuhr-Theorie) ist.

Er war sich nicht sicher, ob materielle Verursachung in Form von Einflüssen, Strahlungen der Planeten vorliege oder eben nur eine sinnhafte Koinzidenz zwischen Sternen und Mensch. In späteren Jahren kam er dann letztlich zu der Auffassung, dass die Planeten archetypische Bilder darstellen, mit deren Hilfe wir Geschehnisse, Menschen, Augenblicke intuitiv erfassen und verstehen. Die Astrologie besteht für ihn aus symbolischen Konfigurationen, wobei die Planeten die „Götter", Symbole der Mächte des Unbewussten sind. Für C. G. Jung existiert auch so etwas wie das kollektive Unbewusste, eine Art gemeinsamer Erfahrungs- und Wissensschatz der gesamten Menschheit, der letztlich dazu verhilft, über das Horoskop in die Tiefe zu gegen und Menschen etc. zu erkennen. Klar, C. G. Jung war ein Psychologe, dessen Bemühungen vor allem darin bestanden, eine Brücke zwischen psychologischen und spirituellen Inhalten zu schlagen, die mit Sicherheit auch nicht alles erklären kann, was die Astrologie und ihre Funktionsweise betrifft. Es ist auch nur eine Sicht.

Ich persönlich bin der Meinung, dass alle drei Theorien ihre Berechtigung haben und dass das Phänomen Astrologie nicht nur durch eine erklärt werden kann. Vielleicht denken wir auch immer noch zu begrenzt. Natürlich sind wir alle nicht nur Kinder der Natur, sondern des gesamten Sonnensystems, in dem wir uns befinden. Was die Einfluss-Theorie betrifft: Muss es denn überhaupt ein Einfluss sein, der vielleicht irgendwann einmal gemessen werden kann? Niemand kann die Seele des Menschen messen, wenn sie aus dem Körper austritt, zumindest noch nicht. Vielleicht aber sind Geist und Seele eben gar nicht messbar, weil sie sich in einer anderen Dimension befinden. Möglicherweise sind Planeten eine Art Wesenheit, bestehend aus reinem Geist. Es ist ja auch so, dass die Planeten-Transite, wenn wir sie wahrnehmen, die Himmelspunkte ansprechen, an denen im Augenblick unserer Geburt die Planeten und Achsen standen. Ein Transit stößt eine Erinnerung bzw. eine Kraft an, die in uns lebt und ein Teil von uns ist.

Bis zu einem gewissen Punkt ist auch die Himmelsuhr-Theorie stimmig. Denn die Synchronizität von Ereignissen zwischen Himmel und Erde ist hier zwar nicht kausal verknüpft, aber Synchronizität ist ja nicht zwangsläufig willkürlich, auch hier muss letztlich ein Geist, eine Idee dahinterstecken.

Und klar, auch die Projektions-Theorie hat ihre Bedeutung, das weiß letztlich jeder beratende Astrologe. Denn die Astrologie bzw. ein Horoskop ist so komplex, dass wir auch die Intuition, den „höheren Gedankensprung“ brauchen, um einen Menschen, seine gesamten Anlagen und sein Leben und Schicksal im Zusammenhang verstehen und richtig deuten können. Dass wir dabei Hilfe im Himmel suchen durch den Blick nach oben, die Intuition, den aufstrebenden uranischen Geist, ist eine wichtige Sache, die zur Astrologie gehört. Sicher hat das kollektive Unbewusste, dieser gemeinsame Wissens- und Erfahrungsschatz, der, wie gesagt, laut C. G. Jung in allen Menschen schlummert, viel mit diesem uranischen Geist der Intuition zu tun. Ich gehe sogar so weit, dass ich behaupte, ohne ihn kann kein Horoskop richtig gedeutet werden.

Welche Theorie ist nun richtig? Ich denke alle drei. Es haben ja auch die meisten astrologischen Richtungen ihre große Bedeutung, auch wenn sie sich im Außen zu widersprechen scheinen.

Astrologische Techniken, die für die Beratung wichtig sind

Es gibt viele unterschiedliche astrologische Techniken, was die Prognostik betrifft. In einer Beratung, bei der es um konkrete Ergebnisse und Ratschläge geht, sollte sich der Astrologe zunächst auf die Transite konzentrieren. Um weitere Schwerpunkte eines Lebensjahres herauszufinden, kann er das Solar hinzunehmen, für innere Entwicklungen in einem größeren Zeitraum das Sekundär.

Wer Astrologie lernt und, in welcher Schule auch immer, den Abschluss zum Astrologen macht, hat sich in aller Regel mit mehreren Prognosemethoden auseinandergesetzt, die der astrologischen Forschung dienen und das Ziel haben, uns etwas über die Zukunft zu verraten. So gibt es neben den Transiten das Solar, das Sekundär, den Siebener Rhythmus, das Tertiär, das Lunar, die Graddirektion usw.

Diese ganzen Methoden in einer Beratung anzuwenden ist schier unmöglich und würde zu keinem befriedigenden Ergebnis für den Klienten führen, ihn allenfalls mächtig verwirren. Es ist daher bedeutend zu wissen, dass die Beobachtung der Transite, die zu den ältesten Prognosetechniken gehören, in der Prognostik am wichtigsten ist, weil wir vor allem durch sie eine wirklichkeitsnahe Beratung abliefern können. Transite können, was das konkrete Leben betrifft, nicht hoch genug eingeschätzt werden. Ein erfahrener Astrologe kann anhand der Transite fast alles erkennen: vergangene, gegenwärtige und zukünftige Lebensthemen. Transite sind, ebenso wie bei Partnerschaftsfragen die Synastrie wesentlich aussagekräftiger ist als ein Combin oder Composit, die Realität. Transite sind reale Kräfte, die auf uns einwirken – in der Vergangenheit, im Jetzt, in der Zukunft.

Transite anzuwenden ist relativ einfach. Damit können schnelle und gute Ergebnisse erzielt werden. All den Astrologen, die denken, Transite sind simpel und in ihren Aussagen begrenzt und die deshalb auf andere Prognosetechniken ausweichen, sei jedoch gesagt, dass es sich hier allenfalls um eine persönliche Begrenzung, um ein Nichtwissen handelt. Denn eines sollte jedem Astrologen klar sein: Wir können Transite auf einer einfachen Ebene anwenden und verstehen, so wie sie in Kursunterlagen oder entsprechenden Transite-Büchern auftauchen. Auf einer tieferen Ebene verstehen wir sie aber erst, wenn wir auch das Geburtshoroskop, den Menschen begreifen, zu dem wir sie in Bezug stellen. Das ist letztlich die hohe Kunst der Transite. Je tiefer wir uns in ein Horoskop hineinversetzen, desto besser können wir die Wahrscheinlichkeit erkennen, ob und wie sich ein Transit konkret auslösen könnte. Was diese vertiefte Anwendung von Transiten angeht, lernen wir niemals aus.

Allein deshalb erscheint es suspekt, wenn Astrologen zahlreiche Prognosemethoden anwenden und dabei die wichtigste, die Transite, übergehen. Knapp am Ziel vorbei ist auch daneben. Bevor wir auf andere Prognosetechniken zugreifen, müssen unbedingt die vorherrschenden Transite geklärt sein, die, wie gesagt, die Realität darstellen.

Was Paarberatungen und den Horoskopvergleich betrifft, sollten wir, wie gesagt, zunächst die Synastrie erstellen, bevor wir jüngere Methoden der Partnerschaftsastrologie wie das Composit oder das Combin anwenden, die zusätzliche Schwerpunkte einer Beziehung erfassen können. Was die unterschiedlichen Prognosetechniken betrifft, gilt es nicht zuletzt zu bedenken, dass viele von ihnen in Zeiten erfunden wurden, in denen die Astrologen keine oder wenig Ephemeriden oder Teleskope hatten. Sie wurden vielfach aus der Not geboren, was natürlich nicht heißen soll, dass an ihnen nichts dran ist. Sie können auf ihre spezielle Art weitere Einblicke in künftige Themenschwerpunkte und Entwicklungsphasen oder auch mögliche Geschehnisse geben.

Wenn wir eine Beratung starten, sollten wir uns also zunächst das Geburtshoroskop vornehmen, die Achsen AC-DC und MC-IC beschreiben sowie die einzelnen Planeten in den jeweiligen Häusern und ihre Aspekte. Das wäre zumindest in einer ersten Beratung wichtig. Natürlich gehören dazu außerdem die Verteilung der Elemente, auffallende Planetenkonstellationen und -ballungen etc. Je nachdem, was der Klient für Fragen stellt, sollten einzelne Horoskopinhalte, wie etwa die Lebensziele in Form des MC und seines Herrschers, Lebensaufgaben in Form des Saturns sowie der Mondknoten und anderes, näher betrachtet und analysiert werden. Mit so einer Beratung liefern Sie Ihrem Klienten bereits jede Menge Stoff, über den er noch lange nachdenken wird, auch wenn ihm einige Inhalte schon bewusst sind, die Sie ihm erzählen.

Es ist wichtig, sich auch bei der Horoskopanalyse auf Wesentliches zu beschränken. Würden Sie jetzt noch Glückspunkt, Alterspunkt, irgendwelche Halbsummen, Nebenaspekte, Fixsterne, kürzlich entdeckte Asteroiden usw. hinzunehmen, wäre das viel zu viel und würde die Beratung verwässern, da vom Wesentlichen ablenken. Wir müssen als ernsthafte Astrologen im Sinne unseres Klienten verantwortlich denken und vorgehen und dabei vor allem versuchen, seine Fragen, für die er ja hier ist, konkret zu beantworten.

Dazu gehört zumindest bei klassisch orientierten Astrologen natürlich auch die Prognostik, das heißt, wie gesagt, zu allererst die Anwendung der Transite, von denen wir uns vor allem auf die Langsamläufer Saturn, Uranus, Neptun und Pluto sowie auf Jupiter konzentrieren sollten. Beschreiben sollten wir nun zunächst die Transite dieser Planeten in den jeweiligen Häusern, die sehr konkret die Lebensgebiete anzeigen, um die es in der jeweiligen Beratung geht. Anschließend sollten wir noch eventuelle Transite dieser Planeten zu Achsen und Planeten des Geburtshoroskops näher betrachten. Auch hier sollten unbedingt die Häuser einbezogen werden, in denen die aspektierten Radix-Planeten stehen, um wiederum einen Realitätsbezug zu schaffen. Allein dadurch sind wir schon mitten im realen Leben des Klienten angekommen, sprechen aktuelle und künftig besonders wichtige Lebensbereiche und auch persönliche Entwicklungen an, was die meisten Klienten durchaus gut reflektieren können, weil es einfach stimmt.

Natürlich sollten wir niemals Transite deterministisch beschreiben, also in der Form, dass dieses oder jenes Ereignis in jedem Fall eintreffen wird. Wir sprechen ausschließlich von aktuellen und künftigen Themen und Einflüssen, die es zu bewältigen und zu nutzen gilt. Wir müssen als Astrologen, die davon überzeugt sind, dass sich der Mensch sein Schicksal selbst gestaltet, immer im Konjunktiv sprechen (könnte, würde etc.) und dürfen höchstens Wahrscheinlichkeiten in den Raum stellen, die positiv wie negativ eintreffen können, wenn dieser oder jener Weg weitergegangen wird. Sprachlich sollten daher, um Unterstellungen und Determinismus auszuschließen, alle aussagen abgeschwächt werden mit Worten wie „vielleicht“, „unter Umständen“, „eventuell“ etc.

Der Klient soll sich und seine aktuelle Lebenssituation in unserer astrologischen Analyse erkennen. Dies sollte das Ziel einer astrologischen Beratung sein. Mit der Anwendung von künftigen Transiten eröffnen wir dem Klienten neue Perspektiven und Möglichkeiten, stellen ihn aber auch auf Herausforderungen ein, die kommen werden. An dieser Stelle ist es interessant und wiederum die höhere Kunst, darauf zu achten, wie besonders schwierige Anlagen und manchmal auch besondere Fähigkeiten durch die Transite der kosmischen Schwergewichte Saturn, Uranus, Neptun und Pluto ausgelöst werden. Schicksal ist immer der zeitliche Ablauf unseres Charakters, unserer Anlage, die eben durch die Transite in unterschiedlichster Form angesprochen, aktiviert und herausgefordert werden. Erst durch die Transite wird das Leben bewegt und in uns die Notwendigkeit und Bereitschaft angestoßen, an uns selbst zu arbeiten, uns persönlich weiterzuentwickeln, um wichtige Ziele im Leben erreichen zu können. Auch deshalb sind Transite in der Beratung so ungemein wichtig.

In einer persönlichen Beratung vor Ort kann nicht alles besprochen werden. Es macht wenig Sinn, ein Gespräch länger als ca. 1 1/2 Stunden zu führen, da sich sonst meist Fragen und Erklärungen wiederholen, was wiederum dazu führt, dass die Beratung an Kraft, Bedeutung und Überzeugung verliert. Es gibt Kopfmenschen, die nur allzu gerne reden und die kein Ende finden würden, würde der Astrologe nicht einen speziellen Zeitraum für eine Beratung festlegen. Letzteres dient der Wertschätzung des Astrologen und seiner Zeit sowie einer notwendigen Abgrenzung vor Klienten, die manchmal Energie-Vampire sind und ihn ansonsten energetisch gnadenlos aussaugen würden.

Wenn in einer Beratung noch Zeit bleibt und das Wesentliche besprochen wurde oder ein Klient kommt innerhalb weniger Monate öfter zu einer Beratung, sollte der Astrologe unter Umständen Zeit finden, auf weitere Horoskopinhalte einzugehen, die vielleicht moderner Forschung entsprechen. Dann könnte er auch weitere Prognosetechniken benutzen, um die Beratung noch umfassender zu gestalten.

Als wichtigste Ergänzung zu den Transiten betrachte ich persönlich das Solar, das Horoskop, das immer am Geburtstag auf den Moment gestellt wird, an dem die Sonne wieder exakt auf der Geburts-Sonne steht und auf den Ort, an dem wir uns länger als drei Monate im Jahr aufhalten. Das Solar ist eine prominente Prognosemethode mit einer wichtigen und sehr langen Tradition, die bereits in der hellenistischen Astrologie erfunden wurde, auch wenn sie erst sehr viel später zur Blüte gelangte.

Jeder Geburtstag hat durch die Rückkehr der Sonne, des Lebens, von sich aus schon eine herausragende Bedeutung, weshalb auch das Solar, dessen Planeten ja die Transite am Tag des Geburtstags sind, hoch eingeschätzt werden muss, was unsere Entwicklung von Lebensjahr zu Lebensjahr betrifft. Was wir am Geburtstag denken, empfinden, was passiert, welchen Menschen wir begegnen – das alles hat eine besondere Bedeutung, ist wie ein Schatten, der in die Zukunft geworfen wird. Umgekehrt ist es auch so, dass wir die Inhalte und Themen des neuen Solars immer schon zwei bis drei Monate vor dem Geburtstag wahrnehmen können.

Das Solar sollte immer auf Basis des Geburtshoroskops gedeutet werden, wobei einige Astrologen es zunächst als eigenständiges Horoskop interpretieren. Natürlich kann man in einem Solar keine Anlagen und Charakterzüge wie in einem Radixhoroskop sehen, allenfalls Fähigkeiten, die wir versuchen, zu entwickeln, wie sie etwa durch den jeweiligen Solar-Aszendenten angezeigt sind. Das Solar berichtet insgesamt mehr über innere Schwerpunkte und Entwicklungen des neuen Lebensjahres, die im Radix angelegt sind.

Eine häufig verwendete, sinnvolle Prognosemethode ist ferner die Sekundärprogression, kurz genannt das Sekundär. Es kann Transite insofern ergänzen, indem es größere Zeiträume von inneren Entwicklungen anzeigt, die sich über mehrere Jahre hinziehen können. Beim Sekundär wird jeweils ein Tag nach der Geburt einem Lebensjahr gleichgesetzt. Die Planetenstellungen 24 Stunden nach der Geburt sollen demnach den inneren Entwicklungsstand beim ersten Geburtstag widerspiegeln, die Planetenstellungen 48 Stunden nach der Geburt die Entwicklung des zweiten Geburtstags usw. Ein Tag entspricht dem scheinbaren Lauf der Sonne um die Erde, ein Jahr durch den gesamten Tierkreis. Wie beim Solar ist also auch hier die Sonne, der Mittelpunkt des Lebens, der Schlüssel, um in die Zukunft zu blicken. Was sich in den ersten Lebenstagen in uns tut und entwickelt, wirft wiederum seinen Schatten weit in die Zukunft.

Eine interessante Beobachtung, was vor allem das Solar betrifft, ist die Tatsache, dass sicher nicht alle, aber überdurchschnittlich viele Menschen in den Tagen und Wochen um ihren Geburtstag herum sterben, was auf ihre Art die Bedeutung der Sonne und unserer persönlichen Entwicklung verdeutlicht. Unsere Geburts-Sonne symbolisiert unsere Schöpfung, sie steht für unseren göttlichen Wesenskern, unsere Lebenskraft und unsere eigenen schöpferischen Energien. In ihr verbirgt sich so etwas wie unser ureigenster Lebenssinn und unsere Lebensaufgabe. Durch die Sonne sind wir auf die Erde gekommen. Wenn es Zeit ist zu gehen, taucht die Sonne wieder in der Nähe auf, als sie zum Zeitpunkt unserer Geburt stand, als würde sie uns abholen wollen, nach Hause, in unsere eigentliche Heimat.

Die Analyse des Geburtshoroskops, das Verstehen des Menschen, die Transite, die konkrete vergangene, aktuelle wie künftige Themen anzeigen, das Solar, das Auskunft über die persönliche Entwicklung für ein Lebensjahr gibt und das Sekundär, das verblüffende Einsichten in innere Entwicklungen größerer Zeiträume geben kann, sind am Ende die wichtigsten Eckpfeiler einer ernsthaften astrologischen Beratung.

Die Astrologie macht nur dann Sinn, wenn wir erkennen, wie sich die Sterne in unserem Leben und in dem unserer Klienten widerspiegeln. Eine Beratung gelingt dann, wenn wir das normale alltägliche Leben und die verschiedenen Lebenssituationen eines Klienten in einen ganzheitlichen Zusammenhang einordnen können. Es geht in Beratungen um Niederlagen, Erfolge, Trennungen, neue Beziehungen, Krankheiten und Heilungen, es geht um Dramen, Schicksalsschläge und glückliche Zufälle – all das ist im Inneren miteinander verbunden, ist Teil des Lebens, der Sonne, Teil eines großen schöpferischen Aktes, an dem wir wesentlich selbst beteiligt sind.

Die Anbindung nach oben, unsere innere Führung zeigt uns den Weg, den wir durch die Sterne noch deutlicher verstehen und erkennen können.

Der größte Fehler, den man meiner Meinung nach machen kann, ist, die Astrologie zu sehr zu verkopfen, zu intellektualisieren. Astrologen, die in dieser Hinsicht gefährdet sind, weichen gerne auf alle möglichen Prognosemethoden aus, weil sie durch die einzelne nicht mehr wirklich in die Tiefe kommen und klare Aussagen machen können. Denn in der reinen Gedankenwelt ist am Ende alles relativ, was in die Bedeutungslosigkeit führen kann. Wir müssen auch sehen lernen mit dem Inneren.

Wie Sie sich auf eine astrologische Beratung vorbereiten sollten

Die Vorbereitung auf eine Beratung ist sehr wichtig. Sie sollten sich bereits bei der Anfrage nicht nur die Geburtsdaten übermitteln lassen, sondern auch nachfragen, ob es konkrete Fragen gibt, auf die Sie sich vorbereiten können. Konkrete Fragen erleichtern den Einstieg in eine Beratung und geben Anhaltspunkte darüber, wo der Klient gerade steht. Die meisten Menschen, die den Astrologen aufsuchen, haben dringende Themen, die sie klären wollen, und wenn Sie im Vorfeld ein wenig Zeit haben, das Horoskop anzuschauen, können Sie sich innerlich schon einen Plan zurechtlegen, wie Sie eben diese Beratung starten und wie Sie die Fragen beantworten können. Sie haben Zeit, sich Knackpunkte und andere Schwerpunkte des Horoskops zu vergegenwärtigen und sich Transite näher anzuschauen, die bei Ihrem Klienten aktuell und künftig eine größere Rolle spielen. Allein dadurch haben wir uns bereits dem Klienten innerlich angenähert.

Erscheint er nun, beginnen sich unsere Eindrücke, die wir von seinem Horoskop haben, mit seinem Auftreten, seiner Ausstrahlung und dem, was er sagt, zu verarbeiten. Ein kreativer Prozess entsteht, der mehr der Schöpfung eines Kunstwerkes als einer Psychoanalyse gleicht.

Gelegentlich kommen Menschen zum Astrologen, die keine genauen Fragen haben und vielleicht nur mehr über sich selbst, ihre Stärken wie Schwächen erfahren wollen. Auch in diesen Fällen müssen Sie Ihren Klienten in seiner aktuellen Lebenssituation abholen und etwa nachfragen, ob er gebunden oder Single ist, ob er Kinder hat, welchen Beruf er ausübt, welche Ziele er hat, welche Probleme er in seinem Leben gibt etc. Durch diese Eckpfeiler des Lebens gelingt es dem Astrologen, eine Verbindung zwischen dem, wo der Klient in seiner Entwicklung steht und seinem Horoskop herzustellen, auf die er in der Beratung aufbauen kann.

Oftmals ist es auch nicht möglich, konkrete Fragen im Vorfeld auszuloten, da manche Themen einfach zu komplex sind und unter vier Augen näher erörtert und besprochen werden müssen. Schwierig wird es allerdings, wenn, wie schon an anderer Stelle erwähnt, ein Klient beim Astrologen erscheint und etwa Folgendes sagt: „Nein, ich habe überhaupt keine Frage, erzählen Sie mir doch einfach mal von meinem Horoskop, was Sie da so sehen." Klar, hier haben wir es mit einer Person zu tun, die sich in einer Habachtstellung befindet und den Astrologen austesten will. Öfter kann man so etwas übrigens mit Freunden und Bekannten erleben, wo das Hineinschauen ins Horoskop nichts kostet und wo man einfach mal nachschauen lassen will, aus reiner Neugierde. Der Anfänger lässt sich meist noch auf so etwas ein, der Astrologie-Profi wird solche Anfragen eher ablehnen. Und auch gegenüber Klienten sollten wir uns nicht in die Bringschuld drängen lassen, indem wir ihn davon überzeugen müssen, dass an der Astrologie etwas dran ist und wir keine Blender sind. Keine gute Basis für eine Beratung.

Manchmal empfiehlt es sich, im Vorfeld einer Beratung das Horoskop des Klienten nur kurz anzuschauen, es wieder wegzulegen, auf sich wirken zu lassen, um es andere Stelle wieder hervorzuholen, um es zu vertiefen. Meiner Erfahrung nach führt ein solches Vorgehen, das gerade zu Beginn einer astrologischen Tätigkeit hilfreich sein kann, zu sehr guten Ergebnissen. In unserer astrologischen Ausbildung, dem ASTRO-KOLLEG-Fernkurs, dem ein Telefonservice angegliedert ist, biete ich unseren Schülern, die mit Beratungen beginnen, an, die jeweiligen Horoskope kurz zu besprechen. Der erfahrene Astrologe kann, wie schon erwähnt, auf einen Blick das Wesentliche eines Horoskops erkennen und braucht deshalb bei eigenen Beratungen weniger Vorbereitungszeit.

Wichtig sind für eine Beratung nicht zuletzt der Raum und das Ambiente, in dem Sie den Klienten empfangen. Der Beratungsraum sollte auf seine Art etwas hermachen, sollte eine behagliche, inspirierende Ausstrahlung haben, in der sich der Klient wohlfühlen und entspannen kann. Es muss nicht unbedingt Kerzenlicht sein, das die Atmosphäre verfeinert, auf jeden Fall sollten Neonlicht oder andere grelle Beleuchtung vermieden werden. Angenehme Sessel sind wichtig, damit sich der Klient entspannen kann, ebenso wie zumindest ein kleiner Ablagetisch zwischen dem Klienten und Berater, der einen angenehmen Abstand schafft. Hier können Kaffee, Tee und nötige astrologisch Unterlagen positioniert werden.

Nüchterne, allzu cleane Büros, die für geschäftliche Besprechungen die nötige Distanz schaffen, sind für astrologische Beratungen ungeeignet. Ähnlich ist es mit Webseiten, die eine Art Visitenkarte eines Beraters sein sollten. Wenn diese, wie bei einigen bekannteren Astrologen, aussehen wie die nüchternen und kühlen Seiten einer Versicherungsagentur oder eines Gesundheitsamts, um ja möglichst seriös zu erscheinen, was dann noch mit „anerkannt" und „wichtigen Zertifikaten" untermauert wird, wird Distanz zu potenziellen Klienten und Kunden, aber bestimmt keine Nähe geschaffen. Man müsste sich hier auch fragen, was das mit Astrologie, dieser magischen und mystischen Wissenschaft zu tun hat.

Noch ein kleiner Tipp: Wählen Sie, wenn es Ihnen die Umstände und die Zeit erlauben, für Beratungen günstige Tages- und Stundenkonstellationen, da diese immer einen direkten Einfluss auf Stimmungen und Geschehen haben. Ist Ihnen das nicht möglich, sollten Sie die Beratung trotzdem abhalten, auch unter schwierigen Aspekten, die immer eine Herausforderung darstellen, an der der Astrologe wachsen und sich persönlich weiterentwickeln kann. Wenn wir zum Zeitpunkt einer Beratung z. B. ein Mond-Mars-Quadrat haben und der Merkur-Transit überquert gerade den Mars des Klienten, der insgesamt von Natur aus schon ein eher kritischer Mensch ist, dann wissen Sie, diese Beratung kann schwierig werden. Lässt man sich als Astrologe nicht provozieren und versucht die Spannungen, die in einer Beratung auftauchen können, durch Verständnis, viel Empathie und Aufzeigen von wichtigen Inhalten des Horoskops zu bewältigen, dann können solche Beratungen sogar richtig gut und erfolgreich sein. Der moderne Astrologe sieht schwierige Sterne als Herausforderung, deren Gefahr durch Bewusstheit gebannt wird.

Die Geburtszeitkorrektur – macht sie wirklich Sinn?

Geburtszeitkorrektur – ja oder nein, ist eine in astrologischen Kreisen kontrovers diskutierte Frage. Klar ist, dass die wenigsten Geburtszeiten hundertprozentig genau sind. Es wird aber vielfach bereits darüber gestritten, welcher Zeitpunkt überhaupt als Augenblick der Geburt infrage kommt. Ist es das Platzen der Fruchtblase, der erste Schrei, die Abnabelung? Eine Geburt kann sich lange hinziehen, was Befürwortern der Geburtszeitkorrektur allein schon als Argument dient, eine Korrektur der Geburtszeit einzufordern.

Bereits an dieser Stelle gibt es jedoch berechtigte Einwände. Leben bedeutet atmen, Leben ist Atem. Sterben heißt „sein Leben aushauchen“, geboren werden heißt das Leben einzuatmen. Tut jemand seinen letzten Atemzug, ob Tier oder Mensch, können wir deutlich den Austritt der Seele wahrnehmen. Und umgekehrt ist ein neuer Erdenbürger dann spürbar angekommen, wenn er seinen ersten Schrei tut, das erste Mal tief einatmet. Jetzt ist die Seele inkarniert. Das ist der Zeitpunkt, auf den wir idealerweise das Geburtshoroskop stellen sollten.

In der Realität ist es dennoch so, dass von Hebammen vielfach der Zeitpunkt notiert wird, an dem das Baby vollständig aus dem Körper der Mutter mit Kopf und Füßen heraustritt. Das ist meistens auch der Zeitpunkt, an dem der erste Atemzug getan wird, wobei sich dieser manchmal um einige Minuten verzögern kann. Früher wurde die Geburtszeit gar auf eine Viertelstunde auf- oder abgerundet, was man an den häufigen Horoskopen erkennt, bei denen die Minutenangabe mit :00, :15, :30 oder :45 angegeben ist.

Und heute wird in einigen Fällen immer noch die falsche oder ungefähre Zeit notiert, weil die Geburt dramatisch verläuft und die Hebamme gestresst ist. Von einer hundertprozentig genauen Geburtszeit kann also niemand ausgehen, wenn er nicht als Beobachter, Hebamme oder als gebärende Frau selbst bei der Geburt dabei war und auf die genaue Zeit achten konnte.

Jeder Astrologe muss sich also bewusst sein, dass die Achsen AC, DC, MC und IC leicht vom eigentlichen Stand der Geburt abweichen können, da sie ca. alle vier Minuten einen Grad weiterrücken. Relevant wir das Ganze vor allem dann, wenn Aszendent oder Medium Coeli oder auch Häuserspitzen an der Grenze zwischen zwei Tierkreiszeichen stehen. In diesem Falle kann eine Geburtszeitkorrektur Sinn machen. Wie sie funktioniert? Um es ganz grob zu sagen: Bei der Geburtszeitkorrektur wird in die Vergangenheit eines Menschen zurückgegangen. Es werden einschneidende Ereignisse im Leben wie Hochzeit, Trennung, Geburt eines Kindes, Berufswechsel etc. ausgewählt und durch verschiedene Prognosemethoden, etwa durch die Transite zu den Achsenpunkten (AC, DC, MC, IC), analysiert, um letztlich zu einer wahrscheinlichen, genaueren Lage der Achsen zu kommen.

Das Problem ist nur, dass es unterschiedliche Verfahren der Geburtszeitkorrektur gibt, wodurch es allein schon zu unterschiedlichen Ergebnissen kommt. Und außerdem besteht die berechtigte Forderung, dass eine Geburtszeitkorrektur auch in die Zukunft, anhand von künftigen Ereignissen verifiziert werden müsste, um glaubhaft zu sein.

Die Geburtskorrektur ist letztlich ein Feld, auf dem viel spekuliert wird und nichts bewiesen werden kann. Es lässt sich in der Astrologie nicht alles berechnen. Dennoch mag es manchem Astrologen gelingen, mit seiner Methode und Erfahrung die korrekte Geburtszeit zu finden.

In der Praxis ist der Aufwand einer Geburtszeitkorrektur jedoch völlig unmöglich, ja weltfremd. Ein Astrologe, der wöchentlich mehrere Beratungen abhält, müsste seinen Job umgehend an den Nagel hängen. Hat er langjährige praktische Erfahrung, kalkuliert er in seiner Horoskopanalyse immer schon eine mögliche Verschiebung der Achsen ein. Kommt es zu dem Fall, das etwa der Aszendent zwischen zwei Tierkreiszeichen steht, dann kann er ziemlich schnell durch das Auftreten, die äußerliche Erscheinung sowie durch Nachfragen von typischen Eigenschaften, die den jeweiligen Aszendenten zugeordnet sind, erkennen, welchen Aszendenten sein Klient besitzt. Das ist kein Zauberwerk. Ich wage zu behaupten, dass dies sicherer ist als jede Geburtszeitkorrektur. Und manchmal stimmt es einfach auch, wenn sich eine Achse exakt zwischen zwei Zeichen befindet, was wir als nicht genau bestimmbar oder indifferent akzeptieren und in unsere Deutung miteinfließen lassen müssen. Das ist vor allem dann der Fall, wenn sich Aszendent oder MC im sogenannten Vakuumbereich eines Tierkreiszeichens aufhalten, das sich von 29 Grad 30 Minuten bis 30 Grad erstreckt, also im letzten halben Grad eines Tierkreiszeichens.

Grundsätzlich rate ich dazu, die Geburtszeitangabe, die im Standesamt oder auf einer Geburtsurkunde hinterlegt ist, zu wählen. Oft völlig falsch sind der Erfahrung nach zeitliche Angaben, an die sich Mutter oder Vater erinnern können. Persönliche Einschätzungen mancher Astrologen, dass die Geburtszeit nicht stimmen könne, weil dann irgendein Transit der langsam laufenden Planeten in einem anderen Haus etc. auftauchen müsste, sind ebenfalls mit größter Vorsicht zu genießen. Dem wäre auf jeden Fall eine ernsthafte Geburtszeitkorrektur vorzuziehen, die trotz aller Kritik ein wichtiges und spannendes Forschungsfeld der Astrologie ist.

Vorurteile und Kritik an der Astrologie schnell widerlegt

Die Astrologie hatte in ihrer Geschichte immer schon viele Freunde, aber auch viele Gegner, wobei Letztere in unserer Zeit mehr denn je darum bemüht sind, die Astrologie als Unsinn darzustellen und die Astrologen als Scharlatane zu überführen. Es gibt sogar Menschen, die es sich zum Beruf gemacht haben, die Astrologie zu widerlegen. Manchmal ist so viel Hass und Abneigung gegen die Astrologie im Spiel, dass man als Astrologe schon fast eine Ahnung davon bekommen muss, wie sich Verfolgung in den Zeiten der Inquisition angefühlt haben muss. Niemals sollte vergessen werden, unabhängig davon, wie man zur Astrologie steht, dass es sich hier um die älteste Wissenschaft der Menschheit handelt. Allen Krisen und Gegnerschaften zum Trotz wurde das Wissen der Astrologie nicht nur von Generation zu Generation weitergegeben, sondern auch stetig weiterentwickelt. Nicht einmal in der Epoche der Aufklärung verschwand sie völlig von der Bildfläche. Seitdem sie nicht mehr als Wissenschaft anerkannt wird, lebt sie in unserer Zeit dennoch stärker denn je auf. Die Kritiker der Astrologie sollten sich einmal die Frage stellen, ob denn alle Menschen der Geschichte, die sich mit Astrologie beschäftigt haben, geistig Verwirrte waren. Der Platz würde hier nicht ausreichen, um alle bedeutenden weisen und klugen Menschen der Geschichte aufzuzählen, die von der Astrologie überzeugt sind und waren. Immerhin gibt es auch Kritiker, die zwischen ernsthaften Astrologen und Scharlatanen unterscheiden und Argumente gegen die Astrologie liefern, die auch für uns Astrologen durchaus diskussionswürdig sind. Das Problem mit allen Kritikern bleibt jedoch, dass man eigentlich nur dann über die Astrologie diskutieren kann, wenn man sie von innen zumindest bis zu einem gewissen Grad kennt und persönliche Erfahrungen mit ihr gemacht hat. Ich konnte in meiner Praxis gelegentlich ungewollt Menschen, die eigentlich stark an der Astrologie zweifelten, durch meine Beratung „bekehren“. Und zwar nicht durch allgemeine Persönlichkeitsbeschreibungen, in die alles Mögliche hineininterpretiert werden kann, wie viele Kritiker den Astrologen oft vorwerfen, sondern durch sehr konkrete Aussagen über Anlagen, Fähigkeiten und Schwächen meines Klienten, die ich nur durch das Horoskop erkannt habe. Ähnlich ergeht es vielen anderen Astrologen, die tagtäglich erfahren, dass Astrologie mehr als alles andere vom wirklichen Leben berichtet.

Die Mär von der Verschiebung der Sternzeichen

Keine Freude macht es Astrologen, immer wieder zur sogenannten „Sternzeichenverschiebung" Stellung nehmen zu müssen, was alle zwei bis drei Jahre auf der Titelseite einer großen Tageszeitung und im TV erscheint. Da heißt es dann in etwa: „Alle Sternzeichen falsch …", und es werden tatsächlich immer wieder Astronomen ausgegraben, die nicht unbedingt Freunde der Astrologie sind und das entgegen besseren Wissens gerne öffentlich bestätigen.

Um es einfach zu erklären: Da die Erde eine langsame Kreiselbewegung vollzieht, verschiebt sich der Frühlingspunkt rückwärts durch den siderischen Tierkreis. Das Ganze nennt man Präzession. Der Frühlingspunkt rückt etwa alle 72 Jahre um 1 Grad zurück. Ganze 26 000 Jahre braucht er, bis er den gesamten Tierkreis durchwandert hat. Dieser große Zeitraum wird auch als „Platonisches Weltenjahr" bezeichnet. Im Moment befindet sich der Frühlingspunkt am Übergang zwischen Fische und Wassermann. Wichtig: Wir sprechen hier vom siderischen Tierkreis, der nichts mit unserem astrologischen Tierkreis zu tun hat. Es geht hier konkret um die Fixsternbilder Widder bis Fische, die wir am nächtlichen Sternenhimmel sehen können.

In der westlichen Astrologie arbeiten wir dagegen mit dem tropischen Tierkreis. Der tropische Tierkreis ist auf der Ekliptik, der Sonnenbahn, in zwölf verschiedene Abschnitte zu je 30 Grad unterteilt. Das sind unsere Tierkreiszeichen. Astrologen sprechen hier von sensiblen Himmelszonen, die vom Jahresverlauf und den Rhythmen der Natur bestimmt werden. Man könnte die astrologischen Tierkreiszeichen als Kraftfelder oder auch als Himmelshäuser bezeichnen. Unser tropischer Tierkreis startet immer am Frühlingspunkt mit null Grad Widder, unabhängig davon, wo dieser steht.

Aus Sicht der Erde verschiebt sich deshalb der siderische Tierkreis gegenüber dem tropischen. Genau deshalb sprechen Kritiker immer wieder von der Sternzeichenverschiebung bzw. davon, dass die Sternbilder der Astrologie nicht die richtigen seien. Doch die westlichen Astrologen arbeiten eben nicht mit den Sternbildern, sondern mit den tropischen Tierkreiszeichen.

Vor über 2000 Jahren wurden die Symbolik und die Bedeutung der Tierkreiszeichen aus den Sternbildern abgeleitet. Umgekehrt wurden aber auch die Eigenschaften und Themen der Jahreszeiten in die Sternbilder hineinprojiziert. Laut Astro-Wiki, einer freien, seriösen Enzyklopädie der Astrologie, sind sich die Astrologen „seit ungefähr der Zeit um Christi Geburt der Präzession des Frühlingspunktes bewusst. Nicht weil Astrologen die Präzession ignorierten, sondern im Gegenteil: Weil sie die Präzession erkannt hatten, entwickelten sie den heute üblicherweise verwendeten Tierkreis, der sich bewusst nicht an den Sternen (Fixsternbilder), sondern an den Jahreszeiten orientiert. Das Erkennen der Präzession führte dennoch dazu, den Eintritt des Frühlingspunktes vom Sternbild Widder in das der Fische zur Zeit um Christi Geburt als Beginn des Fische-Zeitalters zu verstehen. Somit ist die Präzession Anzeiger der vermuteten astrologischen Zeitalter, sowohl des zu Ende gehenden Fischezeitalters als auch des Wassermannzeitalters.“

Falsch liegen mit der sogenannten Sternzeichenverschiebung also nicht die Astrologie, sondern deren Kritiker, die sich bis heute noch nicht die Mühe gemacht haben, sich gründlicher über diesen Sachverhalt zu informieren. Schade!

Geburts- oder Zeugungsaugenblick: Welcher Zeitpunkt ist wichtiger?

„Warum ist der Geburtszeitpunkt so wichtig?“, fragen sich viele Astrologiegegner. „Es kann doch nicht sein, dass dieser über mein Leben und Schicksal bestimmt. Und überhaupt, wieso spielt nicht der Zeitpunkt der Zeugung die schicksalsträchtigere Rolle?“

Fragen, die gewiss zum Nachdenken anregen. Der Zeugungsaugenblick mag eine größere Bedeutung haben. Gewiss spielt es eine Rolle, ob die Mutter bei der Zeugung vergewaltigt wurde, ob sie oder ihr Mann betrunken waren, ob der Akt in Liebe oder reiner Gier geschah. Alle Energien pflanzen sich auf geheimnisvolle Art und Weise fort. Es gibt Astrologen, die sich mit dem Zeugungsaugenblick beschäftigen und sogar eine Art Zeugungshoroskop erstellen. Nur, mit dem Geburtshoroskop hat dies alles nichts zu tun. Und es stellt sich für den ernsthaften Astrologen noch nicht einmal die Frage, was wichtiger ist.

Der Moment der Geburt war immer schon ein mystischer Augenblick. Denken Sie nur an Christi Geburt, an den Stern von Bethlehem, der eine Jupiter-Saturn-Konjunktion in den Fischen war, wie wir heute wissen, und der astrologisch korrekt gedeutet das „Kommen des Königs“ versprach mit Aussicht auf immerwährendes Glück oder frei übersetzt ewiges Leben. Dies alles und noch mehr ist in dieser großen und einmaligen Konjunktion enthalten. Aber auch unsere Geburt ist etwas ganz Besonderes und spiegelt sich in einem einzigartigen Sternenhimmel wider, der in dieser Zusammenstellung nie wieder auftauchen wird.

Konkret gehen wir in der Astrologie davon aus, dass sich eine menschliche Seele, aber auch ein Tier oder eine Pflanze nur in dem Moment inkarnieren, also auf der Erde auftauchen und verwirklichen kann, in dem alles dafür angerichtet ist: Die Natur, die Zeitumstände, die Lebenssituation, die Eltern und ihre Gene und die Planeten unseres Sonnensystems, ja der gesamte Kosmos – einfach alles muss so beschaffen sein und für uns passen, dass wir uns in diesem einzigartigen Moment der Schöpfung, in dem sich ein winziges Zeitfenster auftut, inkarnieren können. Mit dem ersten Schrei, mit dem ersten Luftzug sind wir auf dieser Erde angekommen. Der Geburtszeitpunkt ist vorherbestimmt. Nicht einmal die von Menschen geplante, eingeleitete Geburt kann daran etwas ändern. Der Mensch ist zu klein, um in den göttlichen Plan eingreifen zu können, was auch die Horoskope von Kaiserschnitten dem sehenden Astrologen eindrucksvoll bestätigen.

Der Barnum-Effekt: Bilden wir uns die Wirkung der Planeten wirklich nur ein?

Die Psychologie-Szene gehört mitunter zu den größten Kritikern der Astrologie. Schließlich ist die Psychologie verwandt mit der Astrologie, die für sich beansprucht, mit einem Blick auf das Horoskop tief in das Innere eines Menschen hineinschauen zu können. Gerne wird von psychologischer Seite, aber auch von anderen Kritikern der sogenannte Barnum-Effekt zitiert, um die Astrologie zu widerlegen, um sie noch vielmehr ins Lächerliche zu ziehen und ihr letztlich Betrug vorzuwerfen.

Der Barnum-Effekt ist nach dem Zirkusgründer Phineas Taylor Barnum benannt, der ein großes Kuriositätenkabinett führte, das etwas für jeden Geschmack anbot. Der US-amerikanische Psychologe Bertram R. Forer prägte diesen Begriff, der auch als Forer-Effekt bezeichnet wird, durch ein 1948 durchgeführtes Experiment, in dem er seine Studenten einen angeblichen Persönlichkeitstest abhalten ließ. Anschließend erhielt jeder Student eine scheinbar individuelle Auswertung seines Testergebnisses. Tatsächlich bekam jeder Teilnehmer den gleichen Text, der vermutlich aus Texten von Zeitschriftenhoroskopen, aus unterschiedlichen Tierkreiszeichen-Beschreibungen zusammengestellt wurde. Genaueres wurde niemals öffentlich.

Der Text lautete: „Sie sind auf die Zuneigung und Bewunderung anderer angewiesen, neigen aber dennoch zu Selbstkritik. Ihre Persönlichkeit weist einige Schwächen auf, die Sie aber im Allgemeinen ausgleichen können. Beträchtliche Fähigkeiten lassen Sie brachliegen, statt sie zu Ihrem Vorteil zu nutzen. Äußerlich diszipliniert und selbstbeherrscht, neigen Sie dazu, sich innerlich ängstlich und unsicher zu fühlen. Mitunter zweifeln Sie stark an der Richtigkeit Ihres Tuns und Ihrer Entscheidungen. Sie bevorzugen ein gewisses Maß an Abwechslung und Veränderung und sind unzufrieden, wenn Sie von Verboten und Beschränkungen eingeengt werden. Sie sind stolz auf Ihr unabhängiges Denken und nehmen anderer Leute Aussagen nicht unbewiesen hin. Doch finden Sie es unklug, sich anderen allzu bereitwillig zu öffnen. Manchmal verhalten Sie sich extrovertiert, leutselig und aufgeschlossen, dann aber auch wieder introvertiert, skeptisch und zurückhaltend. Manche Ihrer Hoffnungen sind ziemlich unrealistisch."

Die Studenten sollten nun auf einer Skala von 0 bis 5 bewerten, wie stimmig dieser Test sei. Der Durchschnitt lag bei 4,26 Punkten. Die überwiegende Mehrheit der Studenten war also davon überzeugt, dass diese für alle gleiche Persönlichkeitsbeschreibung auf sie zuträfe.

Der Barnum-Effekt hat durchaus Bedeutung, und natürlich gibt es allgemeine Floskeln, in die Menschen alles Mögliche hineininterpretieren können. Dieser Text von Forer verwendet sehr geschickt Allgemeinsätze, macht irgendwelche Andeutungen ohne sie weiter auszuführen. Wir kennen das aus Zeitungshoroskopen und allgemeinen Tierkreiszeichenbeschreibungen, die oftmals sehr seicht, bisweilen aber auch korrekt und anspruchsvoll verfasst werden. Insbesondere Zeitungshoroskope haben aber nun einmal gar nichts mit ernsthafter Astrologie zu tun, sondern dienen der reinen Unterhaltung und werden heutzutage öfter von Journalisten als von Astrologen verfasst, weil es hier nicht um ernsten Inhalt geht.

Doch auch anspruchsvolle Astrologie scheint vom Barnum-Effekt nicht verschont zu bleiben. Kein Geringerer als der französische Psychologe und Statistiker Michel Gauquelin, der zusammen mit seiner ersten Frau Françoise Schneider-Gauquelin versuchte, die Astrologie statistisch zu belegen, untersuchte den Barnum-Effekt. Über ein Zeitungsinserat warb er 1968 150 Personen an, denen er ein „ganz persönliches Horoskop" versprach. Wieder erhielt jede Person den gleichen Text, eine Horoskopanalyse des Serienmörders Marcel Petiot, erstellt durch den Astrologen André Barbault. Gauquelin stellte den Versuchspersonen unter anderem die Frage, ob sie in diesen Beschreibungen sich und ihre persönlichen Probleme wiedererkennen würden. 94 % der 150 Versuchspersonen bejahten diese Frage, 90 % fanden die Beschreibung sehr passend. André Barbault, der sicher ein guter und erfahrener Astrologe war, wusste bei seinen Auswertungen jedoch nicht, um welche Person es sich handelte, die er analysieren sollte. Er bekam nur seine Geburtsdaten.

Wer Astrologie aktiv betreibt, weiß, dass solche Blindanalysen in ihren Aussagen begrenzt sind. Ein Astrologe braucht für eine umfassende Beratung möglichst konkrete Anhaltspunkte. Er muss wissen, wo sein Klient steht, was für einen Beruf er gewählt hat, ob er sich in einer Partnerschaft befindet, welche Probleme er hat usw. Er weiß ja nicht, was sein Klient bisher aus seinen Anlagen, seinem Horoskop gemacht hat, wie er sich entwickelt hat. Ein Astrologe ist kein Hellseher! Mit demselben Horoskop würde sich ein anderer Mensch völlig unterschiedlich entwickeln, auch wenn es manche Parallelen gäbe, was wir häufig bei Zwillingsgeburten sehen können. Der Astrologe braucht also Konkretes, um selbst konkreter werden zu können. Dennoch kann auch so eine Analyse durchaus gehaltvoll sein und die wichtigsten Seiten einer Persönlichkeit beschreiben, was Astrologe André Barbault auf seine Art sicher gelungen ist.

1997 wiederholte das WDR-Fernsehen diesen Versuch. Als „Eclipse-Astro-Forschungsgruppe“ getarnt, verschickte die Redaktion an mehr als 200 Interessierte statt eines persönlichen Computer-Horoskops eine für den am 25.10.1879 um 18 Uhr in Hannover geborenen Mörder Fritz Haarmann erstellte Horoskopanalyse. Das Ergebnis 74 % der Teilnehmer fanden ihren Charakter „korrekt beschrieben“. 15 weitere jubelten sogar: „Perfekt, es stimmt alles!“

Mit solchen und ähnlichen pseudowissenschaftlichen Untersuchungen wird immer wieder versucht, die Astrologie ad absurdum zu führen. Der Kritiker Edgar Wunder, der viele Jahre die Astrologie geradezu fanatisch bekämpfte und rund 500 einschlägige Untersuchungen zur wissenschaftlichen Prüfung der Astrologie studierte, meinte, dass nicht der Oben-unten-Zusammenhang es möglich mache, die eigene Persönlichkeit im Horoskop zu finden, sondern ein „komplettes Geflecht von Psychomechanismen.“

Zu dem WDR-Versuch ist Folgendes zu sagen: Es wurde eine Computer-Horoskopanalyse gewählt, die insofern begrenzt ist, dass der Computer im Wesentlichen nur einzelne Inhalte eines Horoskops widergeben kann, letztlich wie ein Astrologie-Buch, in dem der Aszendent, die Planeten in den unterschiedlichen Tierkreiszeichen und Häusern sowie die Aspekte beschrieben werden. Einzelteile ergeben noch lange kein gesamtes Bild. Im besten Fall kann der Computer noch die Kombination von Achsen, Planetenstellungen etc. beschreiben. Die hohe Kunst eines Astrologen besteht dagegen in der Synthese, in der zusammenfassenden Deutung aller Faktoren eines Geburtshoroskops, in die viel Geist und auch Intuition miteinfließen. Eine Arbeit, die kein Computerprogramm ersetzen kann, auch in Zukunft nicht. Und dennoch: Es gibt inzwischen recht gute Computeranalysen des Horoskops, die den einen und anderen Wesensanteil sowie besondere Fähigkeiten und Schwächen von uns hundertprozentig treffend beschreiben.

Halten wir fest: Beim sogenannten Barnum-Effekt wurden bewusst Texte mit zusammengestellten Allgemeinfloskeln gewählt, die sich außerdem in sich widersprechen. Beim Gauquelin-Versuch fehlte dem Astrologen jede Angabe zur Person, was konkrete Horoskopanalysen erschwert und begrenzt in ihren Aussagen. Der von dem Astrologen André Barbault beschriebene unbekannte Mann, der Serienmörder Marcel Petiot (geboren am 17.01.1897 um 02:00 Uhr in Auxerre/Yonne) hat übrigens unter anderem einen Skorpion-Aszendenten, dessen Herrscher Pluto mit Mars eine enge Konjunktion an der Spitze des 8. Hauses bildet und im Quadrat zu Venus steht. Noch Fragen? Wenn jemand das Horoskop eines Serienmörders hat, dann Marcel Petiot. Nur: Nicht jeder, der so eine Konstellation in seinem Horoskop hat, wird auch zum Mörder, weshalb so eine Gewalt-Anlage auch nur allgemein beschrieben werden kann, weiß man nichts von der Person, die sie besitzt. Dieselbe Konstellation könnte auch in sexuellen Exzessen oder sonstigen Leidenschaften gelebt werden.

Bei dem Barnum-Test des WDR wurde das Horoskop des deutschen Serienmörders Fritz Haarmann (geboren am 25.10.1879 um 18 Uhr in Hannover) ausgewählt. Ein furchtbarer Mörder, ein Skorpion, der eine Mars-Pluto-Konjunktion in Haus 12 hat. Deutliche Parallelen also zum Serienmörder, den der Gauquelin-Astrologe versuchte zu analysieren. Wieder tauchte eine Mars-Pluto-Spannung in Verbindung mit Skorpion auf. Klar, eine Energie, die extrem zerstörerisch sein kann, je nachdem, wie damit umgegangen wird. Um ein Beispiel zu geben: Mahatma Gandhi (geboren am 2.10.1869 um 7:08 Uhr Porbandar) hat eine Venus-Mars-Konjunktion im Skorpion in Opposition zu Jupiter und Pluto und im Quadrat zum Mond. Ja, auch er hatte das Potenzial zum Vernichten, zum Töten, er schwor aufgrund seiner hohen Gesinnung aber der Gewalt ab. Auffallend viele, ich behaupte die meisten berüchtigten Mörder der Geschichte haben dieses Pluto-Thema in Verbindung mit Mars. Das könnte astrologisch bewiesen werden. Nur der Umkehrschluss, dass alle, die solche Konstellationen im Horoskop haben, zu Mördern werden, der stimmt nicht. Glücklicherweise, denn wir sind Menschen mit einem freien Willen und können uns für oder gegen das Böse entscheiden.

Zusammenfassend kann man sagen, dass bei diesen Versuchen sowohl in bewusst oberflächlich gewählte Texte wie auch in anspruchsvollere alles Mögliche von den jeweiligen Probanden hineininterpretiert wurde. Und was sagt das über die Astrologie aus? Nichts. Und das hat verschiedene Gründe. Der erste und wichtigste ist, dass sich Menschen schwer tun, sich selbst zu reflektieren. Dazu passt die Tatsache, dass Astrologie-Kritiker paradoxerweise Forschungen anstellten, bei denen den Teilnehmern ihr richtig beschriebenes Horoskop übermittelt wurde, in dem sich nur 30 % wiederfinden konnten.

Jeder Astrologe kennt das Problem: Menschen, die gerade in Not sind, eine Krise haben und ihn aufsuchen, hängen an seinen Lippen und sind geneigt, ihm als übergeordnete Autorität alles zu glauben. Sie nehmen jedoch dabei nicht immer das auf, was ihnen der Astrologe erzählt, sondern filtern unbewusst das heraus, was ihnen Hoffnung und eine schnelle Antwort gibt, die sie beruhigt, auch wenn diese gar nicht gegeben wurde. Nur weil Menschen vor allem das, was sie sich wünschen oder fürchten, in Texte hineininterpretieren, müssen die eigentlichen Aussagen dahinter nicht falsch sein.

Astrologie ist derzeit sehr populär, und natürlich filtern Menschen wie bei diesen öffentlichen Versuchen für sich das heraus, was an Beschreibungen und Andeutungen stimmen könnte. Was bitte hat das mit ernsthafter Astrologie zu tun? Wir dürfen sicher sein, dass viele Menschen auch psychologische Gutachten über sich ablehnen oder diesen zustimmen würden, je nachdem, wie viele positive oder negative Inhalte darin enthalten sind. Klar, wir freuen uns alle auf den Glückskeks, wenn wir beim Asiaten essen gehen. Ein schöner Spruch, ein Versprechen auf Glück, in das wir alles hineindeuten können – das ist schön, ist Unterhaltung und Spielerei, dieser „Zufall" des Augenblicks kann uns aber auch zum Denken anregen und sogar Erkenntnisse bringen.

Die Welt der Astrologie ist nicht so schnell und so leicht zu verstehen für Außenstehende, die sich nicht mit ihr beschäftigen. Eigentlich gar nicht. Und Astrologie kann auch nicht durch irgendwelche von ihr abgekoppelten Versuche bewiesen werden, dafür ist ein Terrain wie das der Tiefenpsychologie zu wenig festzumachen, zu unbestimmt, zu tief und zu vielschichtig.

Warum Zwillinge unterschiedliche Schicksale haben

Es gibt viele Argumente gegen die Astrologie, die der Astrologe mit einem Lächeln beiseite wischen kann, da er weiß, dass diese aus reiner Unwissenheit gegenüber der Astrologie entstanden sind. Daneben gibt es aber Bedenken und Kritikpunkte, die auch ein gelehrter Astrologe nicht so ohne Weiteres widerlegen kann und die oft auch für ihn ein Mysterium bleiben. Dazu gehört das Thema Zwillingsgeburten. Kritiker gehen davon aus, dass Zwillinge, die nahezu das gleiche Horoskop haben, ja auch ein gleiches Leben und Schicksal haben müssten.

Es gibt verschiedene Zwillinge – eineiige, zweieiige, es gibt auch Drillinge, Vierlinge und so weiter. Interessant ist aus Sicht der Astrologie, um wieviel Uhr jeder der Zwillinge oder Drillinge das Licht der Welt erblickt hat bzw. wie die Zeitabweichungen von Zwillingen sind. Wenige Minuten können das gesamte Horoskop aufgrund leichter Achsenverschiebungen verändern. Dann ist auch noch entscheidend, ob es sich bei Zwillingen um gleich- oder gegengeschlechtliche Menschen handelt. Bei männlich und weiblich werden die Horoskope allein schon dadurch unterschiedlich gewertet, dass bei Frauen in der Regel die die Weiblichkeit und das Frausein stark prägenden Persönlichkeitsplaneten Venus und Mond eine größere Bedeutung spielen, bei Männer umgekehrt die typisch männlichen Planeten Mars und Sonne.

Daneben gibt es, wie bei häufig beim Kaiserschnitt, auch jede Menge Zwillinge, die nahezu die gleiche Geburtszeit aufweisen bzw. bei denen geringfügige Achsenverschiebungen keine wirklichen Veränderungen des Horoskops ergeben. Und es gibt neben den Zwillingen, die gleiche Eltern haben und blutsverwandt sind, auch jede Menge astrologische Zwillinge, die das exakt gleiche Horoskop haben, am gleichen Ort und zur gleichen Zeit geboren wurden. Rein rechnerisch ist es so, dass in einer Stadt mit einer Million Einwohnern etwa 4.000 astrologische Zwillingspaare pro Jahr in einem Zeitintervall von fünf Minuten und weniger geboren werden. Bei 10 Millionen Einwohnern steigt die Zahl auf 100.000 an. Die gleiche Zahl an astrologischen Zwillingspaaren wird in einer Stadt mit einer Million Einwohnern erreicht, wenn das Zeitintervall auf 60 Minuten erweitert wird.

Die erste systematische Studie über astrologische Zwillinge wurde 1994 von den zwei britischen Astrologen Helen Greengrass und Peter Roberts durchgeführt. Sie fanden 128 astrologische Zwillinge an sechs verschiedenen Geburtstagen im Zeitraum von 1934 bis 1964. Diese Astrozwillinge wurden von den Astrologen unter anderem zu ihrem Beruf und ihren Interessen befragt, und tatsächlich konnten sie wesentliche Übereinstimmungen erkennen. So gab es etwa zwei Menschen, die im Abstand von 15 Minuten zur Welt kamen, von denen der eine Klarinette spielte, der andere Fagott. Keine eindeutigen Ähnlichkeiten konnten jedoch in Bezug auf Aussehen, Handschrift, Namen und Ereignisse in dem Leben der getesteten Astrozwillinge festgestellt werden.

Interessanter wurde die Untersuchung, als sie auf insgesamt 1.400 astrologische Zwillinge erweitert wurde, die innerhalb eines Tages geboren wurden. Hier tauchte eine deutliche Zunahme der Gemeinsamkeiten auf.

Letztlich kam diese Studie jedoch zu keinem guten Ergebnis für die Astrologie, da in einer unabhängigen Untersuchung der Daten Fehler in der Analyse der beiden Astrologen nachgewiesen wurden. Der Beweis, dass echte Zwillinge und Astrozwillinge zumindest ähnliche Schicksalsauslösungen im Leben haben, steht demnach immer noch aus.

Ich persönlich kenne Zwillinge, deren Horoskop nahezu identisch ist. Es sind zwei Frauen, die völlig gleich aussehen und nur von nahen Verwandten unterschieden werden können, die den selben Beruf ausüben, im selben Haus wohnen und sogar im selben Bett schlafen, immer dieselben Ideen und Umbrüche im Leben haben etc. So etwas gibt es tatsächlich, wenn auch relativ selten. Manchmal erscheinen Zwillinge auch sehr unterschiedlich, haben aber zumindest ähnliche Themen und auch Schicksalsauslösungen.

Bei unterschiedlichen Geschlechtern haben wir naturbedingt grundsätzlich unterschiedliche Deutungsschwerpunkte im Horoskop, bei gleichem Geschlecht von Zwillingsgeburten können wir häufig einen weicheren, passiveren und einen härteren, aktiveren Typ beobachten. Möglicherweise sind das nur unterschiedliche Rollen, die Zwillingsgeburten einnehmen, da die jeweils andere schon besetzt ist und der Mensch grundsätzlich nach persönlicher Unterscheidung drängt.

Hierzu ein weiteres Beispiel aus unserem Bekanntenkreis. Es handelt sich um ein weibliches, eineiiges Zwillings-Paar, Jahrgang 1962. Beide Schwestern haben Lehramt für Deutsch und Religion studiert. Die eine wurde Lehrerin, die andere Rektorin an derselben Schule. Beide leben nach wie vor an ihrem Heimatort, wo sie in der Kirche aktiv sind. Beide heirateten und bekamen ihre Kinder zur etwa selben Zeit, die eine drei Mädchen, die andere drei Jungen. Der Sohn der einen Schwester starb kurz nach der Geburt, die ungefähr gleichzeitig geborene Tochter der anderen hat einen Herzfehler. Hier stimmen nicht nur die Vorlieben der Zwillingsschwestern überein, sondern es zeigen sich erstaunliche Parallelen im Werdegang bzw. Schicksal.

Aus astrologischer Sicht ist die Erkenntnis viel wichtiger, dass sich hinter jedem Horoskop eine eigenständige, individuelle und unvergleichbare Seele verbirgt. Das gilt für leibliche Zwillinge und noch mehr für Astrozwillinge. Das gleiche Horoskop zeigt lediglich eine große Seelenverwandtschaft und ganz pragmatisch gesehen die gleichen Startvoraussetzungen für das Leben an. Was der einzelne Mensch daraus macht, ist jedoch seine ganz persönliche Sache. Nicht nur die leiblichen Zwillinge, sondern auch die Astrozwillinge haben gleiche bzw. sehr ähnliche Möglichkeiten, Talente und Schwächen. Wie oder ob sie überhaupt zur Ausprägung kommen, welche Schwerpunkte des Horoskops wie gelebt werden, hängt allein von der Reife des Geistes und von der Entwicklungsstufe der jeweiligen Seele ab und natürlich auch vom Umfeld, in das ein Mensch hineingeboren wird, das Lebensvorgänge fördern oder umgekehrt blockieren kann.

Möglicherweise hatte, um zum Lehrerinnen-Beispiel zurückzukommen, der größere Ehrgeiz der Rektorin auch damit zu tun, dass ihr Ehemann einen eher einfachen Beruf hatte, während der Ehemann ihrer Zwillingsschwester einen Akademiker-Beruf mit entsprechend mehr Verdienst und Zeitaufwand hatte.

Hinter jedem Horoskop steckt eine eigene Seele, auch wenn es das gleiche ist. Jeder Mensch interpretiert sein Horoskop individuell. Genau deshalb braucht der Astrologe bei einer seriösen Beratung auch Hinweise von seinem Klienten, wie dieser lebt und wo er in seiner Entwicklung steht.

Anzeige

ASTROLOGISCHE JAHRESPROGNOSE
von Michael Allgeier - www.allgeier-astrologie.de
GRATIS
VIDEO-PROGNOSEN
VON MICHAEL ALLGEIER
Die aktuellen astrologischen Monatstrends und die Entwicklungen jedes Jahres im YouTube-Kanal
Michael Allgeier – Allgeier Astrologie
DIE STERNE IM JUNI
DIE STERNE IM MAI
DIE STERNE IM APRIL
DIE STERNE IM MÄRZ
DIE STERNE IM FEBRUAR
DIE STERNE IM JANUAR
YouTube
www.allgeier-astrologie.de/sternenbotschaften/
Allgeier Verlag GbR - 86911 Dießen